图说心经

260字说透人生真相

(唐) 玄奘法师 / 原译

施青石 / 编著

甘肃人民美术出版社

六臂观世音

此尊观世音为男相，面有髭须，身着朱衣，红发，头戴金佛宝石饰冠，三面六臂，正面容颜和悦，两侧面容狰狞，并长三眼，手中持有日、月、柳枝、水杯、金印、宝剑，赤足立于两朵莲花上。水中有一红发红翅膀人身异兽，岸上有一僧人和一女子合十祈祷。本尊应属于密宗系列。

梵僧观世音

此尊观世音为男相，左手托钵，右手结说法印，做中原士人装束，坐于大石上。身旁有童子侍立。据说在唐大中元年（847），有梵僧到普陀山潮音洞朝拜，感应观音化身，以慈悲救度之心，为大众宣说妙法，此后便有了梵僧观世音。

大悲观世音

　　大悲观世音也是六观音之一，亦称千手千眼观世音，又为观世音的总名。此图像作女相，头戴金佛饰冠，黑发，袒露上身，四十二臂，手持金佛、日、月、弓、箭、剑、刀、盾、矛、经函、法轮、莲花、珍珠、海螺等，数不胜数，结跏趺坐于瑞云托起的莲花座上。旁边有一老者拄杖翘首观望，一女子手捧莲花。下部中心位置有一高冠人像，坐在镶有莲花纹的黄毯子上，双手合十，并以火焰作背光，火焰中有六臂，手持莲花、金钟等物，身旁又有两金刚力士相侍左右，颇有人神合体之意。此尊应属于密宗系列。

十一面观世音

　　十一面观世音菩萨是藏传佛教中最常见的形象。此观音十一面八臂，左上手持莲花，右上手持念珠，当胸双手合十，身披璎珞坐于莲座之上，身后千手千眼组合成多重正圆形的身光。主救济阿修罗道，给众生以除病、灭罪、增福之现世利益。其十一张面孔，分五层排列。一面嗔面，化恶有情；二面慈面，化善有情；三面寂静面，化导出世净业。这三面教化三界便有九面。第十面为暴笑面，表示教化事业需要有极大威严和极大意志方能无懈而有成就。最上一面为佛地，功德圆满。传说，天宝战争中，观音托梦给阁罗凤，铸十一面观音像，才击退敌军，拯救了南诏国。

易长观世音

又称阿嵯耶观音，是流行于云南大理地区的观世音化身。她高高隆起的发髻中安住一尊阿弥陀佛，男身女相，细腰显足，左手执净瓶，右手执杨柳。杨柳柔顺，表示观世音菩萨对众生满怀慈悲之心；净瓶中则满盛大悲智慧之水，用来救度众生。

四十八臂观世音

此尊观世音为女相，戴金佛饰冠，黑发，袒胸露臂，赤足立于莲花座上。手中有眼，为一般所说的千手千眼观音变化身之一。观音手中捧有日、月、金佛、庙宇、弓、箭、斧钺、莲花、念珠等。下部有脚踏莲花的六臂力士和四臂力士两神祇，还有跪拜的赤发鬼、一个着黄袍手持布袋的人物以及象首和熊首人身异兽。

法界源流图·观音尊像卷解析

真身观世音

本尊观世音呈女相，端庄秀丽，足踏一朵大莲花，左手下垂，结与愿印，该手印主要用于布施，有布施、赠予、恩惠、接受之义，表示佛菩萨能给予众生愿望的满足。右手结说法印。相传这是观世音的真身，除真身外，她还有应身、法身和报身。

孤绝海岸观世音

本尊观世音呈男相，面有胡髭，足踏双莲，双手执杨柳与净瓶。相传其净瓶中的水有起死回生的功效，象征观世音以大悲甘露洒遍人间。孤绝海岸观世音也就是南海观音。传说观世音菩萨到了南海，深感黎民百姓疾苦，立誓普度众生，才离开南海，因而称其孤绝海岸观世音。

白水精观世音

本尊观世音为女相,三面六臂,黑发披肩,头戴金佛宝石饰冠,袒露上身,赤足立于金莲花座上。手执弓、箭、莲花、念珠,一手的拇指和食指中间生出祥云,不明何意。左右有擎日、月的两婴儿。海中有乌龟口吐祥云,观音像即从祥云中现出。海水中还有海螺、盛放宝珠的金盏等物。观音两侧有三叉戟兵器两把,一立莲花上,一立莲叶上,各有小蛇盘绕。本尊当属密宗系列。

普陀洛迦山观世音

普陀洛迦山为梵语,又称普陀山,与五台、九华、峨眉合称佛教四大名山。本尊观世音为女相,三面六臂多眼,黑发披肩,戴金佛饰冠,手持弓、箭、莲花、念珠,袒露上身,赤脚立于莲花座上。颈项、手臂、手腕处缠绕许多小蛇。背光又有立佛十尊。海水中有异兽和海螺。此尊当属密宗系列。

法界源流图·观音尊像卷解析

如意轮观世音

本尊观世音呈女相，黑卷发梳高髻，戴金佛宝石冠，袒露上身，着淡绿紧身裤，赤脚，满身佩金饰宝器，坐于莲花座上，神态如意安详。六臂，手执如意轮、金佛、荷花珍珠、镶金花念珠、经书等，一手作说法印。下方坐着四个女供养人，两两相对，各执珊瑚、珍珠、海螺、金勺等宝物。此尊当属密宗系列。

寻声救苦观世音

观世音菩萨之所以名为"观世音"，就是因为只要听闻世间众生称唤自己的名号，便会寻声而至，以大慈大悲心为其解除苦难。

救苦观世音

本尊观世音呈女相,黑卷发,发内住立化佛。左手执净瓶,右手执杨柳,赤脚踏在莲花座上。观世音菩萨对被众苦逼迫、还没有成佛的一切众生,都有无限的慈爱,愿意给予一切众生最大的幸福和快乐,同时怀有深切的悲悯,愿意拔除一切众生的忧悲苦恼。

救疾病观世音

本尊观世音呈女相,袒露上身,绿裤,赤脚,黑卷发,戴金佛饰冠,佩珍珠宝石满身,八臂,手持莲花、珊瑚、净瓶、柳枝,面容慈祥,站立于莲花座上。下方有一尊三眼四臂金刚力士坐在莲花座上,一鸟嘴赤发兽首人身者正向力士抱拳跪拜。地上有金供器五件,盛有珍珠、海螺之物。观世音救度众生的方式多种多样,其中祛除众生的疾病,护持众生的健康,也是一项重要的内容。

法界源流图·观音尊像卷解析

除怨报观世音

本尊观世音为女相,袒露上身,赤脚,着紧身裤,蓝发,发内住立化佛,身上佩有珠宝璎珞,赤脚以游戏姿坐于莲花座之上,佛光四色。佛光外有八位观世音现世,分别拯救盗难、水难、鬼难、象难、虎难、蛇难、风难、火难等八大难。水中有鱼精,岸边有法轮、宝珠。

普门品观世音

观世音有种种化身,有六观音、七观音乃至三十三观音。本尊六臂观世音即"普门现相"。普门品观世音是观世音的总体,"普门"指佛法周遍融通,可使人得无上解脱。此像为金身,胸前饰珠宝璎珞,右手作说法印,左手持花式金盏,端坐于莲花座上。左右两侍女对坐,中置喷火焰的三足金炉。下方一僧人双手捧红色帛物,生翅膀童男、生翅膀异兽人身及一鸟首人身者,正礼拜于石座上的一位年轻菩萨。

编者序
养疗心病的良药

"色不异空，空不异色；色即是空，空即是色。"这句意远旨深、千古传颂的玄妙经句，即是出自《心经》。《心经》全称《般若波罗蜜多心经》，梵文 Prajna-paramita-hrdaya-sutra，又略称《般若心经》，经文只有 260 个字，在佛界的地位却举足轻重。

它和《金刚经》一样，在佛学界广为流传，是《大般若经》的一部分，并被认为是 600 卷《大般若经》的心髓。《大般若经》由唐玄奘翻译，为大乘般若类经典的汇编，号称"诸佛之智母，菩萨之慧父"，其作为大乘佛教的基础理论，主要说明了诸法"性空幻有"的道理。性空，指佛所说的一切法（即一切现象）都没有实在的自性；幻有，指一切法虽然自性空，但并非虚无，假有的现象仍然存在。《大般若经》认为世俗认识的一切对象，均属"因缘和合"，假而不实；唯有通过"般若"对世俗认识的否定，才能把握佛教真理，达到觉悟解脱的境界。

260 字的《心经》不但涵盖了洋洋 600 卷《大般若经》的微言奥义，还将佛教思想的核心概念完整地呈现了出来。如五蕴、六根、六触、十二处、十八界、十二因缘、四谛、六度、究竟涅槃、阿耨多罗三藐三菩提等。如此简练的经文，包含的佛教内容却如此丰富，因此被佛教徒信奉为圭臬，尊为成佛的指南，利生的法宝。寺庙的早晚课诵本中都有其编录，将它作为早晚必诵和常诵的一部经典。

这部经典最早是由后秦著名法师、译经家鸠摩罗什传入汉地的，名为《摩诃般若波罗蜜大明咒经》，流传最广的汉译本则是后来玄奘大师翻译的《般若波罗蜜多心经》。

历史上《心经》的汉译本共有十一种，重要的除了以上所说的两个略本外，还有五个广本，因为本书中都有涉及，不再一一赘述。

《心经》的"心"字，梵文原意是"心脏""肝脏"，引申为"核心""心要"，代表最精要的法义，《大般若经》的浓缩与精要。另外还有一种含义，那就是心之经，也就是治愈心病的经，这对现代人来说更有意义。

明朝的王阳明曾说："山中之贼易治，心中之贼难防。"而这"贼"就是内心的烦恼。佛经中也说："佛说种种法，为治种种心。""心"就是指我们心中的烦恼。而《心经》就是要治我们的种种心，让人找到自心，认识自心，明白自心，打破迷情妄执，沐浴佛化，洗涤我们内心的垢秽，使人心平气静，进而拥有超脱的智慧，还我们本来清净的境界。因此，《心经》可以说是帮助我们找回自心的佛经。

《心经》自公元402年被译介到汉地，就受到了人们的普遍喜爱，但是破译此经却遇到了很大的困难，因为这其中涉及很多玄奥艰深的佛学理念，并且此经的特点是文约而义深，除非有高僧大德的指引，否则很少有人能将其中的经义领略透彻。这也难怪在以往的诸多佛典注释书籍中难见其踪影，就算有也只见其皮毛。

我们在编绘这本书的过程中借鉴了古哲大德的真知灼见，并将围绕《心经》的诸多问题一一呈现出来，以期拨开它的重重迷雾，让人们更为真实地领悟和体会《心经》的真谛。

书中采取准确简洁的现代图解手法，一目了然的图表和生动有趣的手绘插图，同娓娓道来的文字相得益彰，让人们在视觉的享受中获得一次心灵的历练。

2017 年 8 月

编者谨识

《心经》结构分析图

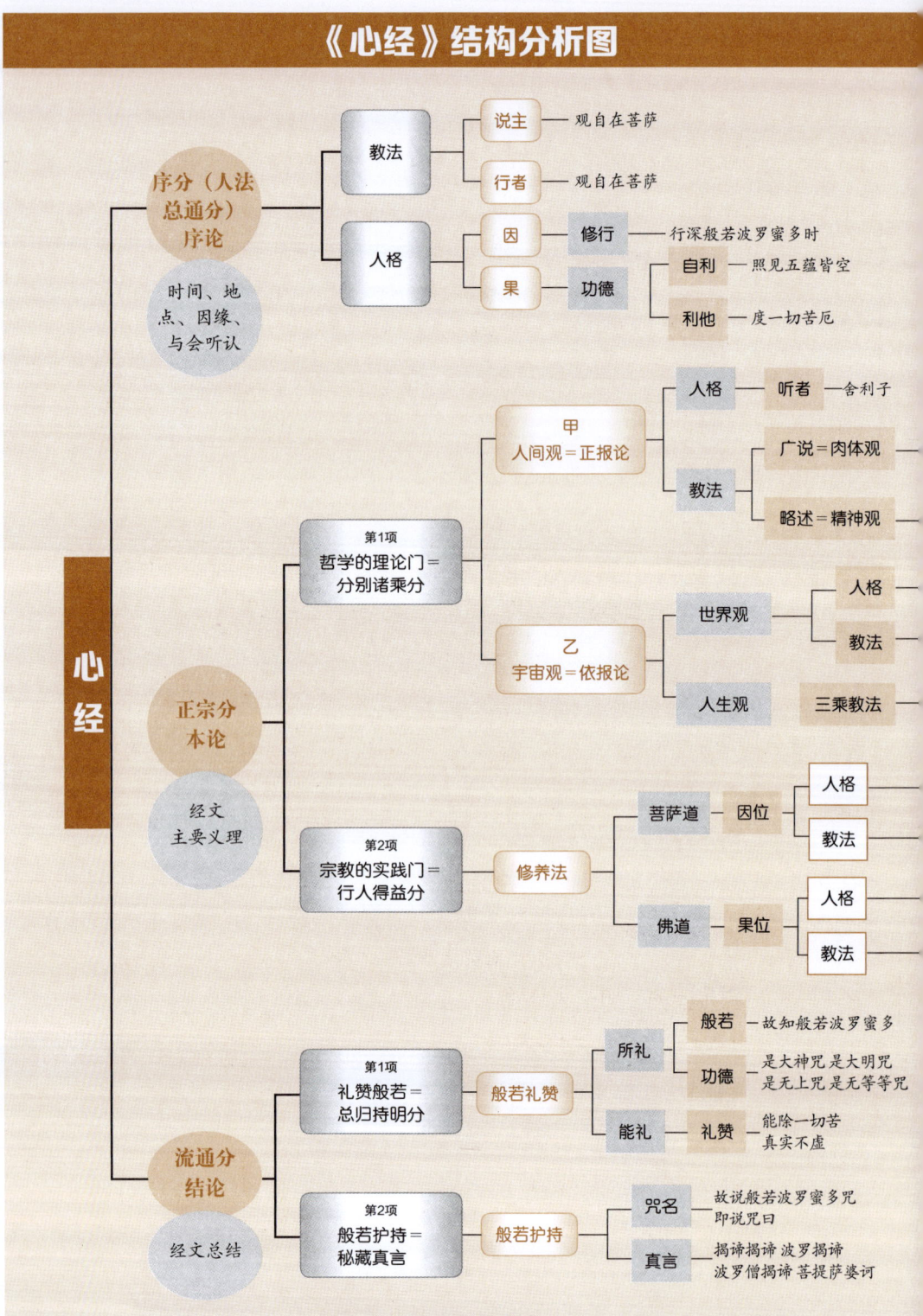

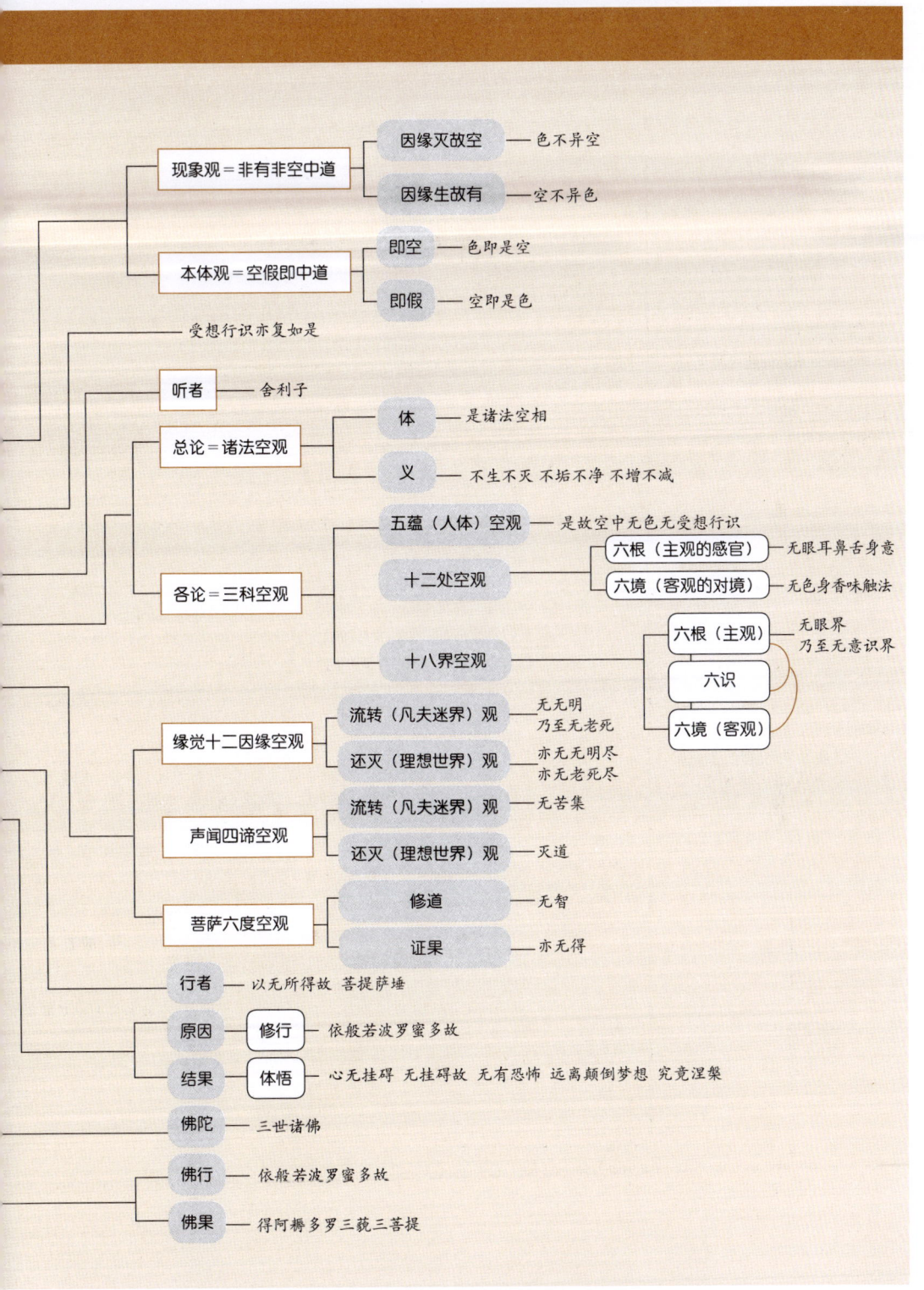

本书阅读导航

篇名与序号
本书每章节分别采用不同色块标识，以利于读者寻找识别。同时用醒目的序号提示该文在本章下的排列序号。

关键字
是本文的精髓，能帮助读者快速掌握本文内容。

正文
通俗易懂的文字，让你轻松阅读。

本节主标题
本节所要探讨的主题

图说心经

5

《心经》的听众

三种对象

佛陀是为三乘开示《心经》的，声闻乘达到四谛空，缘觉乘达到没有无明、老死的困扰，菩萨乘依凭般若波罗蜜多而达无智、无得的菩萨空性境界。

引导众生获得解脱是佛陀说法的目的，但众生根机不同，所以佛陀依根机的差别而说种种法。佛陀为天道与人道的众生说五戒、十善法，为声闻说四谛法，为缘觉说十二缘起，为菩萨说六波罗蜜。那么，《心经》的听众是谁，说的又是什么法呢？

《心经》精简地阐述了五蕴、四谛、十二因缘等诸法皆空的佛教核心义理，最后归于"无所得"（不可得），认为般若能度一切苦厄，达到究竟涅槃。其中涵盖了各种不同的空性层面，包括声闻乘、缘觉乘和菩萨乘等三乘。"乘"代表达到涅槃的不同方法或工具，三乘原本各有不同的教法到达解脱彼岸，而《心经》的空性则超脱每个教法。

● 超越四谛的声闻乘

声闻乘是听闻佛说四谛法而觉悟的圣者，他们体悟到苦谛是世间的果，集谛是世间的因，灭谛是出世间的果，道谛是出世间的因，因而成为阿罗汉。《心经》中"无苦集灭道"的空性解说，则超越了四谛层面，达到了四谛空的境界。

● 超越十二缘起的缘觉乘

缘觉乘是由观察缘起而觉悟的圣者，他们观察无明缘行、行缘识、识缘名色、名色缘六入、六入缘触、触缘受、受缘爱、爱缘取、取缘有、有缘生、生缘老死。由于这十二缘起，而有过去、现在、未来三世的起惑、造业、受生等生死流转。《心经》中"无无明，亦无无明尽，乃至无老死，亦无老死尽"，就是说若没有无明、老死的困扰，也就没有灭除无明与老死的需要。

● 无智亦无得的菩萨乘

菩萨乘是修习六波罗蜜多而能自觉、觉他的圣者。《心经》中"无智亦无得。以无所得故，菩提萨埵依般若波罗蜜多故，心无挂碍；无挂碍故，无有恐怖，远离颠倒梦想，究竟涅槃"。无智、无得是菩萨的空性境界，依凭的即是般若波罗蜜多。

般若波羅蜜多心經

260字說透人生真相

乾隆二十九年御筆

手抄本

图解标题

针对内文所探讨的重点内容进行图解分析的标题,帮助读者深入领悟。

三乘:声闻乘、缘觉乘和菩萨乘

名词解释

乘(Yana)

为运载之意,指能运载众生至彼岸的工具。乘是古代计算车辆的单位,在佛教中用来譬喻佛陀的教法,以及能乘载修行者到达解脱境界的不同工具。

名解

《心经》中的概念及名词解说。

《心经》的三种听众

插图

将较难懂的抽象概念运用具象图画表示,让读者可以尽量理解原义。

与《心经》相关的一些问题 ❺ 《心经》的听众

❶ 声闻乘	❷ 缘觉乘	❸ 菩萨乘
听闻佛说四谛法而觉悟的圣者	观察缘起而觉悟的圣者	修习六波罗蜜多而能自觉觉他的圣者
↓	↓	↓
达到四谛空的境界	超脱十二因缘,没有无明、老死的困扰	无智无得的菩萨空性境界

图表

将隐晦、生涩的叙述,以清晰的图表方式呈现。此方式是本书的精华所在。

 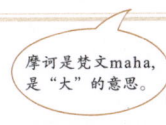

摩诃是什么意思呢?

摩诃是梵文maha,是"大"的意思。

智慧老人

为大家答疑解惑,对《心经》中的难解问题做出回答。

般若童子

帮助读者提出《心经》中的难解问题。

目录

第一章 《心经》的由来与主旨

1. 《心经》的起源：260字来源初探 / 2
2. 《心经》与《大般若经》：二者之间什么关系 / 4
3. 《心经》最早汉译本的译者：鸠摩罗什 / 6
4. 流传最广的汉译本：玄奘法师与《心经》的因缘 / 10
5. 《心经》的七个汉译本：两个略本和五个广本 / 14
6. 两种《心经》："广本"和"略本"的区别 / 16
7. 《心经》般若思想的核心要义：空 / 20
8. 《心经》的精神：明白并破除执着 / 24
9. 《心经》的佛法道理：因缘所生法 / 28
10. 《心经》的人生观：人生是苦 / 30

第二章 与《心经》相关的一些问题

1. 探讨《心经》人物：佛陀在《心经》中的角色 / 34
2. 《心经》说法盛会：有哪些人参加 / 38
3. 《心经》的说法地点：佛陀与观自在菩萨在哪里开示 / 40
4. 王舍城：在佛教史上为什么如此重要 / 42
5. 《心经》的听众：三种对象 / 44
6. 《心经》的性质：是"经"还是"咒" / 46
7. 密教的般若佛母与心经女神：是否同属一人 / 48
8. 甚深禅定观修状态：观自在菩萨说法 / 50
9. 人们喜欢《心经》的原因：字句简短，含义深远 / 52
10. 《心经》的应用：找回自己的心 / 54

11. 《心经》的文字：《大般若经》的精髓 / 56
12. 《心经》流通分：与一般经典有何不同 / 58
13. 揭谛揭谛，波罗揭谛：《心经》咒语出自何处 / 60
14. 《大般若经》的说法地：四处 / 64

第三章　如何读懂《心经》

1. 掌握关键佛法词汇：体会《心经》世界 / 70
2. 了解佛法词汇梵语原意：解开《心经》经文真义 / 72
3. 读略本，也要读广本：更全面、正确地认识《心经》/ 74
4. 掌握《心经》的修学次第：文字般若、观照般若和实相般若 / 76
5. "般若波罗蜜多心经"：这八个字的正确念法 / 80
6. 般若等于智慧：玄奘大师为何不直接翻译 / 82
7. 《心经》浅解：从字面上了解《心经》梗概 / 84
8. 密教《般若心经》的修持法：日日念，经常念 / 88
9. 密教《般若心经》的数珠法：随身使用，不染一切诸恶 / 90
10. 密教《般若心经》的念诵法：唱真言的规定 / 92
11. 密教《般若心经》的供养法：置神坛的标准 / 96
12. 密教《般若心经》的抄写：开发自我的妙法 / 100

第四章　《心经》经文详解

1. 经题：《般若波罗蜜多心经》/ 106
2. 般若智慧已达自在之境：观自在菩萨 / 110
3. 修习般若波罗蜜多的状态：行深般若波罗蜜多时 / 114
4. 照见五蕴是空无实体：照见五蕴皆空 / 116
5. 利他、救世、利益众生：度一切苦厄 / 118
6. 智慧第一的佛弟子：舍利子 / 122
7. 色与空两者相互依存：色不异空，空不异色 / 124
8. 物质现象为空，空也为物质现象：色即是空，空即是色 / 128
9. 心理层面的四蕴：受想行识亦复如是 / 132
10. 一切法都是空性：舍利子，是诸法空相 / 134
11. 佛的宇宙观：不生不灭，不垢不净，不增不减 / 136

17

12. "空"无五蕴：是故空中无色，无受想行识 / 140

13. 六根为空，六尘也不会影响自身：无眼耳鼻舌身意 / 144

14. 一切世间现象皆为空无：无眼界，乃至无意识界 / 148

15. 十二因缘也是空性：无无明，亦无无明尽 / 152

16. 超越四谛：无苦集灭道 / 158

17. 去除对概念名相的执着：无智亦无得 / 166

18. 依据般若甚深智慧证得空性：以无所得故，菩提萨埵 / 172

19. 不畏生死，自然没有任何恐怖：无挂碍故，无有恐怖 / 176

20. 远离不合理的思想行为：远离颠倒梦想 / 178

21. 一切烦恼都已止息：究竟涅槃 / 186

22. 出现于三世的一切佛：三世诸佛 / 190

23. 以般若波罗蜜多为前导：依般若波罗蜜多故 / 192

24. 无法超越的完全正觉菩提：得阿耨多罗三藐三菩提 / 194

25. 赞叹般若有极大的力量：故知般若波罗蜜多是大神咒 / 198

26. 般若波罗蜜多是伟大的神咒：是大明咒，是无上咒，是无等等咒 / 202

27. 离苦得乐，达到涅槃：能除一切苦，真实不虚 / 204

28. 咒语与经文的分水岭：故说般若波罗蜜多咒，即说咒曰 / 206

29. 前往、到达：揭谛揭谛 / 208

30. 直接无任何媒介地证悟空性：波罗揭谛 / 210

31. 一起到彼岸去吧：波罗僧揭谛 / 212

32. 成就圆满的智慧：菩提萨婆诃 / 214

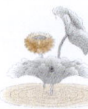

第五章　读《心经》还需了解的佛法概念

1. 法：一切事物，宇宙万有 / 218

2. 佛：自觉、觉他、觉行圆满 / 220

3. 三宝：佛、法、僧 / 224

4. 涅槃：不生不灭，永恒安乐的境界 / 226

5. 缘起：诸法由因缘而起 / 228

6. 十二缘起：探求人生痛苦的根源 / 230

7. 心性：心识本来所具的不变不改体性 / 232

8. 无我：没有众生所执为实常的自我 / 234

9. 无常：没有恒常的存在 / 236

10. 因果相续：因因果果，没有间断 / 238

11. 有漏皆苦：佛教对苦的缘起的解释 / 242

12. 三界唯心：一切现象不离"心" / 244

13. 发菩提心：上求佛道，下度众生的誓愿 / 246

14. 大乘：着重有利于大众的行为 / 248

15. 五乘教法：佛教修行的五种教义体系 / 250

16. 菩萨：将自己和众生一起解脱出来 / 252

17. 四摄：摄引众生归向佛道的四个条件 / 254

18. 八宗：中国佛教的八大宗派 / 256

附录一

1. 藏文版《心经》与玄奘版《心经》咒语的差异 / 262

2. 《心经》密教化的证据 / 266

3. 不同根器运用三科的修行方法 / 270

4. 鸠摩罗什《大品般若经》与玄奘《心经》比较分析表 / 272

附录二

1. 摩诃般若波罗蜜大明咒经（姚秦天竺三藏鸠摩罗什译）/ 274

2. 般若波罗蜜多心经（唐三藏法师玄奘译）/ 274

3. 普遍智藏般若波罗蜜多心经（唐摩竭提国三藏沙门法月重译）/ 274

4. 般若波罗蜜多心经（唐罽宾国三藏般若共利言等译）/ 274

5. 般若波罗蜜多心经（敦煌石室本 唐国大德三藏法师沙门法成译）/275

6. 般若波罗蜜多心经（唐上都大兴善寺三藏沙门智慧轮奉诏译）/ 275

7. 佛说圣佛母般若波罗蜜多经（宋西天译经三藏朝奉大夫试光禄卿传法大师赐紫臣施护奉诏译）/ 275

《心经》，全称《般若波罗蜜多心经》，略称《般若心经》。全经只有一卷，260字。属于《大般若经》600卷中的一节，被认为是般若类经的提要，言简而义丰，词寡而旨深。那《心经》是如何诞生的呢？整篇经文主要讲的是什么呢？我们在这里做进一步探讨。

第一章

《心经》的由来与主旨

本章内容提要

《心经》的最早流行年代

《心经》与《大般若经》之间的关系

　鸠摩罗什的来历

　玄奘法师西行的经历

《心经》的七个汉译本

《心经》般若思想的核心要义

《心经》的佛法道理

《心经》的人生观

《心经》的起源
260字来源初探

很多人读诵、书写《心经》，但是很少有人知道它本来并不是一部独立的经典，而是出自玄奘大师翻译的《大般若波罗蜜多经》（Maha-Prajna-paramita-sutra，简称《大般若经》）。

在《大般若经》的"学观品"中可以找到与《心经》几乎完全相同的经句。由于《大般若经》多达600卷，部帙庞大，为了受持方便，所以古德才将这里面最精要、最核心的部分摘录出来，单独流通，因此被称为《心经》。

《心经》既然是出自《大般若经》，那么它是于何时开始单独流通的呢？

从流通的版本来看，《心经》最早单独流通的时间应在5世纪初。《心经》有两种流通版本，短的称"略本"，长的称"广本"。较早流通的"略本"有两个：一个是后秦的鸠摩罗什所译的《摩诃般若波罗蜜大明咒经》（402－412）；一个是唐代玄奘所译的《般若波罗蜜多心经》（649）。所以，根据鸠摩罗什译本的翻译年代推断，《心经》单独流通的时间，应不会晚于5世纪初。

这部《心经》，在文字量上仅有260字。然而它所包含的内容非常广。略则可收摄一部600卷的《大般若经》，广则可收摄如来所说一代时教。佛所说一代时教，其文义虽然浩瀚如海，实际研究起来，无非是要破除一切众生的执见而已。这部《心经》可以说是如来破除执着的旨要，是《大般若经》的精华，是三藏的中枢，是众经的关键。故此经十分重要，是值得人们研究的。

《心经》出自《大般若经》？

很多人读诵、书写《心经》，却很少有人知道它本来并不是一部独立的经典，而是出自玄奘大师翻译的《大般若经》。在《大般若经》的“学观品”中可以找到与《心经》几乎完全相同的经句。

大般若经
=
學觀品
=
心經

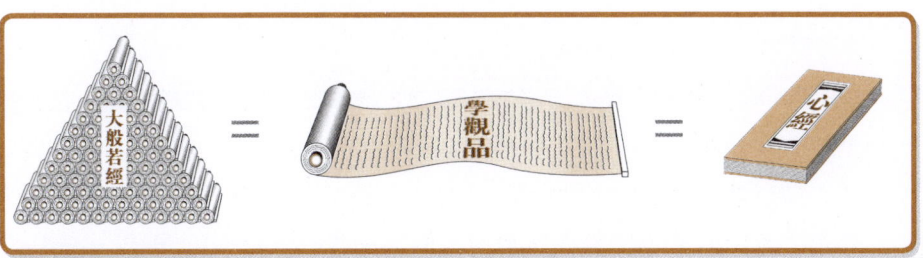

由于《大般若经》多达600卷，部帙庞大，为了受持方便，古德才将这里面最精要、最核心的部分摘录出来，单独流通，称为《心经》。

《心经》的最早流行年代

《心经》流通的版本有两种，短的称“略本”，长的称“广本”。较早流通的“略本”有两个：一个是后秦鸠摩罗什所译的《摩诃般若波罗蜜大明咒经》(402 － 412)；一个是唐代玄奘所译的《般若波罗蜜多心经》(649)。

摩訶般若波羅蜜大明咒經

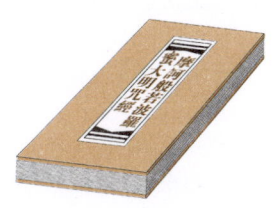

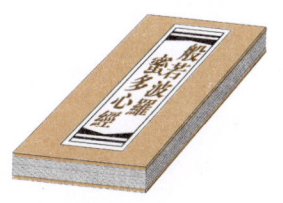

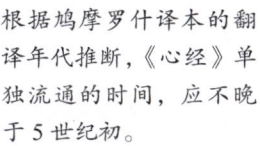

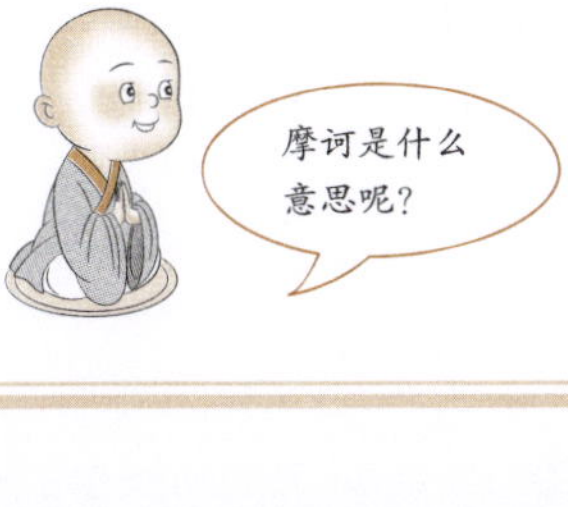

《摩诃般若波罗蜜大明咒经》
5 世纪（402 － 412）鸠摩罗什 t
翻译

般若波羅蜜多心經

《般若波罗蜜多心经》
7 世纪（649）
玄奘大师翻译

根据鸠摩罗什译本的翻译年代推断，《心经》单独流通的时间，应不晚于5世纪初。

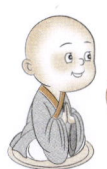

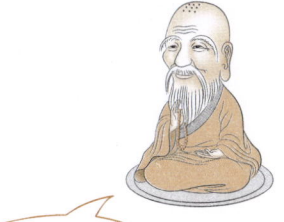

摩诃是什么意思呢？

摩诃是梵文 maha 的音译，意思是“大”。

《心经》与《大般若经》
二者之间什么关系

《心经》的"心"字，梵文原意是"心脏""肝脏"，引申为"核心""心要"，代表最精要的法义。因此《心经》是最精要的法义，代表《大般若经》的浓缩与精要。

　　《大般若经》为宣说诸法皆空之义的大乘般若类经典的汇编，为唐玄奘所译，共600卷，内容是佛陀在四个地方进行的十六次集会上所记载的经文，即所谓的"四处十六会"。这是集般若经之大成，般若经教中最完备的作品，其中涵盖了佛教徒熟知的《般若波罗蜜多心经》（简称《心经》）与《金刚般若波罗蜜经》（简称《金刚经》）。

　　《大般若经》成书于公元前1世纪左右，一般认为最早出现于南印度，以后传播到西印度、北印度，在贵霜王朝时广为流行，梵本多数仍存。

　　此经宣称大乘即是般若，般若即是大乘，大乘般若无二。它作为大乘佛教的基础理论，被称为"诸佛之智母，菩萨之慧父"。其中心思想在于说明诸法"性空幻有"的道理。性空，指佛所说的一切法（即一切现象）都没有实在的自性；幻有，指一切法虽然自性空，但并非虚无，假有的现象仍是存在的。《大般若经》认为世俗认识的一切对象，均属"因缘和合"，假而不实；唯有通过"般若"对世俗认识的否定，才能把握佛教真理，达到觉悟解脱。

　　另外，此经认为佛陀有真身和法身之分，法身也就是信仰者追求的最高真理或真如。人们通过修行的六种方法（六度），可以获得解脱。

　　《心经》全称《般若波罗蜜多心经》，又称《般若心经》，是佛教举足轻重的一部经典。《大般若经》的诠释以空性为主，透过了解空性的道理，断除烦恼障，从而得到小乘的涅槃，即声闻及缘觉的菩提果位；也能够透过认识空性的内涵，再加上福德资粮的圆满，彻底断除所知障而获得大乘的涅槃，即无上菩提的果位。《心经》的字数虽然只有二百六十个字，却包含了《大般若经》的全部精义，可谓是《大般若经》的心髓。它不仅是《大般若经》的精华，同时也完整呈现了佛教的核心概念，如五蕴、六根、六触、十二处、十八界、十二因缘、四谛、六度、究竟涅槃、阿耨多罗三藐三菩提等。

《心经》=《大般若经》的心髓

两部经的梵文比较

Maha-prajna-paramita-sutra
大　　般若　　波罗蜜多　　经

Prajna-paramita-hrdaya-sutra
般若　　波罗蜜多　　心　　经

hrdaya
心

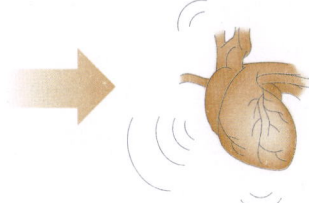

原意为心脏、肝脏，引申为核心、心要，代表最精要的法义。

将600卷经文变成260字，实在太伟大了！

所以说《般若波罗蜜多心经》是《大般若波罗蜜多经》的心髓。

《大般若波罗蜜多经》
Maha-prajna-paramita-sutra
总共 600 卷

→ 1/10,000 →

《般若波罗蜜多心经》
简称《心经》
Prajna-paramita-hrdaya-sutra
260 字

《心经》最早汉译本的译者

鸠摩罗什

公元5世纪，来自西域龟兹国的鸠摩罗什，在长安译出了《摩诃般若波罗蜜大明咒经》，这是目前所知《心经》流传下来的最早汉译本。

鸠摩罗什（Kumarajiva），其名又译作鸠摩罗什婆、鸠摩罗耆婆，略称罗什，意译童寿。父籍天竺，后为龟兹国师，母为龟兹王妹。罗什于344年生于龟兹，七岁随母出家，游北天竺，后回龟兹。他广学大小乘经论，尤精大乘空宗中观学说，深得般若性空义理的三昧，在西域说法传教，声誉极高。前秦建元十八年(382)，苻坚在道安的一再建议下，派遣大将吕光进军西域，破龟兹，迎罗什往长安。385年，罗什随吕光至凉州，滞留此地十七年。后秦主姚兴于弘始三年(401)出兵凉州，迎罗什至长安，待以国师之礼。

罗什应姚兴之请，在逍遥园西明阁主持译事，译出《阿弥陀经》《大品般若经》《小品般若经》《妙法莲华经》《维摩诘经》《金刚般若波罗蜜经》等经，和《中论》《百论》《十二门论》《大智度论》《成实论》等论。据《出三藏记集》载，他共译出佛典三十五部二百九十四卷。在此之前，佛经仅有零星的翻译作品，至罗什时大乘各部经典都有译出。罗什译经量多质高，在文体上一改过去朴拙之风，务求达意，使译文臻于成熟。罗什通过译经，系统地介绍了般若空宗学说，对于大乘空宗教理在中国的移植和弘传起了极为重要的作用。

史载，罗什门下有弟子三千，著名者数十人。后世有什门"八俊""十杰"之称，其中僧肇、道生、道融、僧睿又称"什门四圣"。鸠摩罗什于413年圆寂，据说在圆寂前，他曾对人说："我翻译了许多经典，可我不知道它们的文义是否正确。若是正确的话，我焚身之后，舌不焦烂；若有错误，舌乃焚烬。"后来焚烧他的身体，果然"薪灭形碎，唯舌不烂"。

今陕西户县圭峰北麓有草堂寺，是当时鸠摩罗什主持翻译佛经的场所。寺内有鸠摩罗什舍利塔，为安放鸠摩罗什舍利之地。

鸠摩罗什当时所译《心经》的经名为《摩诃般若波罗蜜大明咒经》。

中国人推崇的四大译经家

佛教从1世纪传入中国，2世纪起开始译经，现今所见的汉译佛典绝大部分完成于魏晋南北朝（3至6世纪）与隋唐时期（6至10世纪初），这段时期出现了许多伟大的佛经译师。其中以西域龟兹的鸠摩罗什、印度西北的真谛、中国河南的玄奘与斯里兰卡的不空最为著名，在中国，他们被称为中国佛教史上的四大翻译家。

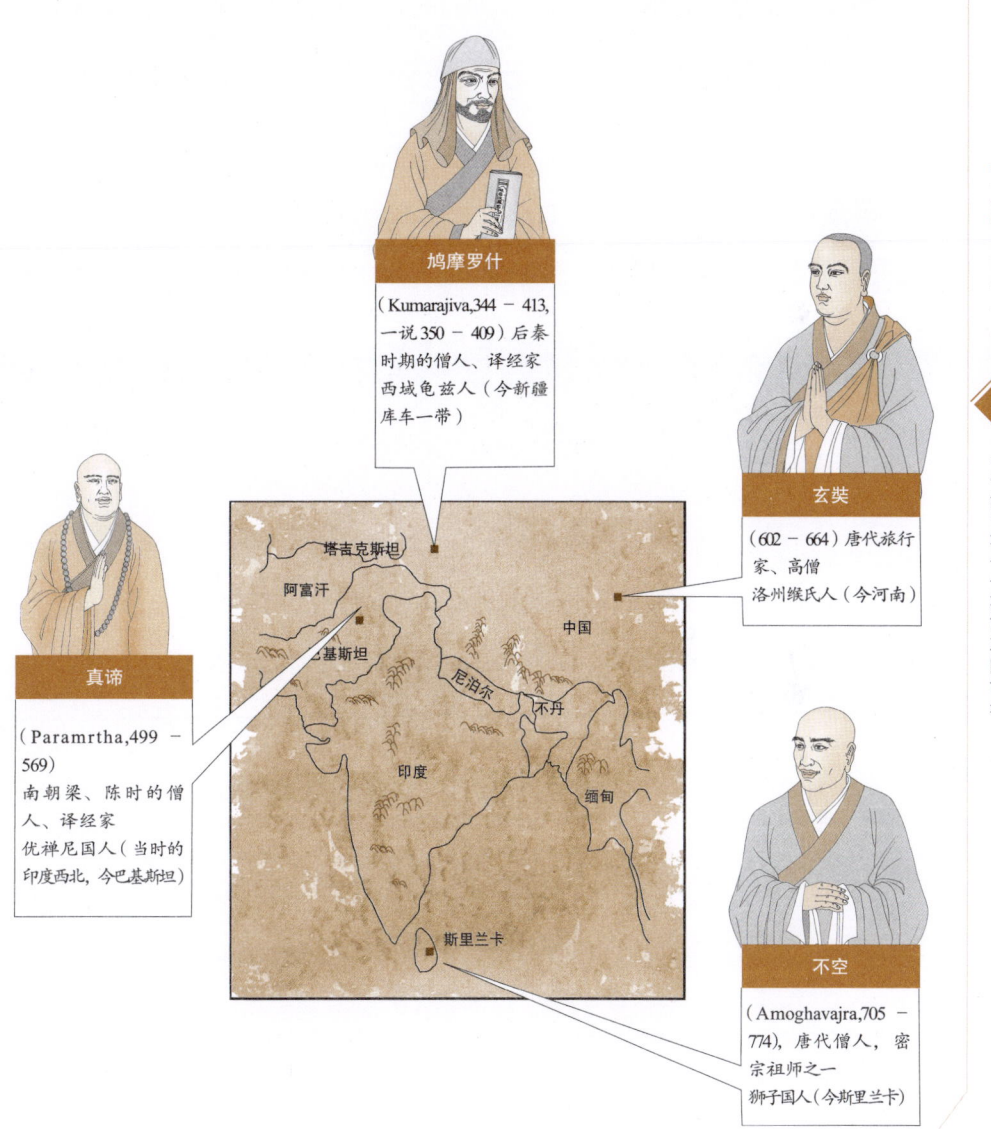

鸠摩罗什
（Kumarajiva,344－413,一说350－409）后秦时期的僧人、译经家
西域龟兹人（今新疆库车一带）

玄奘
（602－664）唐代旅行家、高僧
洛州缑氏人（今河南）

真谛
（Paramrtha,499－569）
南朝梁、陈时的僧人、译经家
优禅尼国人（当时的印度西北,今巴基斯坦）

不空
（Amoghavajra,705－774），唐代僧人，密宗祖师之一
狮子国人（今斯里兰卡）

关于鸠摩罗什的来历

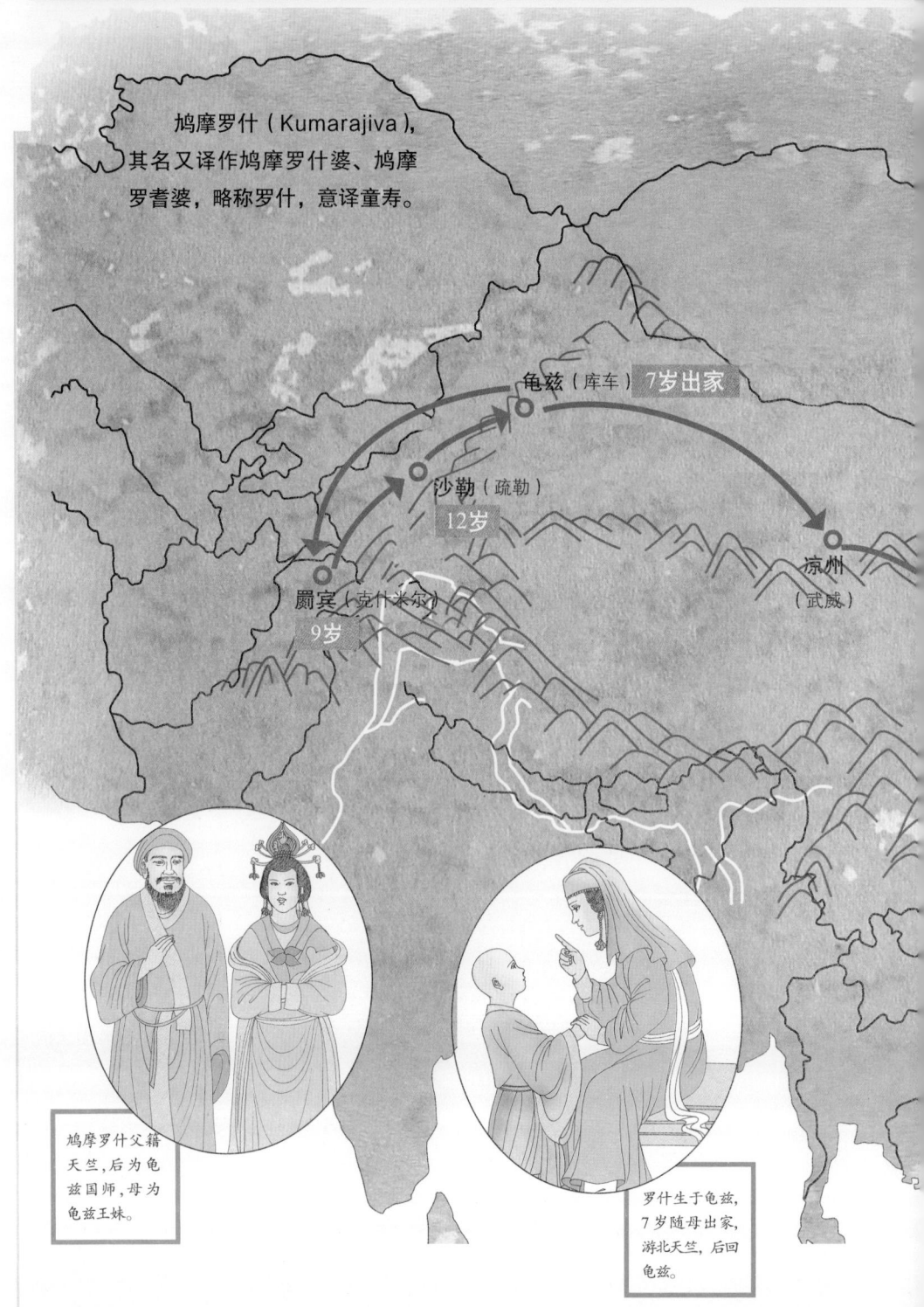

鸠摩罗什（Kumarajiva），其名又译作鸠摩罗什婆、鸠摩罗耆婆，略称罗什，意译童寿。

龟兹（库车）7岁出家

沙勒（疏勒）12岁

罽宾（克什米尔）9岁

凉州（武威）

鸠摩罗什父籍天竺，后为龟兹国师，母为龟兹王妹。

罗什生于龟兹，7岁随母出家，游北天竺，后回龟兹。

他广学大小乘经论，深得般若性空义理的三昧，在西域说法传教，声誉极高。

公元382年，前秦苻坚派吕光破龟兹，迎罗什往长安。385年，罗什随吕光至凉州，留此十七年。

401年，后秦主姚兴出兵凉州，迎罗什至长安，待以国师之礼。

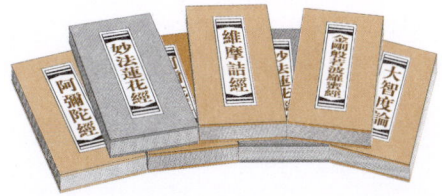

罗什应姚兴之请，在逍遥园西明阁主持译事，译出《阿弥陀经》《大品般若经》《妙法莲华经》《维摩诘经》《金刚般若波罗蜜经》《大智度论》《成实论》等，据《出三藏记集》载，他共译出佛典三十五部二百九十四卷。对于大乘空宗教理在中国的移植和弘传起了极为重要的作用。鸠摩罗什于413年圆寂。

流传最广的汉译本
玄奘法师与《心经》的因缘

在中国流传最广的《心经》译本是唐代大德玄奘法师翻译的。玄奘法师西行印度取经，历经17年，回到长安译出了《心经》。由于译文直接、清晰、朗朗上口，遂广为流传。

玄奘法师是中国唐代旅行家、译经家和高僧，又称唐三藏（当时凡通经、律、论三藏教义者均被称为三藏法师）。他生于602年，俗姓陈，名袆。13岁时在洛阳出家。他勤奋学习经典，到处参访名师。当时的佛法十分昌盛，但所译的经文却多讹谬，异说纷纭，玄奘经常感到困惑，无从获解。特别是对于"摄论""地论"两家关于法相之说深感疑惑，于是兴起去印度求法以会通一切的念头。

正在这时，印度那烂陀寺戒贤法师的门徒波罗颇密多罗来到长安。玄奘向他请教后得知，戒贤法师通晓全部经论，学识渊博，在那烂陀寺主持讲经。于是，玄奘决定西出长安，前往那烂陀寺取经。位于印度古城王舍城外的那烂陀寺，是当时印度最大、最壮观的佛教寺院，收藏着浩繁的大乘、小乘佛教经典以及婆罗门教最古老的经典和天文、地理、技艺、医药、数学、音韵等书籍。寺院的主持戒贤法师，对佛学理论有精深的研究，是当时印度的佛学权威，被尊称为"正法藏"。

唐贞观元年(627)，玄奘为了探究《瑜伽师地论》，悄悄地自长安出发，越过严密的军事关防，一路西行，开始了向印度那烂陀寺的万里长征。在当时地理知识缺乏、交通条件又极为落后的情况下，由中国中部徒步走到遥远的印度，是极其困难的事。好在有高昌国王的帮助（高昌即今新疆吐鲁番一带），玄奘顺利越过了险恶的沙漠和天山屏障，游历了当时的西域诸国（即今中亚一带），最后于631年来到迦湿弥罗国（即今克什米尔一带）和印度学习佛法，并在印度赫赫有名的那烂陀寺学习与讲学。

贞观十九年(645)正月，玄奘携梵文经典520匣657部回到长安。其后主持国家译经场，专门从事翻译，十九年间共译佛经75部1335卷，《心经》和他一心探求的《瑜伽师地论》都在其中。由于玄奘有较高的汉文化素养，又精通梵文，所以他的译文流畅优美，而且忠于原意。他所翻译的经、律、论三藏圣典最为精确，译经的数量在中国历史上也是最多的。

玄奘西游

在中国流传最广的《心经》译本是唐代大德玄奘法师翻译的。玄奘法师西行印度取经，历经17年，回到长安译出了《心经》。

三藏法师

玄奘法师是中国唐代旅行家、译经家和高僧，又称唐三藏（当时凡通经、律、论三藏教义者均被称为三藏法师）。

玄奘法师西行经历

唐贞观元年（627），玄奘为了探究《瑜伽师地论》，自长安出发前往印度那烂陀寺。

玄奘于631年来到印度赫赫有名的那烂陀寺学习与讲学。

贞观十九年（645）正月，玄奘携梵文经典520匣657部回到长安。

其后主持国家译经场，十九年间共译佛经75部1335卷，《心经》和他一心探求的《瑜伽师地论》都在其中。

由于玄奘有较高的汉文化素养，又精通梵文，所以他的译文流畅优美，而且忠于原意。他所翻译的经、律、论三藏圣典最为精确，译经的数量在中国历史上也是最多的。

《心经》的由来与主旨 ❹ 流传最广的汉译本

11

玄奘大师的西行足迹

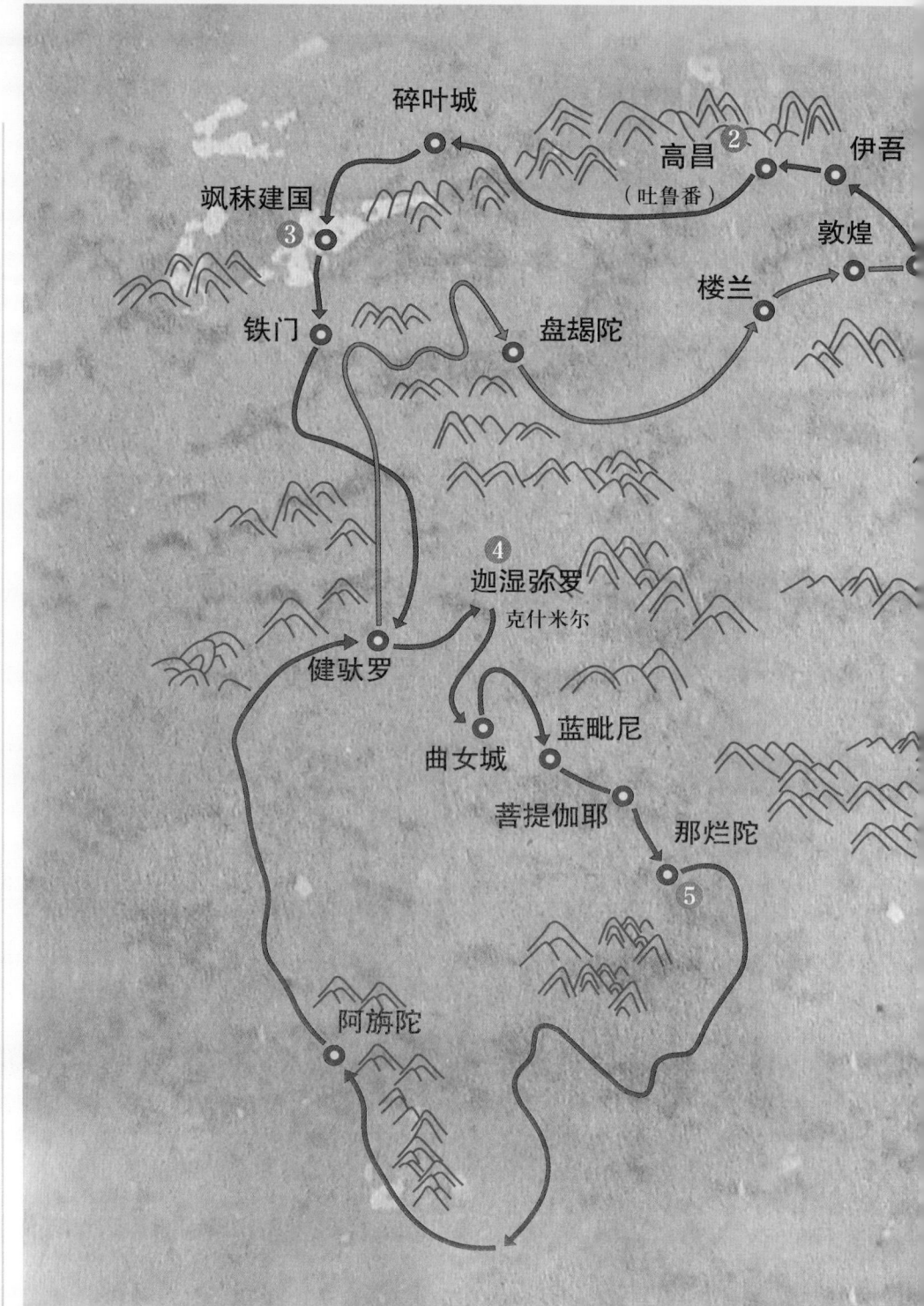

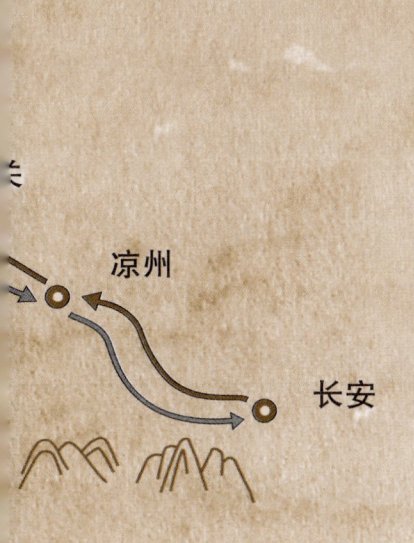

❶ 离开长安
玄奘出长安，越过严密的军事关防，一路西行，在当时地理知识缺乏、交通条件又极为落后的情况下，由中国中部徒步走到遥远的印度，是极其困难的事。

❷ 到达高昌
在高昌国王的帮助下（高昌即今新疆吐鲁番一带），玄奘顺利越过了险恶的沙漠和天山屏障。

❸ 经飒秣建国（今乌兹别克斯坦撒马尔罕城，是当时的国际经贸重镇）
通过天山山脉后，玄奘进入了当时的西域诸国（即今天的中亚一带）。

❹ 迦湿弥罗国（今克什米尔）
当时，这里是佛法圣地，玄奘在这里开始全面求法学习。

❺ 中天竺那烂陀寺
之后他到达那烂陀寺，这是世界佛教的最高学府。玄奘终于见到了戒贤大师，并在这里学习了七部重要佛典。

《心经》的七个汉译本
两个略本和五个广本

在中国历史上,《心经》最重要的汉译本共有七个,其中有两个略本、五个广本。

从5世纪初的后秦到10世纪的北宋太宗年间,近六百年的时间,梵语的《心经》被译成中文前后多达11种,可见其受大众欢迎的程度。

在众多的译本中,大致上可分略本(小)与广本(大)两种形式。

一般而言,佛经的结构通常分为三大部分:序分、正宗分、流通分。序分如同一篇文章的序言,说明佛陀说法的时间、地点、因缘、与会听众;正宗分则是文章的主要部分,重点在阐述该经的义理;而流通分好比结论,点出与会听众谛听佛法之后皆大欢喜,信受奉行作礼而去。

《心经》的略本特别着重正宗分的部分,而广本的内容则有完整的三个结构。在现存所有的《心经》汉译本中,除有《摩诃般若波罗蜜大明咒经》(鸠摩罗什译)、《般若波罗蜜多心经》(玄奘译)两个重要略本外,还有其他五个重要的广本。此外,也有藏文译本与梵文本,中国还传有玄奘直译梵音的《梵本般若心经》。现在最流行的汉译本是玄奘的译本,全经有260个字。

● 《心经》的两个重要略本

(1)《摩诃般若波罗蜜大明咒经》(402 – 412),后秦鸠摩罗什译

(2)《般若波罗蜜多心经》(649),唐玄奘译

● 《心经》的五个重要广本

(1)《普遍智藏般若波罗蜜多心经》(739),唐法月译

(2)《般若波罗蜜多心经》(790),唐般若共利言等译

(3)《般若波罗蜜多心经》(敦煌石室本,856),唐法成译

(4)《般若波罗蜜多心经》(约860),唐智慧轮译

(5)《佛说圣佛母般若波罗蜜多经》(980),宋施护译

《心经》的汉译本

从5世纪初的后秦到10世纪的北宋太宗年间，近六百年的时间，梵语的《心经》被译成中文前后多达11种，可见其受大众欢迎的程度。在众多的译本中，大致上可分略本（小）与广本（大）两种形式。

《心经》的两个重要略本

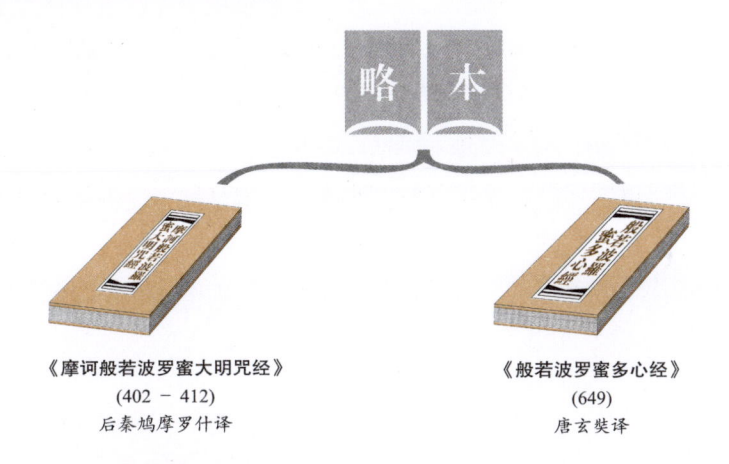

略本

《摩诃般若波罗蜜大明咒经》
(402－412)
后秦鸠摩罗什译

《般若波罗蜜多心经》
(649)
唐玄奘译

《心经》的五个重要广本

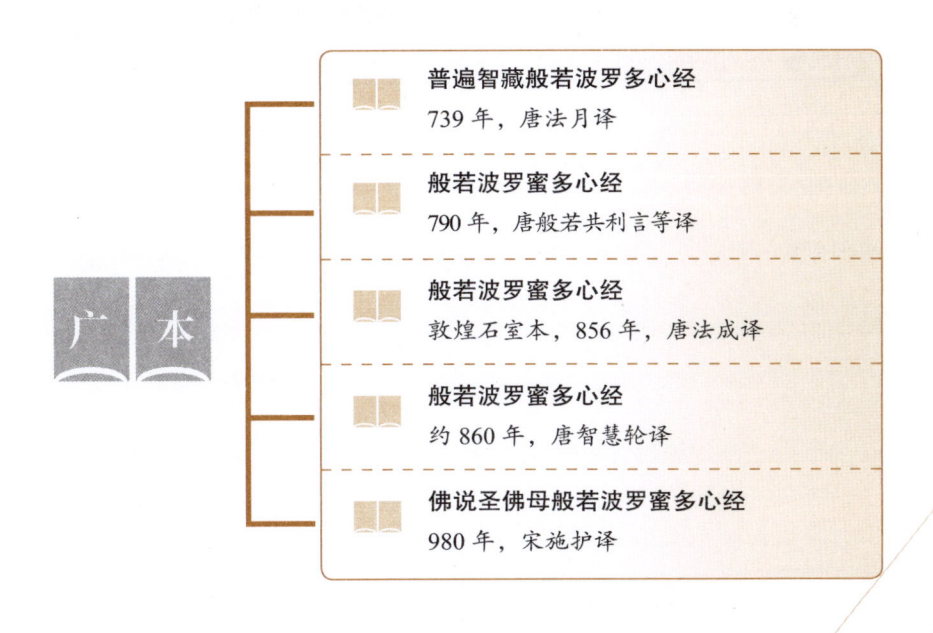

广本

- 普遍智藏般若波罗多心经
  739年，唐法月译

- 般若波罗蜜多心经
  790年，唐般若共利言等译

- 般若波罗蜜多心经
  敦煌石室本，856年，唐法成译

- 般若波罗蜜多心经
  约860年，唐智慧轮译

- 佛说圣佛母般若波罗蜜多心经
  980年，宋施护译

两种《心经》
"广本"和"略本"的区别

> 前面已经提到,《心经》广本与略本的不同在于序分、正宗分与流通分这三大部分的增减。略本精简了三分结构,广本则有完整铺陈的三分结构。

玄奘或鸠摩罗什的《心经》译本,大概是为了当时诵读方便,而省略了交代时空背景和缘由的序分部分的文字,以及赞扬勉励的流通分部分的文字,才变成了这种略本形式。而其他多种古译广本或藏文译本,则仍保持完整铺陈的序分、正宗分与流通分三部分。

精简过的略本,虽然方便流通持诵,却省略掉了很重要而不可忽略的情境说明,即序分里的"释尊入三昧定",以及流通分里的"释尊出三昧定"。下面以唐代智慧轮译的《般若波罗蜜多心经》来加以说明。

(序分)如是我闻。一时薄誐梵,住王舍城鹫峰山中,与大苾刍众及大菩萨众俱。尔时世尊,入三摩地,名广大甚深照见。时众中有一菩萨摩诃萨,名观世音自在,行甚深般若波罗蜜多行时,照见五蕴自性皆空。即时具寿舍利子,承佛威神,合掌恭敬。

这段经文中点明了这场盛会是在王舍城的灵鹫山举行的,许多大比丘与大菩萨都来参加。一开始,佛陀就进入三摩地(三昧),观自在菩萨也在观照甚深微妙的般若波罗蜜多。接着点出舍利弗倚仗佛陀的威神力,恭请观自在菩萨说法。

(流通分)如是,舍利子!诸菩萨摩诃萨,于甚深般若波罗蜜多行,应如是学。尔时,世尊从三摩地安详而起,赞观世音自在菩萨摩诃萨言:"善哉!善哉!善男子,如是,如是,如汝所说,甚深般若波罗蜜多行,应如是行。如是行时,一切如来,悉皆随喜。"尔时,世尊如是说已,具寿舍利子,观世音自在菩萨及彼众会一切世间天、人、阿苏罗巘、驮嚩等,闻佛所说,皆大欢喜,信受奉行。

流通分大意是说:佛陀出定后,赞叹圣观自在菩萨并告诉勉励与会人士;听众们谛听佛陀说法后都无比欣喜,进而信受、奉行佛陀所说的法。

这种有完整铺陈的三分结构,也可在唐代般若共利言等译的版本中见到。

"广本"与"略本"的不同之处

《心经》广本与略本的不同在于序分、正宗分与流通分这三大部分的增减。略本精简了三分结构，广本则有完整铺陈的三分结构。

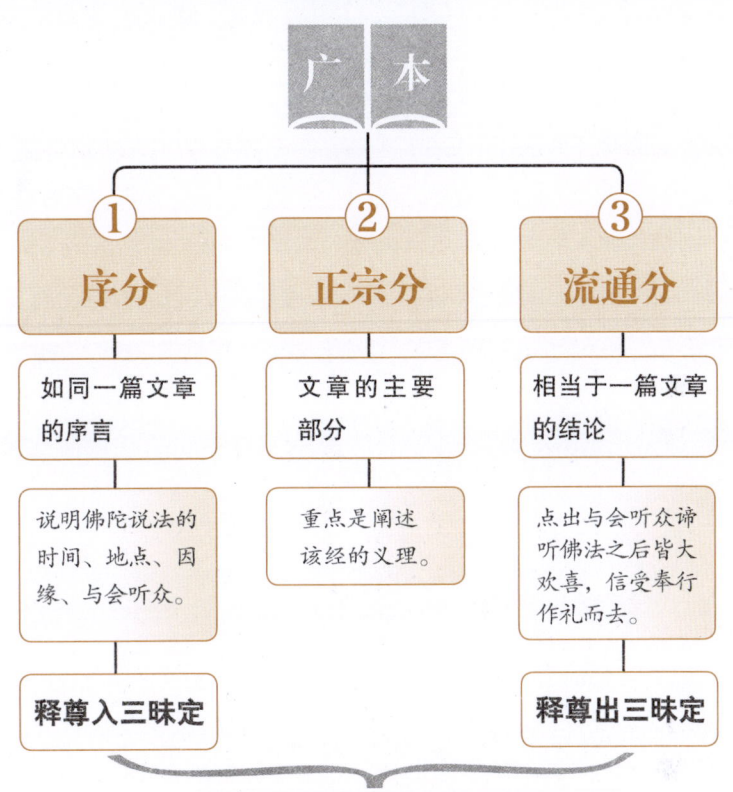

广本

1 序分
- 如同一篇文章的序言
- 说明佛陀说法的时间、地点、因缘、与会听众。
- 释尊入三昧定

2 正宗分
- 文章的主要部分
- 重点是阐述该经的义理。

3 流通分
- 相当于一篇文章的结论
- 点出与会听众谛听佛法之后皆大欢喜，信受奉行作礼而去。
- 释尊出三昧定

︸ 很重要且不可忽略的情景说明

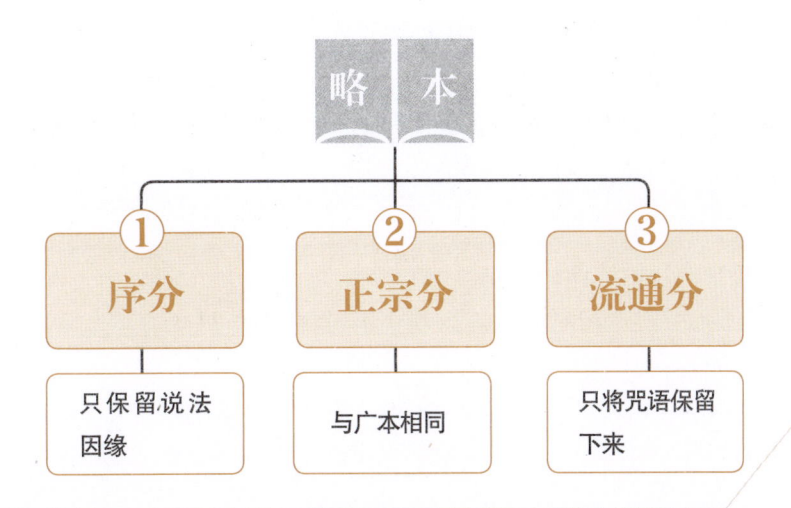

略本

1 序分
- 只保留说法因缘

2 正宗分
- 与广本相同

3 流通分
- 只将咒语保留下来

"广本"的三分结构

③ 流通分
（结论与咒语）

故知般若波罗蜜多是大神咒。是大明咒。是无上咒。是无等等咒。能除一切苦。真实不虚。故说般若波罗蜜多咒。即说咒曰蘖谛蘖谛波罗蘖谛波罗僧蘖谛菩提娑婆诃。如是舍利弗。诸菩萨摩诃萨于甚深般若波罗蜜多行。应如是行。如是说已。即时世尊从广大甚深三摩地起。赞观自在菩萨摩诃萨言。善哉善哉。善男子。如是如是。如汝所说。甚深般若波罗蜜多行。应如是行。如是行时一切如来皆悉随喜。尔时世尊说是语已。具寿舍利弗大喜充遍。观自在菩萨摩诃萨亦大欢喜。时彼众会天人阿修罗乾闼婆等。闻佛所说皆大欢喜。信受奉行。

故无有恐怖。远离颠倒梦想。究竟涅槃。三世诸佛依般若波罗蜜多故。得阿耨多罗三藐三菩提。

② 正宗分
（本文或本论）

① 序分
（序文或序论）

《般若波罗蜜多心经》（唐般若共利言等译）

如是我闻。一时佛在王舍城耆阇崛山中。与大比丘众及菩萨众俱。时佛世尊即入三昧。名广大甚深。尔时众中有菩萨摩诃萨。名观自在。行深般若波罗蜜多时。照见五蕴皆空。离诸苦厄。

即时舍利弗承佛威力。合掌恭敬白观自在菩萨摩诃萨言。善男子。若有欲学甚深般若波罗蜜多行者。云何修行。如是问已。尔时观自在菩萨摩诃萨告具寿舍利弗言。舍利子。若善男子善女人行甚深般若波罗蜜多行时。应观五蕴性空。舍利子。色不异空。空不异色。色即是空。空即是色。受想行识亦复如是。舍利子。是诸法空相。不生不灭。不垢不净。不增不减。是故空中无色。无受想行识。无眼耳鼻舌身意。无色声香味触法。无眼界乃至无意识界。无无明亦无无明尽。乃至无老死亦无老死尽。无苦集灭道。无智亦无得。以无所得故。菩提萨埵依般若波罗蜜多故心无挂碍。无挂碍

《心经》般若思想的核心要义

空

《心经》中多次提到"空",如"五蕴皆空""色不异空,空不异色;色即是空,空即是色"等,这里的"空"指"空性",并不是否定世间万象,而指事物的性质、属性是空性的。"空"是大乘佛教的核心观念,也是《心经》般若思想的核心要义。

"空"是佛教的基本教义,梵语 Sunya,用来表述"非有""非存在"的一个基本概念。用最简单的方式来说,佛教的"空"是指世间一切现象都是因为各种条件的聚合而形成的,当条件改变时,现象也跟着改变,本身并没有一个真正存在的实体。

● 《心经》阐释了"诸法性空"的基本思想

《心经》主要阐释了般若类经典"诸法性空"的基本思想,此经通过对五蕴(色、受、想、行、识)、六根(眼、耳、鼻、舌、身、意)、六境(色、声、香、味、触、法)、六识(眼识、耳识、鼻识、舌识、身识、意识)、十二因缘(无明、行、识、名色、六入、触、受、爱、取、有、生、老死)以及佛教的四谛(苦、集、灭、道)和各种教法的否定,来论证人空和法空,即世界上的一切事物和现象,包括人们的身体和精神活动,皆空无自性,虚空无实,不应执着,无须追求。但是,我们通过"色不异空,空不异色;色即是空,空即是色"的字句,又看到肯定一切的可能性,那该作何解释呢?佛学界一个普通的做法是:一方面用"空"这个取消一切现象和差别的概念来论证世俗认识及其面对的一切对象皆虚幻不实;而另一方面,又把"空"安置为世界万有的统一性基础,并说它就是超越时间、空间的"法性""真如""佛性"或"涅槃",要人们去追求。按照这种观点,"一切皆空"可理解为一切是"空"这种本体的表现;"空即一切"可理解为"空"是一切的依据。佛性超言绝象,无形无相,是成佛的依据。

《心经》中说"空"的内容可以分为五部分:小乘菩萨说人空,大乘菩萨说法空,破缘觉妄想十二因缘之见,破声闻妄想四谛生灭之见,破菩萨妄想三乘十地之见。其中说五蕴空、十二处空、十八界空,是讲人法二空;说"无无明……亦无老死尽"的十二因缘空是破缘觉乘;说苦集灭道四谛空就是讲声闻乘空(以上二乘是小乘);说"无智亦无得"就是讲菩萨乘空(此为大乘)。这样就得出了"一切皆空"的结论。

"空"是佛教的基本教义

《心经》中多次提到"空"，如"五蕴皆空""色不异空，空不异色"等，"空"指"空性"，是佛教的基本教义，也是《心经》般若思想的核心要义。

名词解释

Sunya 空

用来表述"非有""非存在"的一个基本概念。佛教的"空"是指世间一切现象都是因为各种条件的聚合而形成的；当条件改变时，现象也跟着改变，本身并没有一个真正存在的实体。

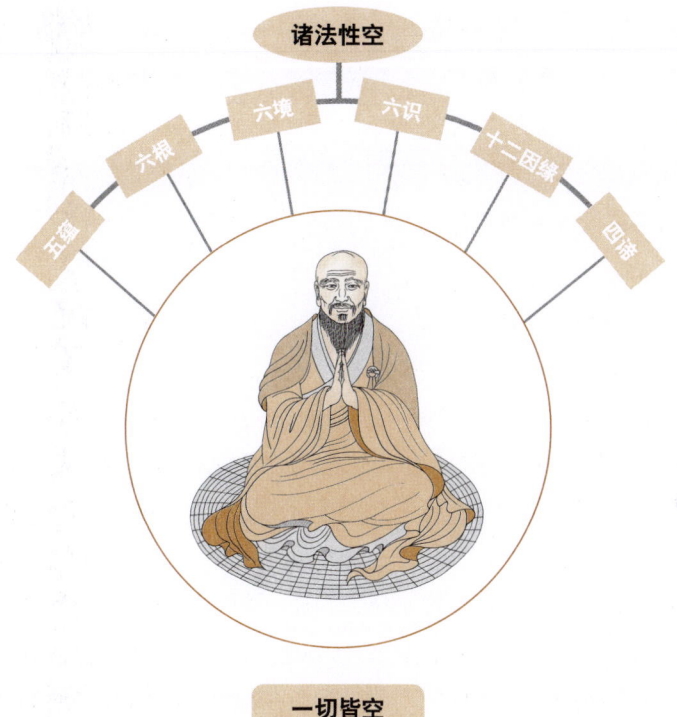

诸法性空

五蕴　六根　六境　六识　十二因缘　四谛

一切皆空

《心经》主要阐释了"诸法性空"的基本思想。佛学界一方面用"空"这个取消一切现象和差别的概念来论证世俗认识及其面对的一切对象虚幻不实；另一方面，又把"空"安置为世界万有的统一性基础，并说它就是超越时间、空间的"法性""真如""佛性"或"涅槃"，要人们去追求。

《心经》的由来与主旨　7　《心经》般若思想的核心要义

● 佛教认识的最高境界是"无所得"

对于一个修行者来说，是否以认识一切皆空为最终目的呢？事实并非如此。"一切皆空"只是在修行中所应达到的一个较浅层次的认识，有了这种认识，虽然可以摆脱对物质或精神的爱憎取舍而带来的苦恼，使人达到一种"自在"的精神状态，但它本身仍是执着。把"空"看作一种特有的形态、境界，作为追求的目标，就难免会陷入新的苦恼。因此，在达到"一切皆空"的认识后，还应再进一步，即认识世界万有本无"有无之相"，没有任何差别；人们也应消除头脑中的"有无"观念，这样才可以"处有不有，无心于有有之场；居空不空，不在于空空之境。"这种超脱有无之外，物我冥通的精神境界，就是"涅槃"。这时的认识才是最高层次的认识，它可用三个字表示，即"无所得"。

"无所得"是佛教最高的认识境界。要想达到"无所得"的境界，需经过三个阶段。

首先，如果达到人、法（一切事物）两空，可以在精神上摆脱人生烦恼，获得轻松自由，无所牵挂，无所烦恼。

第二，"空""无相"本是自然的、实际的，是世界万有的本性，因此它也被称作"实相""真如""法性"。人们的认识如果与它相应、相符，就是最高的智慧。它如同道家所说的最高本体"道"那样无形无相，无响无声，所以人们以直观体悟的方法达到的这种"空无所得"的智慧是与真如实相，与空相应的。

第三，如果进入"空无所得"的认识境界，达到涅槃，那么此时的认识属于"第一义谛"或"真谛"，是深妙的真理。因此对上述的一切自然也是"空无所得"的。

《心经》的这种五蕴皆空、色空相即、诸法空相、了无所得的般若空观，对后来禅宗破除五蕴执着、圆融真空妙有、体证澄明自性、彻见本来面目的思想产生了深刻影响。般若真空与涅槃妙有，构成了禅宗思想的两大源头。

了无所得的般若空观

对于一个修行者来说，在达到"一切皆空"的认识后，还应再进一步，即认识世界万有本无"有无之相"，没有任何差别，这样才可以"处有不有，无心于有有之场；居空不空，不在于空空之境"。这种超脱有无之外，物我冥通的精神境界，就是"涅槃"。它可用三个字表示，即"无所得"。

人、法（一切事物）两空可以在精神上摆脱人生烦恼，获得轻松自由，无所牵挂，无所烦恼。

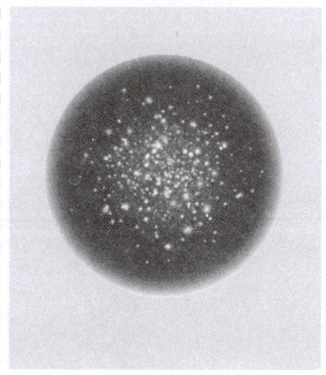

"空""无相"本是自然的、实际的，是世界万有的本性。人们的认识如果与它相应、相符，就是最高的智慧。

如果进入"空无所得"的认识境界，达到涅槃，那么此时的认识属于"第一义谛"，对一切的认识都是"空无所得"。

《心经》般若空观对禅宗思想的影响

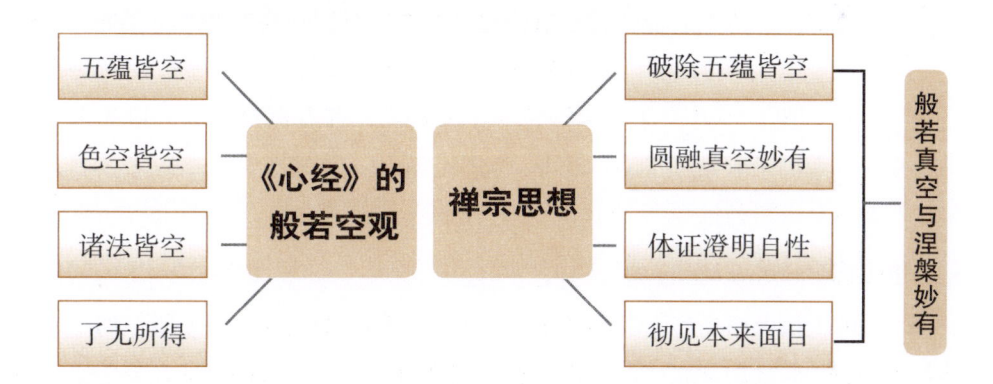

《心经》的般若空观	禅宗思想	般若真空与涅槃妙有
五蕴皆空	破除五蕴皆空	
色空皆空	圆融真空妙有	
诸法皆空	体证澄明自性	
了无所得	彻见本来面目	

《心经》的这种般若空观，对后来禅宗的思想产生了深刻影响。般若真空与涅槃妙有，构成了禅宗思想的两大源头。

《心经》的精神
明白并破除执着

《心经》从"照见五蕴皆空"到"无苦集灭道",都是针对我们对"有"的错误认识与执着,揭示世界存在的现象是无自性空,是假有的存在,其目的就是要我们放弃错误的认识,同时也放弃对它的执着。这是《心经》的精神。

● 人生的烦恼因执着而起

有情生命因为对"有"的认识不足,因而总是在"有所得"的心态下生活,人生的一切似乎都能令我们生起执着。比如在日常生活中,我们会执着财富、执着地位、执着情感、执着信仰、执着生存的环境、执着拥有的知识……由于执着;我们对人生的一切都产生了强烈占有、恋恋不舍的心态,同时也给人生带来了种种烦恼。

我们执着自我和我所拥有及认识的一切,这时若要解决因为认识上的困惑、执着、欲望所带来的痛苦,唯有修习六波罗蜜,依靠般若,明白并破除执着,且在自我修行之时,帮助他人进修,自利利他,最后达到解脱自在。

当我们认识到所缘性空,就不会对"有"生起实在的执着,是无得;此时妄心也就自然熄灭不起,是无智。《大般若经》说:"一切法不生则般若生,一切法不现则般若现。"在妄心、妄境、妄执熄灭的情况下,此时显现的清净心、平常心便是般若的功用。

我们的有情生命会因为有执着、有牵挂,对拥有的一切产生恐怖。比如一个人拥有财富,他会害怕财富的失去;拥有地位,他会害怕别人窥视他的权位;拥有娇妻,他会害怕娇妻爱上别人;拥有色身,会害怕死亡的到来……而如果看破了世间的是非、得失、荣辱,无牵无挂,破除了执着,自然就不会再有苦恼。

● 把这个世界看透了,烦恼也就降伏了

因为执着而产生"颠倒梦想"。"颠倒梦想"即是妄想。妄想一词,来源于佛教,它的内涵很广泛,以佛教智慧来看,大多数人都生活在妄想中。妄想的产生,无明是根源,欲望是动力,对拥有的执着是助缘。

十二因缘中无明缘行,就说明了人类行为的思想基础是无明,无明是生命的迷惑状态。在这种状态下出现的一切想法,都称为妄想。

执着带来种种烦恼

有情生命因为对"有"的认识不足,因而总是在有所得的心态下生活,人生的一切似乎都能令我们生起执着。

- 财富
- 地位
- 情感
- 信仰
- 生存的环境
- 拥有的知识

由于执着,我们对人生的一切都产生了强烈占有、恋恋不舍的心态,同时也给人生带来了种种烦恼。

如果我们看破了世间的是非、得失、荣辱,无牵无挂,破除了执着,自然也就不会再有苦恼。

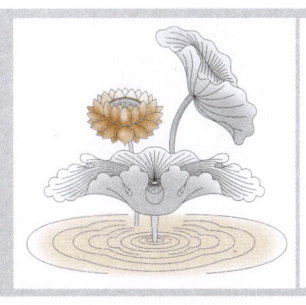

当我们认识到所缘性空,就不会对"有"生起实在的执着,是无得;此时妄心也就自然熄灭不起,是无智。《大般若经》说:"一切法不生则般若生,一切法不现则般若现。"在妄心、妄境、妄执熄灭的情况下,此时显现的清净心、平常心便是般若的功用。

欲望是妄想的动力。人存在于世界上，总有许许多多的想法，这些想法大多基于个人欲望而产生。人类有什么欲望，就会有什么妄想；有什么妄想，这世界就会出现什么现象。

对拥有的执着是妄想的助缘，比如一个无知的小孩，在一堆干柴上点火，烧着了房子，这时正好刮起了风，火借风势熊熊燃烧。小孩点火喻无明，干柴、房子如欲望，大风好比执着。欲望的火是因为小孩的无明而生起，随着大风而增大。可见，人在欲望推动下才产生妄想，并随执着而不断增强，执着有多深，妄想就有多大。

妄想使得我们生活在自己的意识构造的世界中，无法正确地认识宇宙人生的真相。在佛教中，唯识宗曾把世界分为三个不同层次：一曰遍计所执性，是我们的意识构造的主观错觉世界；二曰依他起性，是客观的现象世界；三曰圆成实性，是客观的本质世界。我们通常生活在遍计所执性中，因而无法认清依他起性和圆成实性。所以，人类不能够正确地认识世界，首先是因为人类不能正确地认识自身。人类以妄想心去认识世界，所认识的也自然是妄境。就像我们戴着有色眼镜去看世界，所看到的自然也不是真实的世界。

妄想导致人生的各种过患，因此《心经》告诉我们要远离颠倒梦想。如何远离呢？《心经》对付妄想的绝招是：从照见五蕴皆空，认识到一切都如梦幻泡影，不住我相、人相、众生相、寿者相，不住色、声、香、味、触、法相；无智无得，心无牵挂，妄想自然就不会有了。

有一首禅诗这样写道："南台静坐一炉香，竟日凝然万虑忘。不是息心除妄想，只缘无事可商量。"平常人打坐妄想很多，总要通过修观、念佛或诵咒来对治，而禅者的修行根本不需要除妄想。他们已经把这个世界看透了，烦恼也就降伏了。世间没有什么东西能让他们特别感兴趣，妄想自然也就不生了，也不再有什么执着。

妄想导致人生的各种过患

因为执着，而产生"颠倒梦想"。"颠倒梦想"即是妄想。妄想一词，来源于佛教，它的内涵很广泛，以佛教智慧来看，人类几乎都生活在妄想中。

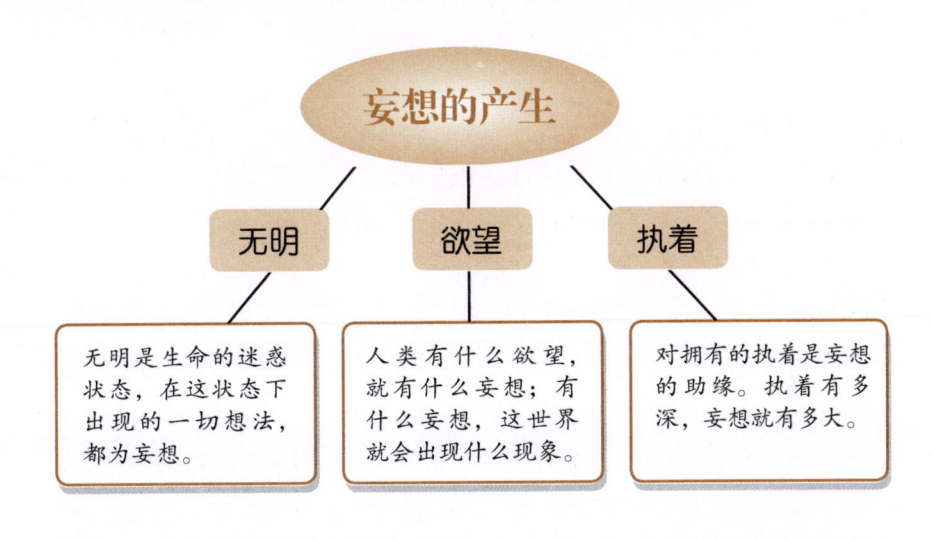

妄想的产生

- **无明**：无明是生命的迷惑状态，在这状态下出现的一切想法，都为妄想。
- **欲望**：人类有什么欲望，就有什么妄想；有什么妄想，这世界就会出现什么现象。
- **执着**：对拥有的执着是妄想的助缘。执着有多深，妄想就有多大。

一个无知的小孩，在一堆干柴上点火，烧着了房子，这时正好刮起了风。小孩点火喻无明，干柴、房子如欲望，大风好比执着。人在欲望推动下才产生妄想，并随执着而不断增强。

妄想导致人生的各种过患，《心经》告诉我们要远离颠倒梦想。它对付妄想的绝招是：从照见五蕴皆空认识到一切都如梦幻泡影，不住我相、人相、众生相、寿者相，不住色、声、香、味、触、法相，无智无得；心无牵挂，妄想自然就不会有了，也不再有什么执着。

《心经》的佛法道理
因缘所生法

"因缘所生法,我说即是空;亦名为假名,亦名中道义。"这是龙树菩萨一个著名的偈语。因缘所生法是佛教的根本思想,也是《心经》中重要的佛法道理。

因缘所生法,是指生灭变化之有为法。"因"是前面的一个动机;只要前面一动,连锁的关系就来了,这就是"缘"。"因缘"其实是宇宙的最基本规律,世界上的所有事、情、现象、物件都不会突然产生;任何事物的产生,必须有一个前"因"和适当的环境条件配合,即所谓"助缘",或称为"缘"。当"因"与"缘"配合成熟时,就会产生结果。如柏树,其种子为能生起之因,日光、水土、肥料、人工、气候等为其助缘;此树不离因缘,即生成此树之因与缘亦皆各由其个别之因缘而生成。植物如此,依此类推,禽兽、人,乃至诸天、二乘、菩萨、佛亦皆因缘和合而成,无一法不从因缘生。一切有情之类,不明此义,故迷执而轮回六道。全部佛法,皆说明此义以开导一切有情众生;以此义故,因缘所生法可贯通一切佛法。《心经》的道理也同样涵盖。所以因缘即是一切法,一切法即是因缘。法即事事物物,而因缘即每法亲生之因与助成之缘。

因缘所生法认为是"我"的每一个人,实质上是不存在的,只是各种因缘的集合体。所以当体即空,并不是要空了它才是解脱,而是没有一个实体需要去解脱。所以禅宗说:"本自无缚,不用求解。"

如释迦牟尼佛所悟的"缘起性空"四字,"缘起"即是一切法因缘而生,缘聚则有,缘散则无,当体即空,人我、法我当下即是不存在的。此即是人无我,法无我,哪有我可得。"性空"即是是否有一个本性可得,如印度教的梵我,基督教的上帝,某些宗教的神我,以及道、存在、本性、真心等等。佛说本性也空,即所谓真如、如来藏、心即是佛等等,也只是权宜之说。本性空不只是没有一个实在的本性,而是说一个空也不可得,这即是性空。净洒洒无一法可得,是为究竟。然而,性空不碍妙有。妙有即是这因缘所生之法,它的当下即性空。所以《楞严经》云:"真性有为空,缘生故如幻;无为无起灭,不实如空华。"

缘聚则有，缘散则无

因缘所生法是佛教的根本思想，也是《心经》的重要佛法道理。

日光、水土、肥料、人工、气候等为此树的助缘

种子为此树的生起之因

因缘所生法，是指生灭变化之有为法。"因"是前面的一个动机；只要前面一动，连锁的关系就来了，这就是"缘"。"因"与"缘"配合成熟时，就会产生结果。

因缘所生法认为是"我"的每一个人，实质上是不存在的，只是各种因缘的集合体。所以当体即空，并不是要空了它才是解脱，而是没有一个实体需要去解脱。所以禅宗说："本自无缚，不用求解。"

因缘其实是宇宙的最基本规律，世界上的所有事、情、现象、物件都有因缘，都不会无缘无故产生。所以因缘即是一切法，一切法即是因缘。法即事事物物，而因缘即每法亲生之因与助成之缘。

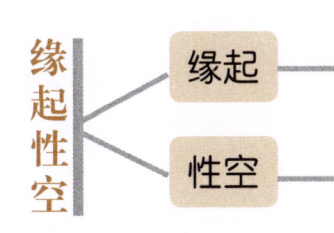

缘起性空

- **缘起**——一切法因缘而生，缘聚则有，缘散则无；当体即空，人我、法我当下即是不存在的。
- **性空**——本性空不只是没有一个实在的本性，而是说一个空也不可得，这即是性空。无一法可得，是为究竟。

虽然性空，但并不碍妙有。妙有即是这因缘所生之法，它的当下即为性空。

《心经》的人生观

人生是苦

《心经》的人生观是"人生是苦"。因为人生一切都是无常，都会变化，所以佛教认为，如果执着于无常，那人生就是苦的。这"苦"是什么意义呢？是有缺陷、不永久、不彻底的意思。

佛教认为，我们的人生本来就有烦恼，本来就是苦的。比如生命的诞生是苦的，婴儿出生要经过一个很痛苦的过程；步入老年是苦的，因为老之将至；"病"和"死"更令人难过；希望拥有的东西却得不到是苦；要与喜欢的人分开是苦；不喜欢的人、不喜欢的东西，又偏偏经常碰到是苦；有些事情，本来是开心快乐的，但快乐之后又怎样呢？快乐不是永恒的，所以快乐过去后也会变成苦。诸如此类，人生的这一切本来就是烦恼，就是苦的。

既然佛教认为人生本来就是苦，那么人生该如何获得幸福呢？佛陀在成佛后，首先教导人们的便是"四圣谛"。"四圣谛"是指"苦、集、灭、道"四种人生真理。"圣"是正的意思，"谛"是真理的意思。人活在这个世上就会有烦恼，也就是"苦"；而烦恼是由人的执着造成的，也就是"集"；只有放弃烦恼和执着，也就是"灭"；人才能走上正确的道路，也就是"道"。"道"是修行的道路，也就是方法。这个脱离人生苦恼，获得永恒快乐的四阶段就是"四圣谛"，也就是《心经》中说的"无苦集灭道"。

在日常生活中，我们经常碰到很多问题，但我们不可自怨自艾，正确的做法是先认清问题的所在（苦），然后找出问题的根源（集），再确立解决问题的目标（灭），最后制订解决的方案，并付诸实行（道）。所以"四圣谛"又是一个放诸四海而皆准的解决问题的方法。

佛教还认为，"贪、嗔、痴"是造成人生苦恼的一切成因。减少贪念，减少憎恨，提升自己的智慧，增强慈悲心，是减少人生苦恼的有效途径。

人生本来就是苦的

《心经》的人生观是"人生是苦"。因为人生一切都是无常，都会变化，佛教认为，如果执着于无常，那人生就是苦的。这"苦"是什么意义呢？是有缺陷、不永久、不彻底的意思。

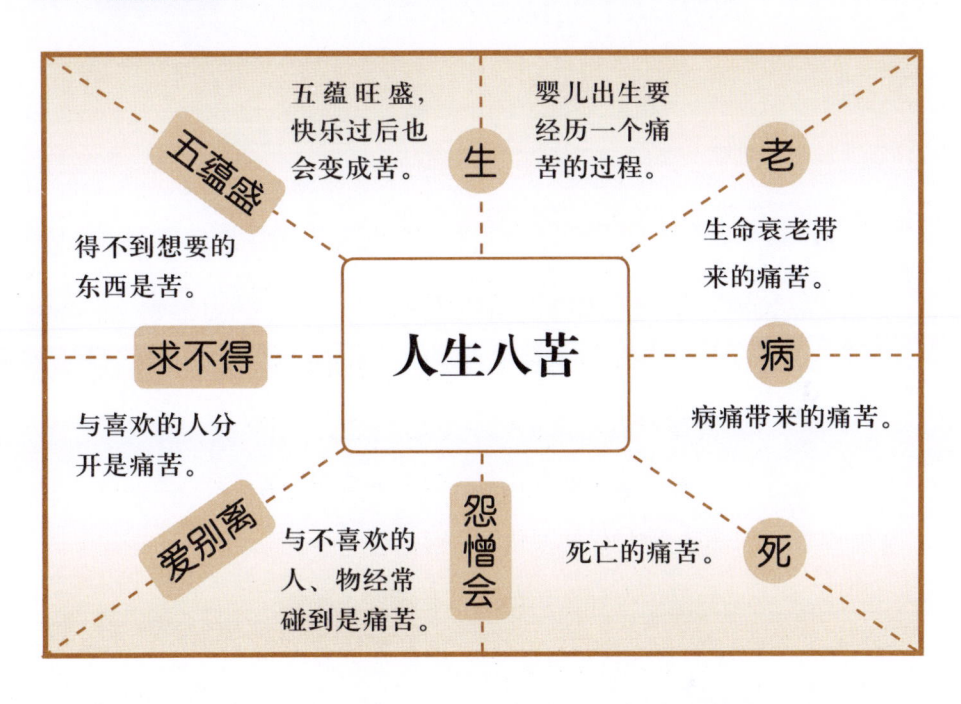

人生八苦

- **五蕴盛**：五蕴旺盛，快乐过后也会变成苦。
- **生**：婴儿出生要经历一个痛苦的过程。
- **老**：生命衰老带来的痛苦。
- **求不得**：得不到想要的东西是苦。
- **病**：病痛带来的痛苦。
- **爱别离**：与喜欢的人分开是痛苦。
- **怨憎会**：与不喜欢的人、物经常碰到是痛苦。
- **死**：死亡的痛苦。

既然佛教认为人生本来就是苦，那么人生该如何获得幸福呢？佛陀在成佛后，首先教导人们的便是"四圣谛"。"圣"是正的意思，"谛"是真理的意思。

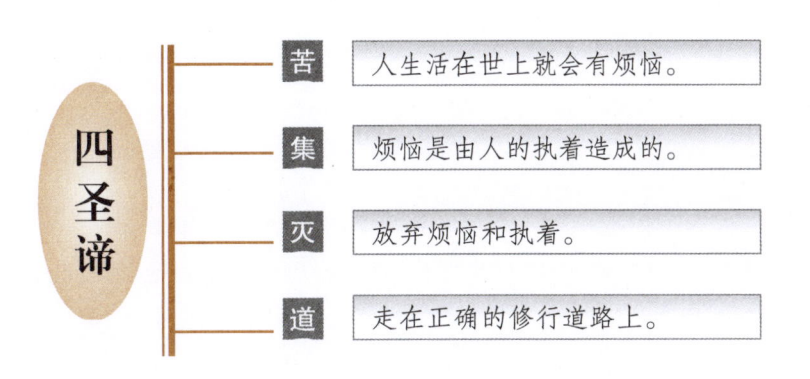

四圣谛

- **苦**：人生活在世上就会有烦恼。
- **集**：烦恼是由人的执着造成的。
- **灭**：放弃烦恼和执着。
- **道**：走在正确的修行道路上。

虽然《心经》只有短短260个字，但是千百年来，围绕它的问题却不在少数，这也愈显出《心经》的庄严与神秘。比如你知道佛陀在《心经》中担当的是一个什么角色吗？有哪些人参加了《心经》的说法盛会？观自在菩萨在甚深的禅定观修状态下是如何说法的呢？在本章节中，我们为你解答这些疑问。

第二章
与《心经》相关的一些问题

本章内容提要

《心经》中的人物及出场次序
《心经》的听众
《心经》的内容和性质
《心经》的文字和应用
《心经》咒语的出处
《大般若经》的说法地

探讨《心经》人物

佛陀在《心经》中的角色

在玄奘所译的《心经》中，一开始便是观自在菩萨与舍利弗的对话。经文看起来是由观自在菩萨说的，那佛陀在《心经》中是什么角色呢？在广本的《心经》里，我们可以找到答案。

下面以般若共利言等译的广本《般若波罗蜜多心经》为例，来看完整的说法过程。

如是我闻。一时佛在王舍城耆阇崛山中，与大比丘众及菩萨众俱。

时佛世尊即入三昧，名广大甚深。

尔时众中有菩萨摩诃萨，名观自在，行深般若波罗蜜多时，照见五蕴皆空，离诸苦厄。

即时舍利弗承佛威力，合掌恭敬白观自在菩萨摩诃萨言："善男子，若有欲学甚深般若波罗蜜多行者，云何修行？"

这几句经文点出说法地点在灵鹫山，与会人士有佛陀、菩萨众、大比丘众。由阿难记下说法的整个过程，这是很多佛经的典型模式。

之后的描述十分关键，说明此时佛陀进入了三昧定的状态，这是通过精神集中达到的很高的意识境界。

此时观自在菩萨在修习般若波罗蜜多的状态中，持续观照五蕴皆空。无论是佛陀的"三昧定"，还是观自在菩萨的"行深般若波罗蜜多"，都是关键的修行状态。而玄奘的略本在这里均略去了。

接着舍利弗承佛威力，向观自在菩萨摩诃萨请教如何修行般若波罗蜜多。于是两人开始对话。这是玄奘和鸠摩罗什所译的略本中的大部分内容。

观自在菩萨扮演讲说者的过程，在所见广本中有两种不同的说法：一是观自在菩萨自告奋勇请示佛陀后开始说法；二是舍利弗承佛威力后，恭请观自在菩萨指导说法。"承佛威力"是指舍利弗"在佛陀的启发之下"，开始有能力与观自在菩萨沟通。两者在意义上应是相同的。更重要的是，佛陀当时在说法现场，是进入三昧定禅定状态的。

《心经》中的三个重要人物

在广本《心经》中，点出了佛陀在王舍城耆阇崛山（灵鹫山）中，与大比丘众及菩萨众俱。当时世尊入三昧定，舍利弗承佛威力，与观自在菩萨展开对话。整篇经文中最重要的三个人物是：佛陀、观自在菩萨与舍利弗。

佛陀
即世尊，已达成佛的境界。

观自在菩萨
正在前往成佛境界的菩萨。

舍利弗
代表大比丘众提出问题。

佛陀、舍利弗、观自在菩萨主导了这次《心经》的说法盛会。

心经的说法盛会
- ①由阿难道出说法背景。
- ②佛陀处于甚深三昧定的禅定状态中。
- ③舍利弗承佛威力提问。
- ④观自在菩萨在佛陀的启发下，为舍利弗讲经说法。
- ⑤佛陀结束禅定状态，赞美观自在菩萨的讲说。

与《心经》相关的一些问题 1 探讨《心经》人物

《心经》说法的六幕

第5幕

菩提萨埵依般若波罗蜜多故心无挂碍。无挂碍故无有恐怖。远离颠倒梦想。究竟涅槃。三世诸佛依般若波罗蜜多故。得阿耨多罗三藐三菩提。故知般若波罗蜜多是大神咒。是大明咒。是无上咒。是无等等咒。能除一切苦。真实不虚。故说般若波罗蜜多咒。即说咒曰蘖谛蘖谛波罗蘖谛波罗僧蘖谛菩提娑婆诃。如是舍利弗。诸菩萨摩诃萨于甚深般若波罗蜜多行。应如是行。

第6幕

❻ 如是说已。即时世尊从广大甚深三摩地起。赞观自在菩萨摩诃萨言。善哉善哉。善男子。如是如是。如汝所说。甚深般若波罗蜜多行。应如是行。如是行时一切如来皆悉随喜。尔时世尊说是语已。具寿舍利弗大喜充遍。观自在菩萨摩诃萨亦大欢喜。时彼众会天人阿修罗乾闼婆等。闻佛所说皆大欢喜。信受奉行。

与《心经》相关的一些问题

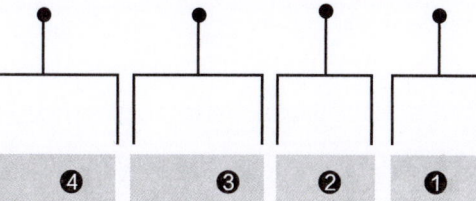

1 探讨《心经》人物

第1幕
❶ 如是我闻。一时佛在王舍城耆阇崛山中。与大比丘众及菩萨众俱。

第2幕
❷ 时佛世尊即入三昧。名广大甚深。

第3幕
❸ 尔时众中有菩萨摩诃萨。名观自在。行深般若波罗蜜多时。照见五蕴皆空。离诸苦厄。

第4幕
❹ 即时舍利弗承佛威力。合掌恭敬白观自在菩萨摩诃萨言。善男子。若有欲学甚深般若波罗蜜多行者。云何修行。如是问已。

❺ 尔时观自在菩萨摩诃萨告具寿舍利弗言。舍利子。若善男子善女人行甚深般若波罗蜜多行时。应观五蕴性空。舍利子。色不异空空不异色。色即是空空即是色。受想行识亦复如是。舍利子。是诸法空相。不生不灭不垢不净不增不减。是故空中无色。无受想行识。无眼耳鼻舌身意。无色声香味触法。无眼界乃至无意识界。无无明亦无无明尽。乃至无老死亦无老死尽。无苦集灭道。无智亦无得。以无所得故。

37

《心经》说法盛会
有哪些人参加

《心经》作为谈般若空观的浓缩经典，它的内容虽然是观自在菩萨与舍利弗的对谈，但听众却是菩萨多于人类，这是十分特殊的。

● **序分中有哪些人物**

在这场《心经》说法盛会上，有哪些人聆听了佛陀开示的殊胜空义呢？这在玄奘的略本中，我们找不到答案，但是在广本的序分中，则可以看到三组与会人物：(1) 菩萨众 (2) 大比丘众 (3) 大菩萨众。

有的译本将"大比丘众"写成"大苾刍众"，"苾刍"与"比丘"都是音译自梵语 Bhiksu。"大菩萨众"又称"摩诃菩萨众"；"摩诃"是梵语 Maha 的音译，意思是"大"，显然菩萨还分菩萨与大菩萨两种不同的修行境界。

在诸多译本中，并未详尽说明参与这场盛会的人数，只有两个译本中提到。一个是《普遍智藏般若波罗蜜多心经》（唐代法月的译本），描述有百千位大比丘众，以及七万七千位菩萨摩诃萨，一同聆听法义；而菩萨众中，更以观世音、文殊师利、弥勒等诸大菩萨为上首，显见菩萨的人数多过比丘，这是十分特殊的。另一个是《佛说圣佛母般若波罗蜜多经》（宋代施护的译本），说明有大萨埵众千二百五十人与诸菩萨摩诃萨众参与盛会，但并未说明诸菩萨的人数。

● **正宗分中有哪些人物**

正宗分中出现的人物是《心经》的三个重要角色——观自在菩萨、舍利弗与佛陀。舍利弗又称为舍利子，是佛陀的十大弟子之一，以"智慧第一"著称。

● **流通分中有哪些人物**

在流通分中，听法大众——众比丘、诸菩萨、天、人与天龙八部、阿修罗等，以及一切世间的修学道众，他们一起听闻了观自在菩萨与舍利弗的对话，都产生了前所未有且无法形容的安乐与喜悦。这种喜悦是世间所有的喜乐无法比拟的。

《心经》人物的出场次序

序分中的人物

在这场《心经》说法盛会上，有哪些人聆听了佛陀开示的殊胜空义呢？这在玄奘的略本中，我们找不到答案，但是在广本中，我们却可以充分了解。

| 菩萨众 |  大比丘众 |  大菩萨众 |

正宗分中的人物

| 佛陀 |  观自在菩萨 |  舍利弗 |

流通分中的人物

大比丘众	菩萨众	一切世间天人	阿修罗	乾闼婆
有百千位大比丘众，有的译本将"大比丘众"写成"大苾刍众"。"苾刍"与"比丘"都是音译自梵语Bhiksu。	七万七千位菩萨摩诃萨，更以观世音、文殊师利、弥勒等诸大菩萨为上首，显见菩萨的人数多过比丘。	一切世间天人，包括"天道与人道"。	阿修罗有男有女，男的容貌丑陋，女的面貌美丽。本性好斗，经常与帝释争战。	乾闼婆与阿修罗等均属天龙八部，不食酒肉，以香气为生，在寻香城居住。

图说心经 3

《心经》的说法地点
佛陀与观自在菩萨在哪里开示

虽然《心经》略本并未交代说法地点，但在诸多的广本中，我们可以知道，佛陀和观自在菩萨开示《心经》的地点是位于王舍城的灵鹫山。

鸠摩罗什和玄奘所译的《心经》略本中，都未交代佛陀和观自在菩萨开示《心经》的时空背景，但在诸多的广本则有详尽且一致的说法。在以下不同的经文内容中，我们可以找到《心经》说法的地点。

如是我闻。一时佛在王舍大城灵鹫山中，与大比丘众满百千人，菩萨摩诃萨七万七千人俱，其名曰观世音菩萨、文殊师利菩萨、弥勒菩萨等，以为上首……（《普遍智藏般若波罗蜜多心经》，唐法月译）

如是我闻。一时佛在王舍城耆阇崛山中，与大比丘众及菩萨众俱……（《般若波罗蜜多心经》，唐般若共利言等译）

如是我闻。一时薄誐梵，住王舍城鹫峰山中，与大苾刍众及大菩萨众俱……（《般若波罗蜜多心经》，唐智慧轮译）

● **灵鹫山和耆阇崛山、鹫峰山是一座山吗**

在很多广本中都说明《心经》的说法地点是在王舍城（Rajagrha）的灵鹫山，这里是佛陀经常居住与说法的地方。"耆阇"，鹫的一种；耆阇崛山，意译为灵鹫山、鹫头山。因其山形状似鹫鸟，且山上鹫鸟多，因而得名。"耆阇崛山"（Grldhrakutla）有时又简称"灵山"。灵鹫山位于摩竭陀国王舍城的东北方，由印度古代贤君频婆娑罗王所建，他是最早皈依佛教的印度国王。佛陀讲说《法华经》的地点也在这里。

灵鹫山——《心经》的说法地

《心经》的说法地点在王舍城（Rajagrha）的灵鹫山，这里也是佛陀经常居住与说法的地方，位于摩竭陀国王舍城的东北方，有时又简称"灵山"，因其山形状似鹫鸟，且山上鹫鸟多而得名，是"耆阇崛山"（Grldhrakutla）的意译。

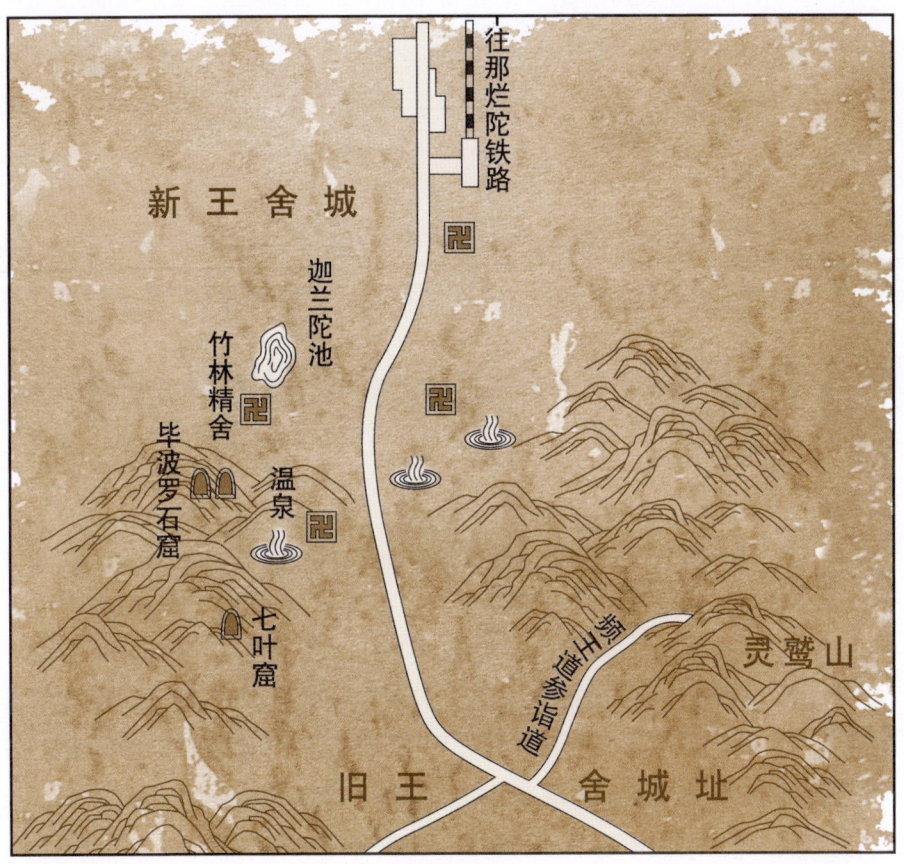

（地图标注：往那烂陀铁路、新王舍城、迦兰陀池、竹林精舍、毕波罗石窟、温泉、七叶窟、朝山参诣道、灵鹫山、旧王舍城址）

> 灵鹫山也是佛陀说《法华经》的地点。

王舍城
在佛教史上为什么如此重要

> 古印度摩竭陀国的首都王舍城，在佛教史上具有非常重要的地位，佛陀时常在其附近的灵鹫山上说法，城南的七叶窟更是佛教第一次经典结集之处。

王舍城是摩竭陀国（Magaha）的首都，有一处旧城和一处新城，相距仅四公里，分别为摩竭陀国频婆娑罗王（Bimbisara）和阿阇世王（Ajatasatru）所建。他们两人在位时，正是王舍城的极盛时期，曾先后在旧城与新城接见过佛陀。

据历史记载，当时城内人口众多，楼宇林立，是繁华的商业中心。城中的富商有经营海外贸易的，经常有外国商人来此。但王舍城后来没落了，中国僧人法显（337－422）曾于公元5世纪来到这里，当时的城池已经荒废；玄奘在公元7世纪到此，已是"外郭已坏，无复遗堵。内城虽毁，基址犹峻"。现在这座古城更是只余古迹，任后人凭吊而已。

● **王舍城与佛教的发展有密不可分的关系**

王舍城不仅是印度的一座历史古城，而且与佛教的发展有密不可分的关系，其重要之处体现在以下几点：

（1）国王在这里接见佛陀。频婆娑罗王和阿阇世王曾先后在这里接见佛陀，前者还把王舍城的竹林精舍送给佛陀，作为传教场所。

（2）佛陀的说法之地。旧城东北的查塔吉里山，也就是古代的灵鹫山，是佛陀经常居住与说法之地，频婆娑罗王亦曾来此向佛陀求教。灵鹫山确切的位置在今印度北部比哈尔邦（Bihar）巴特那（Patna）县境的丘陵谷地。

（3）佛陀坐禅石窟。西北毗布罗山的毕钵罗石窟（Pippali Cave），是佛陀饭后坐禅之处。

（4）第一次佛典结集之处。旧城南部的七叶窟（Saptaparna Cave）是佛陀弟子大迦叶（Mahakasayapa）与五百位罗汉，于佛灭寂后进行第一次结集（约前五世纪或前六世纪）的地方。

（5）佛教徒与耆那教徒共同的圣地。王舍城山谷中有温泉，四周山上有耆那教庙宇，是佛教徒与耆那教徒的朝圣地。

佛陀说法居住的城市——王舍城

古印度摩竭陀国的首都王舍城，在佛教史上占有非常重要的地位，佛陀时常在其附近的灵鹫山上说法，城南的七叶窟更是佛教第一次经典结集之处。

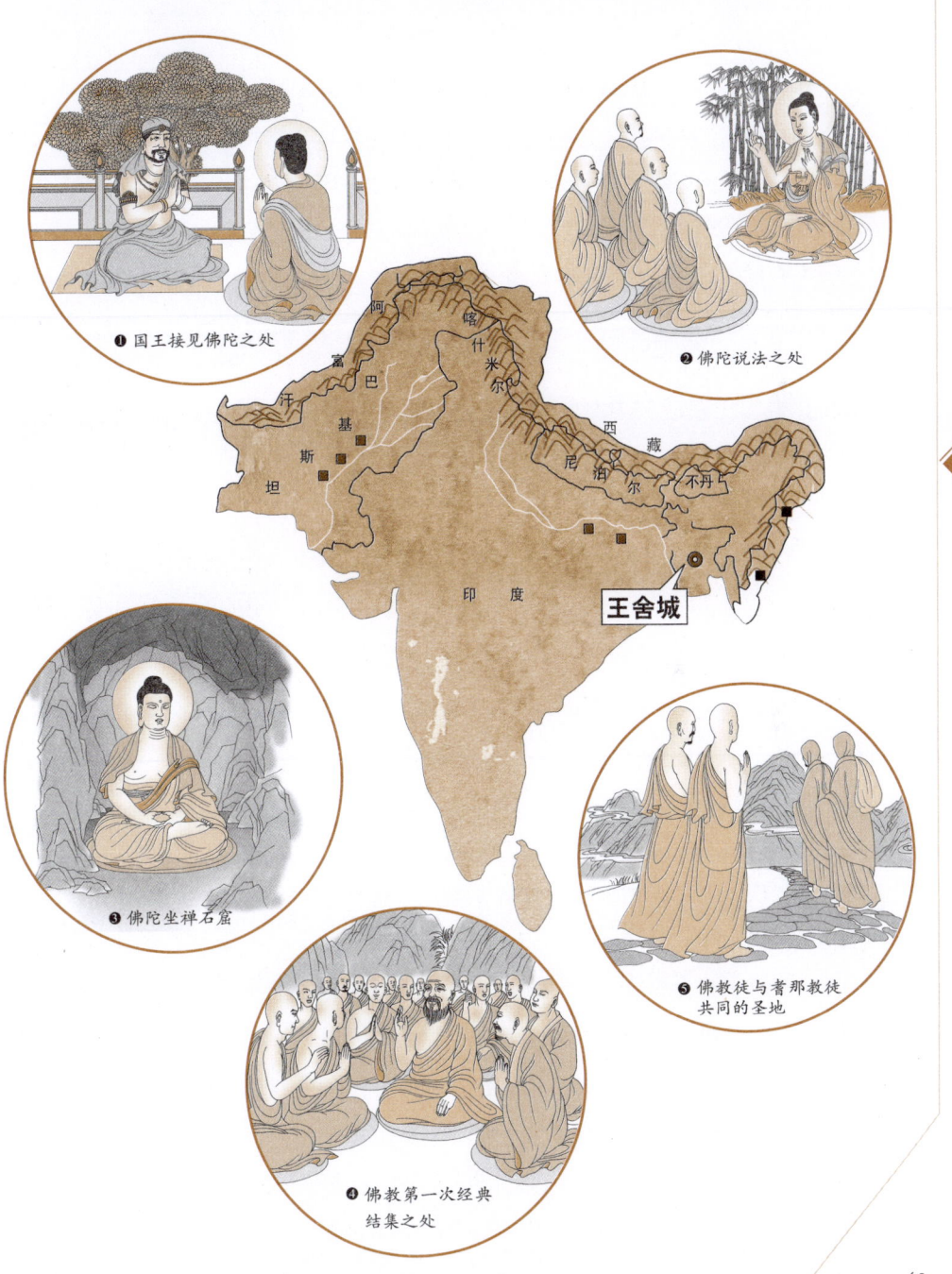

❶ 国王接见佛陀之处

❷ 佛陀说法之处

❸ 佛陀坐禅石窟

❹ 佛教第一次经典结集之处

❺ 佛教徒与耆那教徒共同的圣地

与《心经》相关的一些问题

4 王舍城

《心经》的听众
三种对象

佛陀是为三乘开示《心经》的，声闻乘达到四谛空，缘觉乘达到没有无明、老死的困扰，菩萨乘依凭般若波罗蜜多而达无智、无得的菩萨空性境界。

引导众生获得解脱是佛陀说法的目的，但众生根机不同，所以佛陀依根机的差别而说种种法。佛陀为天道与人道的众生说五戒、十善法，为声闻说四谛法，为缘觉说十二缘起，为菩萨说六波罗蜜。那么，《心经》的听众是谁，说的又是什么法呢？

《心经》精简地阐述了五蕴、四谛、十二因缘等诸法皆空的佛教核心义理，最后归于"无所得"（不可得），认为般若能度一切苦厄，达到究竟涅槃。其中涵盖了各种不同的空性层面，包括声闻乘、缘觉乘和菩萨乘等三乘。"乘"代表达到涅槃的不同方法或工具，三乘原本各有不同的教法到达解脱彼岸，而《心经》的空性则超脱每个教法。

● **超越四谛的声闻乘**

声闻乘是听闻佛说四谛法而觉悟的圣者，他们体悟到苦谛是世间的果，集谛是世间的因，灭谛是出世间的果，道谛是出世间的因，因而成为阿罗汉。《心经》中"无苦集灭道"的空性解说，则超越了四谛层面，达到了四谛空的境界。

● **超越十二缘起的缘觉乘**

缘觉乘是由观察缘起而觉悟的圣者，他们观察无明缘行、行缘识、识缘名色、名色缘六入、六入缘触、触缘受、受缘爱、爱缘取、取缘有、有缘生、生缘老死。由于这十二缘起，而有过去、现在、未来三世的起惑、造业、受生等生死流转。《心经》中"无无明，亦无无明尽，乃至无老死，亦无老死尽"，就是说若没有无明、老死的困扰，也就没有灭除无明与老死的需要。

● **无智亦无得的菩萨乘**

菩萨乘是修习六波罗蜜多而能自觉、觉他的圣者。《心经》中"无智亦无得。以无所得故，菩提萨埵依般若波罗蜜多故，心无挂碍；无挂碍故，无有恐怖，远离颠倒梦想，究竟涅槃"。无智、无得是菩萨的空性境界，依凭的即是般若波罗蜜多。

三乘：声闻乘、缘觉乘和菩萨乘

> **名词解释**
>
> **乘（Yana）**
> 为运载之意，指能运载众生至彼岸的工具。乘是古代计算车辆的单位，在佛教中用来譬喻佛陀的教法，以及能乘载修行者到达解脱境界的不同工具。

《心经》的三种听众

❶ 声闻乘	❷ 缘觉乘	❸ 菩萨乘
听闻佛说四谛法而觉悟的圣者	观察缘起而觉悟的圣者	修习六波罗蜜多而能自觉觉他的圣者
↓	↓	↓
达到四谛空的境界	超脱十二因缘，没有无明、老死的困扰	无智无得的菩萨空性境界

与《心经》相关的一些问题

5 《心经》的听众

《心经》的性质
是"经"还是"咒"

《心经》是指导人们了解空性与体悟空性的基础，它既有大乘佛教般若思想的精要，也有密教经典所特有的持咒力量。

● 帮助玄奘度过艰险

传说玄奘法师曾在益州（今四川）遇到一位身患癞病的老者，于是停留下来照顾他。老者因感念玄奘的慈悲，便送给他一本梵文《心经》。玄奘在一望无际的大漠之旅中，经常面临狂风卷袭和烈日炙烤，随之而来的还有蜃楼魅影或奇魔异幻。传说只要他一心虔诵《心经》，鬼魅魔影便会消散无踪。

●《心经》究竟是"经"还是"咒"

"经"重义理，"咒"重音韵，两者在概念与功能上是不相同的。在沙漠危难中的玄奘持诵《心经》的目的是什么呢？他是为了体悟空性还是为了持咒除厄呢？

在许多经文中经常出现"大神咒""大明咒""无上咒"这样的字眼，但真正的咒语却很少出现于经文中。可是，不论略本还是广本的《心经》，在最后却都附有咒语，因此有人提出《心经》是"咒"不是"经"。

《心经》究竟是"经"还是"咒"呢？这可从"显"与"密"的两个层面来进行探讨。就"显"的层面来说，由"观自在菩萨"到"三世诸佛，依般若波罗蜜多故，得阿耨多罗三藐三菩提"为止，都是指导读者了解空性与体悟空性的基础。而由"故知般若波罗蜜多，是大神咒，是大明咒，是无上咒，是无等等咒"之后，则转入"密"的层面，接下来一连串咒语："揭谛揭谛，波罗揭谛，波罗僧揭谛，菩提萨婆诃"。

翻译咒语虽然可以译出其内容的意义，但译语有时无法完全表达，因此常音译而不意译。若一心持诵咒语，能使精神专一，作为引发智慧的方便。此外，密教认为咒语超越文字语言，能协助修行者体悟空性。因此，可以说《心经》既有大乘佛教般若思想的精要，也有密教经典特有的持咒力量。

经与咒——《心经》的两部分内容

《心经》是指导人们了解空性与体悟空性的基础，它既有大乘佛教般若思想的精要，也有密教经典所特有的持咒力量。

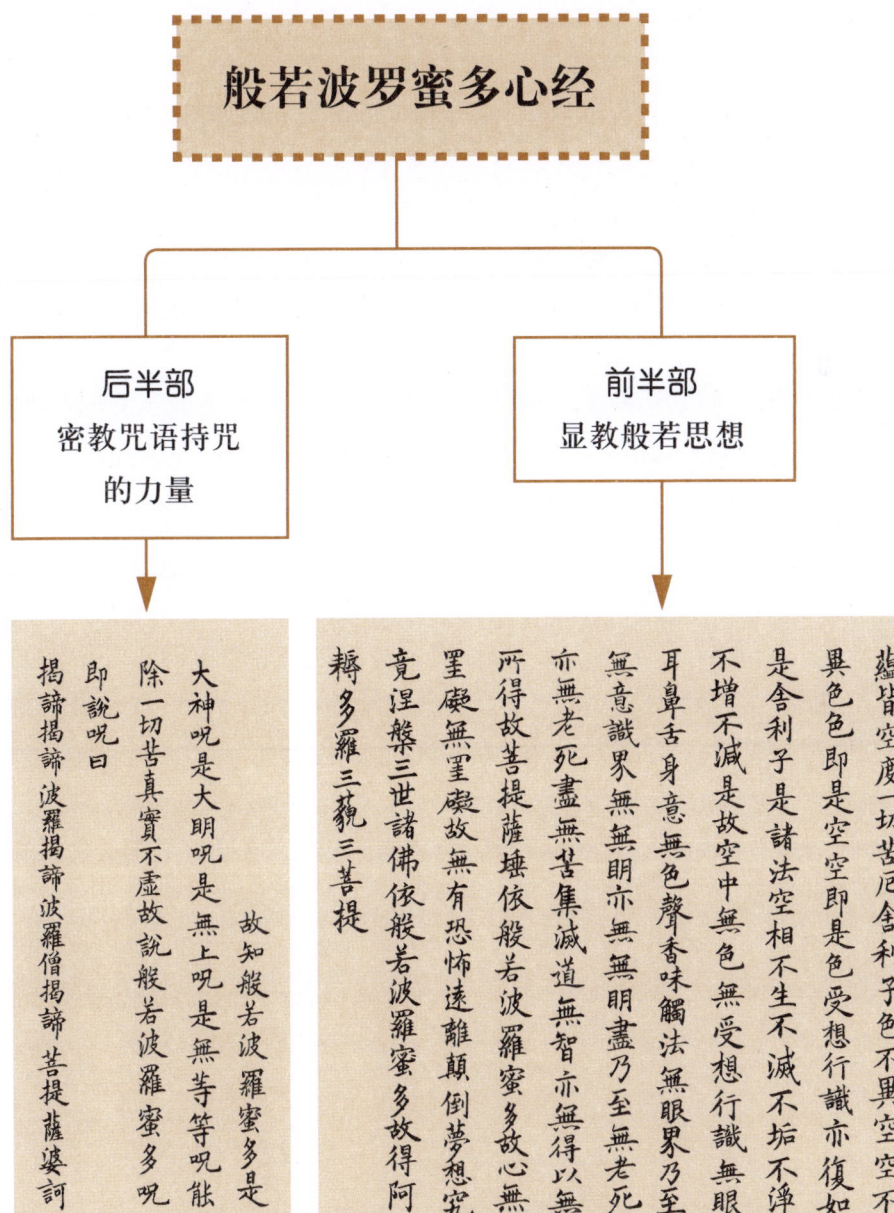

般若波罗蜜多心经

后半部
密教咒语持咒的力量

前半部
显教般若思想

前半部（显教般若思想）：

观自在菩萨行深般若波罗蜜多时照见五蕴皆空度一切苦厄舍利子色不异空空不异色色即是空空即是色受想行识亦复如是舍利子是诸法空相不生不灭不垢不净不增不减是故空中无色无受想行识无眼耳鼻舌身意无色声香味触法无眼界乃至无意识界无无明亦无无明尽乃至无老死亦无老死尽无苦集灭道无智亦无得以无所得故菩提萨埵依般若波罗蜜多故心无罣碍无罣碍故无有恐怖远离颠倒梦想究竟涅槃三世诸佛依般若波罗蜜多故得阿耨多罗三藐三菩提

后半部（密教咒语）：

故知般若波罗蜜多是大神咒是大明咒是无上咒是无等等咒能除一切苦真实不虚故说般若波罗蜜多咒即说咒曰揭谛揭谛 波罗揭谛 波罗僧揭谛 菩提萨婆诃

密教的般若佛母与心经女神
是否同属一人

在大乘佛教中，特别是在密教中，经常将智慧般若视为宇宙运行的阴性法则，并产生神格化的女神或佛母形象，像《心经》中的般若佛母或心经女神。

● **以般若为母**

除了玄奘的《心经》译本最为流行外，重要的译本还有宋代施护所译的《佛说圣佛母般若波罗蜜多经》。这篇经文比较特殊的是，在经名上出现了"圣佛母"的女性称谓。为何原来是证悟空性智慧的"般若"，却与具有人格的"圣佛母"联系起来了呢？这位"圣佛母"又指的是谁呢？

其实，"圣佛母"并非是指称某个人，而是形容诸佛皆由般若而证悟的一种象征。这在经论中也可找到相关的形容，例如："般若波罗蜜，是诸佛母，父母之中，母之功最重，是故佛以般若为母。"（《大智度论》卷三十四）"摩诃般若波罗蜜，是诸菩萨摩诃萨母，能生诸佛，摄持菩萨。"（《大品般若经·萨陀波仑品》）这两句经文便点出了"般若"与"母性"的双重特质。

● **般若佛母的特征**

在藏传佛教中，《般若波罗蜜多经》转化成了人格化的女性菩萨，简称"般若佛母"或"心经女神"，其梵语名号即是"般若波罗蜜"（Prajnaparamita）。在造像上，佛母采禅定姿，一面四臂或六臂，胸部丰满，姿态婀娜，具备强烈的女性躯体的特质。较常见的四臂佛母，中央两手结无畏印与禅定印，其他两手分持《心经》与念珠（或金刚杵）。六臂者中央两手结转法轮印，其余四手分持《心经》、金刚杵与一朵蓝色莲花。因此，《心经》是般若佛母最重要的手持物。

般若佛母=心经女神

在藏传佛教中,《般若波罗蜜多心经》转化成了人格化的女性菩萨,简称"般若佛母"或"心经女神",其梵语名号即是"般若波罗蜜"(Prajnaparamita)。

| 《般若波罗蜜多心经》 Prajnaparamita-hrdaya-sutra | 神格化→ | 般若佛母 Prajnaparamita 般若经人格化的女神 |

- 右手持念珠
- 左手持《心经》
- 无畏印
- 禅定印

甚深禅定观修状态
观自在菩萨说法

《心经》一开始说："观自在菩萨行深般若波罗蜜多时，照见五蕴皆空。"之后便对舍利弗说般若真谛。观自在菩萨在这种已进入甚深禅定观修的状态下，是否同时可以说法呢？为此佛教界有三种看法。

● **看法一**

正在修持甚深般若的不只是观自在菩萨，而是许多菩萨。在唐代法月译的《普遍智藏般若波罗蜜多心经》中写着："如是我闻。一时佛在王舍大城灵鹫山中，与大比丘众满百千人，菩萨摩诃萨七万七千人俱，其名曰观世音菩萨、文殊师利菩萨、弥勒菩萨等，以为上首，皆得三昧总持，住不思议解脱。"

在这段经文中，我们可以看出"得三昧总持，住不思议解脱"的是菩萨摩诃萨，包括观世音菩萨、文殊师利菩萨、弥勒菩萨等等，并非单指观自在菩萨。接着经文又写道："尔时观自在菩萨摩诃萨在彼敷坐，于其众中即从座起，诣世尊所，面向合掌曲躬恭敬，瞻仰尊颜而白佛言。"这时候观自在菩萨应该是离开了甚深三昧总持的状态，才会有这一连串的动作，并向舍利弗阐述般若要义。

● **看法二**

能自由穿梭于轮回世界与涅槃境界的菩萨都可视为观自在菩萨。达到这样境界的菩萨已经达到人空与法空的状态，就如同四地菩萨能真（理想世界）俗（世俗人间）双行，观一切境界皆得自在。

● **看法三**

以"深般若"来彰显观自在菩萨的伟大。《大品般若》认为般若智慧是有不同层次的：声闻乘与缘觉乘圣者体验的般若智慧是相对智慧，是"浅般若"；而与之相对的"深般若"是直观真理的本体，是超越文字语言的绝对智慧，为了要与声闻、缘觉圣者的般若智慧有区别，因此在般若之前加个"深"字。所以说观自在菩萨，行深般若波罗蜜多时，照见五蕴皆空。如此解释就没有在修观状态下说法的问题了。

观自在菩萨说法的三种可能

《心经》一开始说："观自在菩萨行深般若波罗蜜多时，照见五蕴皆空。"之后便对舍利弗说般若真谛。观自在菩萨在这种已进入甚深禅定观修的状态下，是否同时可以说法呢？为此佛教界认为有三种可能。

第一种可能

观自在菩萨离开了甚深三昧总持的状态，向舍利弗阐述般若要义。

正在修持甚深般若的不只是观自在菩萨，而是许多菩萨。包括观世音菩萨、文殊师利菩萨、弥勒菩萨等等。后来观自在菩萨在佛陀启示下，向舍利弗说法。

佛陀、观自在菩萨不在禅定状态。
文殊菩萨、弥勒菩萨在禅定状态。

第二种可能

处在禅定状态下的观自在菩萨向舍利弗说法。

能自由穿梭于轮回世界与涅槃境界的菩萨都可视为观自在菩萨，观一切境界皆得自在。

处在禅定状态的观自在菩萨向舍利弗说法。

第三种可能

以"深般若"来彰显观自在菩萨的伟大。

《大品般若》认为声闻乘与缘觉乘是"浅般若"；而与之相对的"深般若"是直观真理的本体，是超越文字语言的绝对智慧，为了要与声闻、缘觉圣者的般若智慧有区别，因此在般若之前加个"深"字。如此就没有在修观状态下说法的问题了。

观自在菩萨在正常状态下说法，众人均在正常状态。

与《心经》相关的一些问题　8　甚深禅定观修状态

人们喜欢《心经》的原因
字句简短，含义深远

《心经》因为字句简短、声韵顺畅、含义深远、可得现世利益，因而成为最普遍、最深入人心的佛经。

《心经》260个字，却浓缩了600卷《大般若经》的要义，可说是般若思想的核心，也是佛法教义的结晶。虽然它的字数少，却是最深奥而微妙的大乘般若教典。人们都爱读《心经》的原因，就是因为它字句简短、声韵顺畅、含义深远、可得现世利益，这也使它成为最普遍、最深入人心的佛经。

● **简短适合背诵**

同样是般若思想的经典，《金刚经》超过5000字，烦琐不易背诵，而《心经》只有260字，简单明了，非常适合初学者背诵。

● **语调顺畅，朗朗上口**

《心经》经文字句、语调顺畅，容易诵读，例如"色即是空，空即是色"，诵读起来朗朗上口。

● **思想深远**

"是诸法空相，不生不灭，不垢不净，不增不减"这四个简短的经句，即阐明诸法空相的真理，同时也呈现完整的大、小乘思想，包括五蕴、十二处、十八界、四谛、十二因缘、六波罗蜜，为人乘、声闻乘、缘觉乘，乃至于菩萨乘的修行者提供了不同的教法。

● **可得现世利益**

"菩提萨埵依般若波罗蜜多故……无有恐怖，远离颠倒梦想，究竟涅槃"，这段经文说明菩萨因般若波罗蜜多而得到的功德，也说明"三世诸佛依般若波罗蜜多故"，有了"阿耨多罗三藐三菩提"的佛果。最后赞叹不可思议的咒语力量，"故知般若波罗蜜多是大神咒，是大明咒"，最终"能除一切苦"。当有了明确的功效利益，人们在诵读《心经》时更能增强信心。

最普遍、最深入人心的佛经

《心经》因为字句简短、声韵顺畅、含义深远、可得现世利益,因而成为最普遍、最深入人心的佛经。

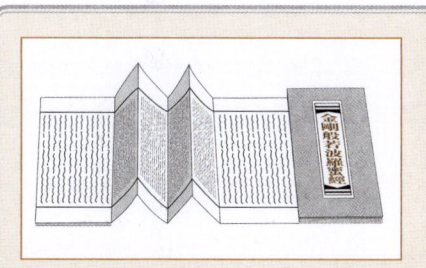

《金刚经》超过5000字,烦琐不易背诵。

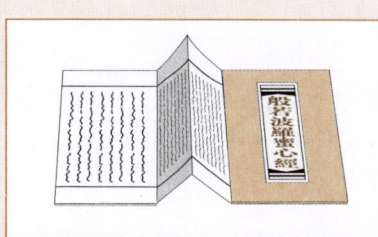

《心经》只有260字,简单明了,非常适合初学者背诵。

色即是空,空即是色。

《心经》字句顺畅,读起来朗朗上口。

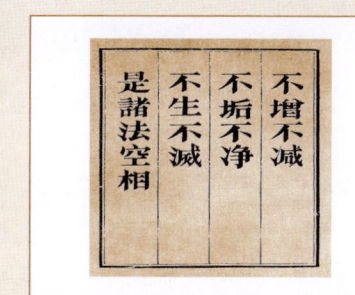

不增不减
不垢不净
不生不灭
是诸法空相

《心经》思想深远,既阐明诸法空相的真理,也呈现了完整的大乘、小乘思想。

《心经》有菩提道的证悟,诸佛的果位,不可思议的咒语力量。当人们明确这样的功效利益,诵读《心经》时更能增强信心。

与《心经》相关的一些问题

9 人们喜欢《心经》的原因

《心经》的应用
找回自己的心

很多现代人学习《心经》，是因为《心经》可以令我们在百忙之中找回自我，让焦虑和不安的心得到慰藉。

　　生活在今天的人们，多少都有"失心"的现象，身体疾病及其他莫名其妙的病也随之而来。《心经》是可以帮助我们找回自己的"心"的佛经，使人类得以抒发其所以为人的特性，拥有超脱的智慧。

　　因此，《心经》更是"心之经"，不但打破了我们的迷情妄执，而且使人心平气静下来，体悟这一颗"心"。

　　《心经》真的能断众生的无边生死苦吗？《心经》凭什么来断众生的生死之苦呢？凭两个字："定"和"慧"。

　　《心经》是一个教人们"定"和"慧"的法门。

　　人的生死大关是很难参悟透的，只有靠般若"定"和"慧"之法才可自内证参悟。

　　"定"也是胎藏界曼荼罗所宣讲的心法，为密法《大日经》义。

　　"慧"也是金刚界曼荼罗所宣讲的心法，为《金刚顶经》义。

　　所以，义净法师云："此经能破十恶五逆九十六种邪道。若欲供养十方诸佛，报十方诸佛之恩，当诵观世音般若百遍千遍无间尽，夜常诵此经无愿不果。"

《心经》帮助人们找回自我

很多现代人学习《心经》，是因为《心经》可以令我们在百忙之中找回自我，让焦虑和不安的心得到慰藉。

```
《心经》的功用  →  打破迷情妄执
                        ↓
         找回自己的心  ←
              ↓
断众生的无边生死之苦  →  拥有超脱的智慧
```

《心经》凭什么来断众生的生死之苦呢？凭两个字："定"和"慧"。《心经》是一个教人们"定"和"慧"的法门。人的生死大关是很难参悟透的，只有靠般若"定"和"慧"之法才可自内证参悟。

文殊菩萨

特别提示

"定"也是胎藏界曼荼罗所宣讲的心法，为密法《大日经》义。"慧"也是金刚界曼荼罗所宣讲的心法，为《金刚顶经》义。

《心经》的文字
《大般若经》的精髓

《心经》的文字摘取自《大般若经》第 421 卷与第 429 卷，两卷都是出自第二会。

《大般若经》共十六会，其中第二、四、九会等般若基本思想大概成书于公元前 1 世纪左右，其余各会都是之后结集的经典。依据经文对比，《心经》的文字是摘取自《大般若经》第 421 卷与第 429 卷，两卷都是出自第二会。其中，阐述空性和赞扬咒语的两部分文字大同小异。而《心经》最后持诵的咒语则出自《陀罗尼集经》。

● **空性部分**

舍利子！色不异空，空不异色；色即是空，空即是色。受、想、行、识，亦复如是。舍利子！是诸法空相，不生不灭，不垢不净，不增不减。是故空中无色，无受想行识，无眼耳鼻舌身意，无色声香味触法，无眼界，乃至无意识界。无无明，亦无无明尽，乃至无老死，亦无老死尽。无苦集灭道，无智亦无得。

这部分文字，在《大般若经》第 421 卷《观照品》第三之二中可以看到。在《习应品》第三也可找到相同的内容。与《心经》本文对照，有太多相似之处了。所以，几乎可断定《心经》是依据这段文字，采用经的形式，再附加前后的序与结论的咒，这两部分的经文也属于十六会的第二会。

● **赞扬咒语部分**

是大神咒，是大明咒，是无上咒，是无等等咒，能除一切苦。

这部分共计二十二字，源自《大般若经》第 429 卷《功德品》第三十二，且与《持勤品》第三十四文字大同小异。这部分经文也属于十六会的第二会。

考证《心经》文字的最早出处

般若波羅蜜多心經
觀自在菩薩行深般若波羅蜜多時照見五
蘊皆空度一切苦厄 舍利子 色不異空 空不
異色 色即是空 空即是色 受想行識亦復如
是 舍利子 是諸法空相 不生不滅 不垢不淨
不增不減 是故空中無色 無受想行識 無眼
耳鼻舌身意 無色聲香味觸法 無眼界 乃至
無意識界 無無明 亦無無明盡 乃至無老死
亦無老死盡 無苦集滅道 無智亦無得 以無
所得故 菩提薩埵 依般若波羅蜜多故 心無
罣礙 無罣礙故 無有恐怖 遠離顛倒夢想 究
竟涅槃 三世諸佛 依般若波羅蜜多故 得阿
耨多羅三藐三菩提 故知般若波羅蜜多 是
大神呪 是大明呪 是無上呪 是無等等呪 能
除一切苦 真實不虛 故說般若波羅蜜多呪
即說呪曰
揭諦揭諦 波羅揭諦 波羅僧揭諦 菩提薩婆訶

↓ 源自《大般若经》第429卷《功德品》第三十二,或《持勤品》第三十四。
赞扬咒语,共22字,相似度90%

→ 源自《大般若经》第421卷《观照品》第三之二,或《习应品》第三。
谈空性,共109字,相似度99%

↓ 源自《陀罗尼集经》第3卷《般若大心陀罗尼》。
持诵咒语,共22字,相似度99%

源自《大般若经》第429卷《功德品》第三十二,或《持勤品》第三十四。
流通礼赞文,共69字,相似度85%

与《心经》相关的一些问题 **11** 《心经》的文字

《心经》流通分
与一般经典有何不同

《心经》的流通分与一般佛典的流通分内容不同，它包括礼赞文与护持文。礼赞文称赞此经的功德，护持文则是咒语部分。

一般正宗分为经典的正文，流通分为最后部分，内容或叙说受持此经有何好处，鼓励修行者学习、流传；或叙说大众听后欢喜，鼓励有兴趣者学习。但《心经》的流通分很特殊，它与一般经典流通分的内容不同，包括了礼赞文和护持文。

一、礼赞文："故知般若波罗蜜多，是大神咒，是大明咒，是无上咒，是无等等咒，能除一切苦，真实不虚。"

二、护持文："即说咒曰：揭谛揭谛，波罗揭谛，波罗僧揭谛，菩提萨婆诃。"

● **礼赞文出自哪里**

礼赞文的出处可能来自这三个地方：一是鸠摩罗什所译的《大品般若·大明品第三十二》，二是鸠摩罗什所译的《大品般若·劝持品第三十四》，三是玄奘所译的《大般若经》第一会（功德品）。这三段经文与《心经》极为相似，它原是世尊与释提桓因（天帝释）的对话，在《心经》中则改为观自在菩萨与舍利子的对话。

● **护持文出自哪里**

在《陀罗尼集经·般若大心陀罗尼》中有咒语："跢姪多，揭帝揭帝，波罗揭帝，波罗僧揭谛，菩提莎诃。"它与"揭谛揭谛，波罗揭谛，波罗僧揭谛，菩提萨婆诃"几乎完全相同。其中，"跢姪多"（Tadyatha）意译即为"即说咒曰"。

《心经》流通分的礼赞文和护持文

《心经》的流通分与一般佛典的流通分内容不同,它包括"礼赞文"与"护持文"。前者称赞此经的功德,后者则是咒语部分。

《心经》流通分的分析

礼赞文
赞诵该经功德广大

故知般若波罗蜜多是大神咒,大明咒,无上咒,是无等等咒,能除一切苦,真实不虚,故说般若波罗蜜多咒。

护持文
咒语的念诵

即说咒曰,揭谛揭谛,波罗揭谛,波罗僧揭谛,菩提萨婆诃。

第1来源(源自于)
《大品般若·大明品第三十二》 鸠摩罗什译

是般若波罗蜜是大明咒是无上明咒。若善男子、善女人,于是明咒中学……不得色受想行识,乃至一切种智亦不可得,以不得故,不自恼身亦不恼他亦不两恼。学是大明咒故,得阿耨多罗三藐三菩提。

第2来源
《大品般若·劝持品第三十四》 鸠摩罗什译

世尊!般若波罗蜜,是大明咒,是无上明咒,无等等明咒。何以故?世尊!是般若波罗蜜能除一切不善法,能与一切善法。

第3来源
《大般若经·功德品》 三藏法师玄奘译

是大神咒,是无上咒,是无等等咒,是一切咒王……能降伏一切,不为一切之所降伏。

第4来源
《陀罗尼集经》第3卷 唐代印度僧人阿地瞿多译

跢姪多,揭帝揭帝,波罗揭帝,波罗僧揭谛,菩提莎诃。

传统流通分的要点

一般经典的流通分内容大致包括四点:
一、赞颂该经功德广大。
二、记录听闻者欢喜法悦。
三、书写经文、受持读诵或流通传布,均可获大功德。
四、说明受持的方法与目的。

揭谛揭谛，波罗揭谛

《心经》咒语出自何处

《心经》咒语可能出自《陀罗尼集经》。在《陀罗尼集经》中有段咒语："跢姪他，揭帝揭帝，波罗揭帝，波罗僧揭帝，菩提莎诃。"这段咒语与《心经》中的咒语颇为相似。

● **《陀罗尼集经》**

中天竺高僧阿地瞿多（Atikuta），于652年携带了许多梵本到长安。唐高宗非常重视他，特下令安置在大慈恩寺。阿地瞿多进行经典的秘密传译，也影响了当时玄奘对相关品类佛经的翻译，其中一分《陀罗尼集经》的内容是讲说诸佛菩萨、诸天的印咒。该经第3卷《般若大心陀罗尼》第十六咒写着：

跢姪他，揭帝揭帝，波罗揭帝，波罗僧揭帝，菩提莎诃。

这段咒语显然与《心经》咒语相似度极高，《心经》咒语可能是出自于此。它不仅是密教真言，并且是般若波罗蜜菩萨的咒语。在密教胎藏界的持明院共有五尊菩萨，分别是四周的不动明王（佛部）、降三世明王（金刚部）、大威德明王（莲花部）、胜三世明王（佛部），以及中央的般若波罗蜜菩萨。

● **密教胎藏界的般若菩萨**

这位般若波罗蜜菩萨形貌似天女之相，共有六臂，其左一手持梵箧，内含有般若的真言。他的密号是"智慧金刚"，与大日如来四波罗蜜中的金刚波罗蜜同体，是大日如来的正法轮身。依据《仁王经仪轨》记载："金刚般若波罗蜜者，即般若菩萨也。"此外，《秘藏记》结尾说："五大院中坐般若菩萨，天女貌，白肉色，并有六手。左一手持梵箧，五手信契印。"

阿地瞿多与《陀罗尼集经》

《心经》咒语可能出自《陀罗尼集经》。在《陀罗尼集经》中有段咒语："跢姪他,揭帝揭帝,波罗揭帝,波罗僧揭帝,菩提莎诃。"这段咒语与《心经》咒语颇为相似。

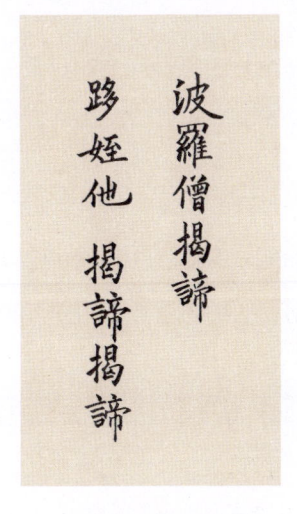

跢姪他 揭諦揭諦 波羅僧揭諦

《陀罗尼集经》咒语

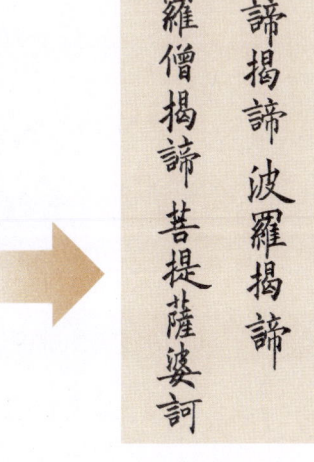

揭諦揭諦 波羅揭諦 波羅僧揭諦 菩提薩婆訶

《心经》咒语

《陀罗尼集经》为印度(中天竺)高僧阿地瞿多所译。他于652年携带了许多梵本到长安。唐高宗非常重视他,特下敕安置在大慈恩寺。阿地瞿多(Atikuta)进行经典的秘密传译,也影响了当时玄奘对相关品类佛经的翻译。

阿地瞿多翻译经卷图

般若菩萨

在密教胎藏界的持明院共有五尊菩萨，分别是四周的不动明王（佛部）、降三世明王（金刚部）、大威德明王（莲花部）、胜三世明王（佛部），以及中央的般若波罗蜜菩萨，也就是《心经》女神。她的咒语即是："揭谛揭谛，波罗揭谛，波罗僧揭谛，菩提莎婆诃。"

> 揭谛揭谛，波罗揭谛，波罗僧揭谛，菩提莎婆诃。

密教胎藏界坛城

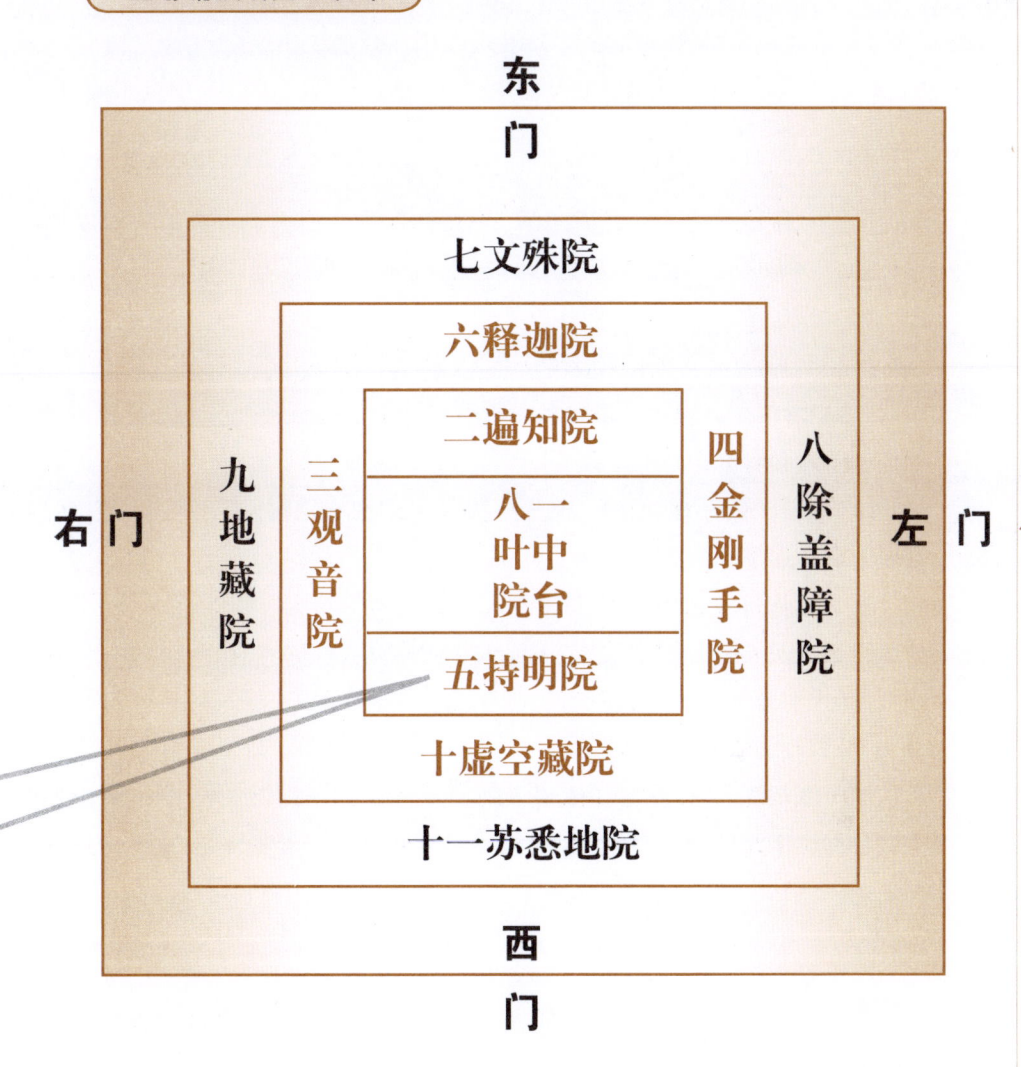

```
                    东门

              七文殊院
           六释迦院
         二遍知院
   九  三  八 一   四  八
   地  观  叶 中   金  除
   藏  音  院 台   刚  盖
   院  院          手  障
                    院  院
右门      五持明院              左门
         十虚空藏院
       十一苏悉地院

                    西门
```

这位般若波罗蜜菩萨形貌似天女之相，共有六臂，其左一手持梵箧，内含有般若的真言。他的密号是"智慧金刚"，与大日如来四波罗蜜中的金刚波罗蜜同体，是大日如来的正法轮身。

与《心经》相关的一些问题　13　揭谛揭谛，波罗揭谛

《大般若经》的说法地
四处

《大般若经》的结集时间始于公元前1世纪，延续至公元10世纪，并非是一次结集而成的，它的说法地有四处：山、园、宫、池。

《心经》是《大般若经》的心要。《大般若经》是最长的佛教经典，共600卷，内容是阐述"空"的道理。《大般若经》并不是一次结集而成的，它的结集时间从公元前1世纪，直至公元10世纪，有四处说法的地方：山、园、宫、池。

山：摩揭陀国王舍城的鹫峰山，又称"耆阇崛山""灵鹫山"或"灵山"，因山形似鹫，山上又多鹫鸟而得名。此处是《心经》说法之处，《大般若经》十六会有七会结集于此。

园：舍卫国的给孤独园，是《金刚经》的说法之处，《大般若经》十六会有七次在这里结集。

宫：他化自在天宫。他化自在天是欲界的第六天，在此世界里可参与并体悟诸天界创造出来的喜乐。据说阻碍佛陀成道的魔王，就住在他化自在天。《大般若经》十六会只有一次在此处结集，结集的经即是《般若理趣分》，是密教的般若经。

池：摩揭陀国王舍城竹林精舍的白鹭池。《大般若经》十六会中的第十六会即说于此处，内容是六波罗蜜多的《般若波罗蜜多分》。

山、园、宫、池

《心经》是《大般若经》的心要。《大般若经》是最长的佛教经典，共 600 卷，内容是阐述"空"的道理。《大般若经》并不是一次就结集而成的，它的结集时间从公元前 1 世纪，直至公元 10 世纪，有四处说法的地方：山、园、宫、池。

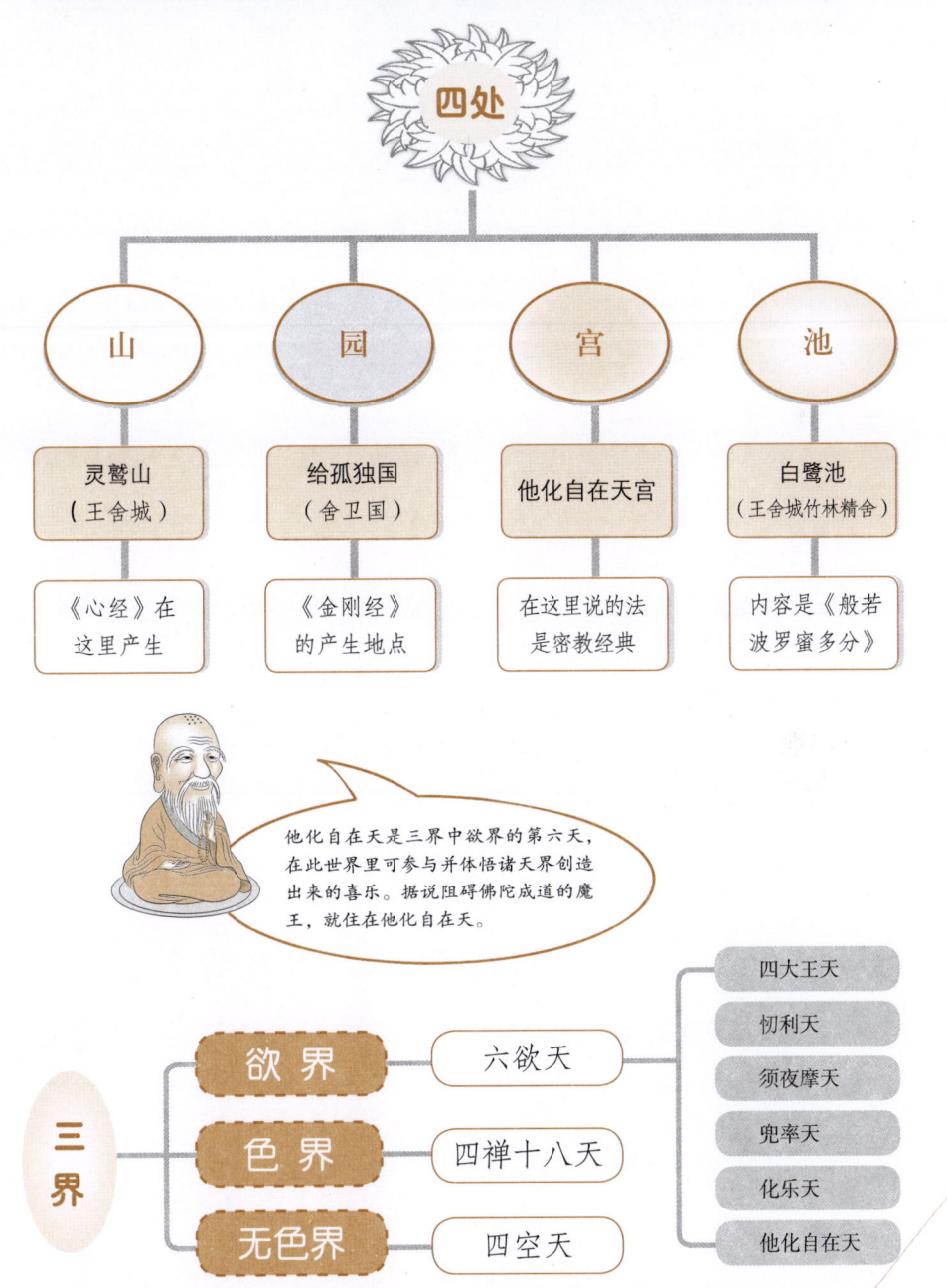

四处

- 山 — 灵鹫山（王舍城）— 《心经》在这里产生
- 园 — 给孤独国（舍卫国）— 《金刚经》的产生地点
- 宫 — 他化自在天宫 — 在这里说的法是密教经典
- 池 — 白鹭池（王舍城竹林精舍）— 内容是《般若波罗蜜多分》

他化自在天是三界中欲界的第六天，在此世界里可参与并体悟诸天界创造出来的喜乐。据说阻碍佛陀成道的魔王，就住在他化自在天。

三界：
- 欲界 — 六欲天 — 四大王天 / 忉利天 / 须夜摩天 / 兜率天 / 化乐天 / 他化自在天
- 色界 — 四禅十八天
- 无色界 — 四空天

与《心经》相关的一些问题 14 《大般若经》的说法地

《大般若经》四处十六会的具体分析

❶ 较早完成的三次集会

第二、四、九会的般若思想大约成书于公元前1世纪左右。

❷ 《心经》经文的来源

《大般若经》第二会的主要内容是《二万五千颂般若》,《心经》的内容便节录自第421卷和第429卷。

会的编号	卷的编号	卷数
初会	1～400	400
第二会	401～478	78
第三会	479～537	59
第四会	538～555	18
第五会	556～565	10
第六会	566～573	8
第七会	574～575	2
第八会	576	1
第九会	577	1
第十会	578	1
第十一会	579～583	5
第十二会	584～588	5
第十三会	589	1
第十四会	590	1
第十五会	591～592	2
第十六会	593～600	8

❹ 密教经典

第十会为十六会中唯一的密教经典,仅一卷,说法的地点并非在人间世界,而是在他化自在天宫。

❺ 大乘菩萨的六波罗蜜多

六波罗蜜多是第十一至第十六会的重点,说法地点分别在给孤独园、灵鹫山和竹林精舍的白鹭池。

❸ 年代最久的《八千颂般若》

《八千颂般若》出自第四会。原始的般若经称《八千颂般若经》,也称《小品般若经》。

地 点	要 点
王舍城之灵鹫山	卷数最多。
王舍城之灵鹫山	与第一会的内容大致相同。
王舍城之灵鹫山	与第一会的"开""合"之处不同。
王舍城之灵鹫山	唯最后《随顺品》之文,与第三会不同。
王舍城之灵鹫山	较第四分则更略。
王舍城之灵鹫山	有十七品,与前分不别。
舍卫城之给孤独园	曼殊室利分。
舍卫城之给孤独园	那伽室利分。
舍卫城之给孤独园	能断金刚分。
他化自在天宫	般若理趣分。
舍卫城之给孤独园	布施波罗蜜分。
舍卫城之给孤独园	净戒波罗蜜多分。
舍卫城之给孤独园	安忍波罗蜜多分。
舍卫城之给孤独园	精进波罗蜜多分。
王舍城之灵鹫山	禅定(净虑)波罗蜜多分。
王舍城竹林精舍之白鹭池	般若波罗蜜多分。

❻ 《金刚经》的出处

著名的《金刚经》出自第九会,此会为第 577 卷。

与《心经》相关的一些问题　14 《大般若经》的说法地

《心经》自传入汉地，就受到了人们的喜爱，因为它虽然只有260个字，但是浓缩了600卷《大般若经》的精华。《心经》人人爱读，但并非人人能懂。如何才能读懂《心经》呢？读懂《心经》的关键是什么？《心经》有什么特殊修持的方法呢？在这一章里，我们将做详细介绍。

第三章

如何读懂《心经》

本章内容提要

《心经》经文真义

《心经》的三种修学次第

《心经》内容大意

《般若心经》的五种念诵

密教六种供养

如何抄写《心经》

掌握关键佛法词汇
体会《心经》世界

《心经》全经只有260个字,是佛教大乘典籍中文字最少却最深奥、微妙的经典。这部简短的经广受世人喜爱,在佛教道场里,从日常课诵到大小佛事,无不念诵此经。然而,念诵者虽多,但是能真正了解其义理的人却很少。

这里面的主要原因在于:这是一部经过萃取,浓缩度极高的经,它精简阐述了五蕴、四谛、十二因缘、十八界等皆空的佛教核心义理,最后归于无所得,且认为"般若"能度一切苦厄,达到究竟涅槃与证得菩提的境界,清楚传达给人们获得真正解脱智慧的修学次第。

所以,要想真正了解《心经》,对关键佛法词汇的认识非常重要。因为有了基础认识,才能进一步探索《心经》的义理。本书的首要目的是带领读者通过认识佛法最根本、最重要的名词,去体会《心经》的世界。特别是读者若能回归到对这些词汇原始梵文语义的认识,将会对《心经》有一番新的体认。更重要的是,有了这些佛学基础知识,日后将更容易阅读其他的佛教经典。因此,在本书中,对于《心经》所提及的关键佛法词汇,特别设了一个章节,提醒读者了解原始字义。对初学者来说,整部《心经》所要认识的关键词汇不超过20个。

佛法词汇的掌握

在佛教道场，从日常课诵到大小佛事无不念诵《心经》，然而念诵者虽多，但是能真正了解其义理的人却很少。

《般若波罗蜜多心经》

- 萃取《大般若波罗蜜多经》600卷精华
- 文字最少，最深奥、微妙的经典
- 精简阐述了佛教的核心义理

五蕴　四谛　十二因缘　十八界　无所得

- 度一切苦厄，达到究竟涅槃与证得菩提的境界
- 清楚传达给人们获得真正解脱智慧的修学次第
- 真正了解《心经》，掌握重要的佛法词汇是关键

如何读懂《心经》

1 掌握关键佛法词汇

了解佛法词汇梵语原意
解开《心经》经文真义

学习《心经》除了要有深厚的中文基础，还必须了解一些佛法词汇的梵语原意，才能完整地掌握《心经》的真旨奥义。

玄奘的汉译本是我们最熟悉的《心经》译本，其文辞简洁优美，容易朗诵、记忆，常被选作入门的佛经。在此经中，玄奘充分展现了中国文学的优美简练和文字意境，这也是许多古典经文的特色与优点。但美中不足的是，一些梵文的意思却未被完整地表达出来。

但这并非玄奘译得不好，而是不同语言经过转译，在描绘中遗失掉了某些语义，这是颇为常见的事情。所以读经者除了要有深厚的中文基础，也必须有一定的梵语知识，才能完整地掌握经文的正确概念。

因此，学习梵语是了解经文原始意义的最有效途径之一，这也就难怪，很多东西方的佛学研究专家纷纷投入梵语的学习，视了解梵语为掌握佛学的根本。

有些有英语基础但是没有学过梵语的读者，也可通过现代英文精准的翻译，来探索梵语原意。

无论是阅读梵文经典还是英文经典时，提醒读者一定要注意词句中对于经文中下列四个状态的表达：

（1）主动与被动语态；
（2）主体与客体的关系；
（3）进行时与完成式时态；
（4）名词的单数或复数，甚至集合名词。

此外，梵、汉、英电脑辞典也可协助我们间接地学习梵语，直指经文的原始意义。在此特别说明的是，梵语拼音系统有多种表现方式，涉及细微的发音差异，本书中所采用的是让没有学过梵语的人也能容易念诵的拼音标识。

注重字词翻译的精准性

《心经》的经文	梵语	英文翻译	玄奘翻译	本书的解释
①受想行识	Samjna	Perceptions	想	感官意识 (六识中的"眼耳鼻舌身")

说明：受想行识的"想"，梵语是 Samjna，英文译为 perceptions，牛津词典意思是 ability to see, hear or understand，中文意思是：(1)感知能力(2)感知看法，相当于感官意识，也就是六识中的"眼耳鼻舌身"。

②受想行识	Vijnanam	Consciousness	识	感官意识 (六识中的"眼耳鼻舌身") + 心理意识(六识中的"意")

受想行识的"识"，梵语是 Vijnanam，英文译为 consciousness，也就是"意识"，既包含了感官意识(六识中的"眼耳鼻舌身")，也包括心理意识(六识中的"意")。

③无智亦无得	Jnanam	Cognition	智	感官意识 (六识中的"眼耳鼻舌身") + 心理意识(六识中的"意") + 直觉的认知

无智亦无得的"智"又更宽广了，梵语 Jnanam，英文译为 cognition，牛津词典意思是 ability to acquire knowledge:the mental faculty or process of acquiring knowledge by the use of reasoning（理解），intuition（直觉），or perception（感官的知觉）。中文意思是：认识的能力，通过理解、直觉或感官所得的认知。所以此"智"包含：分析的认知、直觉认知与感官的认知。

④阿耨多罗 三藐三菩提	Bodhi	Enlightenment	菩提	开启心中与生俱有的潜能

无上正等正觉的"觉"，梵语 Bodhi，英文译为 enlightenment，而牛津词典对 enlightenment 的解释是 the realization of spiritual or religious understanding, or especially in Buddhism, the state attained when the cycle of reincarnation ends and human desire and suffering are transcended，在这里，enlightenment 的中文意思有：(1)启迪、启发、启蒙(2)开导，有开启心中与生俱有的潜能的意思。

⑤心无挂碍	Cittavarana	Thought	心	思维分别

心无挂碍的"心"，梵语作 Cittavarana，英文译为 thought，中文意思是：(1)思索(2)思维的能力(3)思考的过程。

读略本，也要读广本
更全面、正确地认识《心经》

在研读《心经》时，如果将广本与略本配合起来看，则更能全面、正确地理解它。

我们这里所说的略本是玄奘的译本，经文为了方便流通，直接切入了主题探讨，而省略掉了序分与流通分的部分文字。广本则包括序分、正宗分与流通分，完整地叙述了《心经》说法现场的来龙去脉。

许多人可能会以为经文中所说的"观自在菩萨，行深般若波罗蜜多时，照见五蕴皆空，度一切苦厄"，只是观自在菩萨本身的行境，与初学者的修学毫无关联。这是因为在略本里并无问答的缘起，才造成这样的误解。

如果阅读广本《心经》，就会有清楚的面貌。关键答案就在序分里的"释尊入三昧定"，以及流通分里的"释尊出三昧定"，这两句话透露出"禅定观修"是整部《心经》实践的关键，这里已经超越了领悟《心经》义理概念的层次，需慢慢体会。

该如何慢慢体会呢？《心经》里相关名相与义理的学习都属于"文字般若"，通过这些概念思想，可以体悟到"世俗谛"（世间的真理）。但若想领悟"胜义谛"（宇宙究竟实相），则必须对广本所说的"三昧定"有具体的实践与心灵体悟，如此才可能更进一步到达"实相般若"的境界。这也就是说，不可忽略从"文字般若"到达"实相般若"之间的"观照般若"。有关三昧定的禅定观修，触及《心经》的实践层面，这点在密教里也有其独特的表现。

略本与广本结合

略本 —— 直接切入主题探讨,省略掉了序分与流通分的部分文字。

广本 —— 包括序分、正宗分与流通分,叙述了《心经》说法现场的完整来龙去脉。

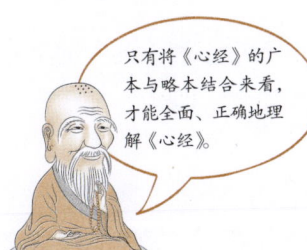

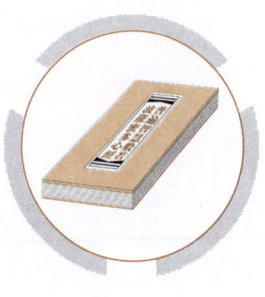

只有将《心经》的广本与略本结合来看,才能全面、正确地理解《心经》。

玄奘译《心经》略本　　法月重译《心经》广本

对广本中"三昧定"的理解

广本《心经》序分里的"释尊入三昧定",以及流通分里的"释尊出三昧定",透露出"禅定观修"是整部《心经》实践的关键。

名词解释

三昧

三昧来自于梵文 Samadhi,也译作"三摩地""三摩提"。三昧是佛教的修行方法之一,意为排除一切杂念,使心神平静。那如何集中精神呢?有两种办法:一是与生俱来的能力即"生得定";另一种是因后天的努力而使集中力增加,即"后得定"。前者靠积德,后者靠修行而得。

如何读懂《心经》

③ 读略本,也要读广本

掌握《心经》的修学次第

文字般若、观照般若和实相般若

般若是证悟一切现象真实性的智慧，它可协助修行者达到涅槃的境界，依不同层次又可分成文字般若、观照般若、实相般若三种。

● **文字般若**

文字般若亦名方便般若，是实相般若和观照般若前的方便。文字般若就是学佛人的一种方便。据《起信论》说："心真如者，即是一法界大总相法门体。所谓心性不生不灭，一切诸法唯依妄念而有差别。若离心念，则无一切境界之相。是故一切法从本已来，离言说相，离名字相，离心缘相，毕竟平等。"诸法离言说相，离名字相，但佛陀为教化众生，不得已从无言说中而说，以文字般若作为方便。佛说法，在随机教化，即以文字般若作为方便，把实相般若深义介绍出来。在众生方面，就不可随意执着。须知这只是一种权巧方便，是一种修学实相般若的媒介。因为实相般若，若是没有文字般若把它分析出来，则实相般若的深义，也就无从了解。实相般若若无从了解，又怎能修证？所以，为将佛法永记于将来，不得已权宜立此文字般若，以为后人研究。

● **观照般若**

观，是能观智；照，是所照境。我们六根对六尘，若是没有般若观照力去观察，那么六根就会被六尘所转，不知不觉去分别它们。如果我们的真如心变成攀缘心、妄想心，这就是缺乏观照力所致。所以我们如果想不随外境所转，就必须处处提醒警惕，对于一切境界，一定要以般若观照力去观察，知道它们没有自性，虚妄地生，虚妄地灭；当体即空，了不可得。如《金刚经》所说："凡所有相，皆是虚妄。"我们对于一切境界，果能如是观照，其幻灭心自然会消灭，同时定力也会逐渐生长。故观照般若一法，是每个修行人所必须学习的。它是成佛的捷径，是了脱生死的梯梁。如果我们能够这样修行，将来自然可以成圣成贤。

《心经》的三种修学次第（1）

文字般若

实相般若

观照般若

- 学佛人的一种方便
- 修学实相般若的媒介
- 《心经》相关名相与义理的学习

- 成佛的捷径，修行人所必须学习的
- 如是观照，其幻灭心自然会消灭
- "三昧定"的具体实践与心灵体悟

- 诸佛的法身理体
- 一切众生的本体，历三世不迁，经万能不变
- 达到究竟涅槃与证得菩提的境界

如何读懂《心经》

4 掌握《心经》的修学次第

77

● 实相般若

　　实相，就是坚实义，是诸佛的法身理体，也就是一切众生常住不变的自性。如世间一切诸法，究其根底，皆是没有自性，随着宇宙变迁。就像花木，一到春天，开红绽绿，很美丽，但一到秋天，就全枯萎了。它们这种变迁，究其原因，是没有固定不变的自性，所以才会随着时间变更。实相般若，不像世间那些无常的东西，它是诸佛常住的法身，是一切众生的本体。其本体，历三世不迁，经万法不变，这就是实相般若。为了证明人人都具有一个不变的体性，举一个简单的例子：我们在幼年时所看到的海水，海水是深蓝色的；到了老年再去看海水，依然是深蓝色的。这样不变，就足可证明我们这个见性是永远不会变动的。我们所变动的，只是躯壳而已。关于这种说法，在《楞严经》中，佛与波斯匿王谈论得最为详细。

　　《心经》的次第，即达到佛陀境界的方法，先是由文字般若开始。其过程是通过阅读、念诵和思维的方式，去领会经文的义理。在达到佛陀境界之前，一切法都不能离开观照，其重要性不亚于阅读经文。它是通过精神集中的方式达到很高的精神意识，进而追求观照般若。在这个阶段，认真地念诵咒语是不可忽略的，咒语可以帮助禅修者进入意识集中与专注的状态。

　　修行者随着观照功夫日渐深进，常住于三昧定的状态，终将达到《心经》所谓的"照见五蕴皆空"。"照见"并非大脑神经的视觉功能，而是集中心力不通过任何媒介的直接观照。阅读与观照是学佛成道的重要途径，两者是修持成就与明心见性的关键。《心经》经文中首句"观自在菩萨，行深般若波罗蜜多时"的"行深"，已是隐含着甚深的观照般若，也是在证悟实相般若的进行式中，努力逐步达到完成式的实相般若。

《心经》的三种修学次第（2）

达到佛陀境界的方法

| 由文字般若开始阅读、念诵和思维。 | 一切法都离不开观照，通过精神集中达到很高的精神意识。 | 甚深观照般若，也是在证悟实相般若，努力逐步达到实相般若。 |

释迦牟尼佛

……揭谛揭谛 波罗揭谛

禅修者进入意识集中的专注状态

观世音菩萨入定状态

> 阅读与观照是学佛成道的重要途径，两者是修持成就与明心见性的关键。《心经》经文"观自在菩萨，行深般若波罗蜜多时"的"行深般若"，已是隐含着甚深的观照般若，观照般若是证悟实相般若的进行式。

如何读懂《心经》

4 掌握《心经》的修学次第

"般若波罗蜜多心经"
这八个字的正确念法

虽然《心经》是我们最常见的佛经，也是佛教最常用的入门经典，但是有很多人不知道"般若波罗蜜多心经"这八个字的正确念法。

"般若波罗蜜多心经"这八个字该怎么念呢？正确的念法是"般若——波罗蜜多——心——经"。

它们所指的又是什么意思呢？"般若"是梵语 Prajna 的音译，意思是"智慧"。"波罗蜜多"是梵语 Paramita 的音译，或译成"波罗蜜"，意思是"度"或"到彼岸"。"般若波罗蜜多"则是指通过智慧到达彼岸。

《心经》代表般若思想的核心，"心"的梵语是 Hrdaya，意思是"核心、精华"，是指这部经代表般若思想的扼要，精简阐述了五蕴、四谛、十二因缘等，都是佛教空性的核心义理。最后归于"无所得"（不可得），认为般若能度一切苦厄，达到究竟涅槃与证得菩提的境界。所以，这部经又简称为《心经》或《般若心经》。

《心经》是阐述大乘般若思想字数最少的经，此经现存梵文本，包括在尼泊尔发现的广本与日本保存的各种摹刻小本。在中国、日本最广泛流传的是唐代玄奘大师的译本，这个译本总共只有 260 字。《心经》的版本很多，但无论是略本还是广本，都只有几百个字来阐述佛教教义。

这部文辞优美、义理深远，透着人生解脱真理的经典，不论是佛弟子作为诵读、书写的日课，还是一般人当作护佑平安的经咒，自产生以来，就为人们带来了深远的影响。

般若波罗蜜多——通过智慧到达彼岸

Prajna-paramita-hrdaya-sutra

般若　　　波罗蜜多　　　心　　　经

【译名】般若—波罗蜜多—心—经
【意思】①波罗蜜多经的核心
　　　　②般若思想的核心

《心经》的目的

彼岸
佛陀解脱的另一端，不生不灭，永恒安乐的涅槃境界。

此岸
凡夫迷惑的这一端，轮回生死，充满烦恼。

"波罗蜜多"是梵语 Paramita 的音译，或译成"波罗蜜"，意思是"度"或"到彼岸"。通过智慧到达彼岸，就是经名上所说的"般若波罗蜜多"，这也是《心经》的目的。

如何读懂《心经》

5　『般若波罗蜜多心经』

般若等于智慧

玄奘大师为何不直接翻译

在"般若波罗蜜多心经"这八个字的经名中,"般若"是"智慧"的意思,但玄奘为何不将"般若"直接翻译成"智慧"呢?

"般若"所代表的智慧是指证悟一切现象的真实性智力。但由于找不到适当的中文来表达,所以多数的汉译佛经直接将其音译为"般若"。

其实 Prajna(般若)这个梵语词汇,约在东汉时期(2世纪),就已随佛教传入中国了,当时就有西域高僧支娄迦谶(Lokak Shema)译出《道行般若经》(179年),这是最早传译入中国的般若经。后来"般若"学说成为魏晋南北朝时期(3—6世纪)的显学,而现今佛教大乘经典重要的一大类"般若部",即是由般若波罗蜜多为中心的经典所集成。所以在玄奘大师译《心经》(644年)时,"般若"一词在中国早已经流传近五百年了。

除了最常见的"般若"译法,Prajna还有"波若""钵罗若"等不同的音译,佛教经典中一般意译为"智慧""智""慧""明"等。"般若"虽意指"智慧",但与一般的智慧在意义上却并不完全相同。"般若"所表达的智慧是"圆满的知识",是证悟空性的智慧。

此外,"般若"并不是单纯的分析、判断、创造、思考的能力,也不是一般人所理解的聪明才智,它是一种从比较超越的角度来看事情的智慧,是证悟一切现象真实性的智力。因为找不到适当的中国文字来进行表述,所以很多的汉译佛经干脆不译,而直接音译为"般若"。为了将这种智慧与一般的智慧区别开来,佛经称"般若"为通达真理的"妙智慧",这个"妙"字将与般若世俗认定的智慧概念区别了开来。

般若所代表的智慧

般若（Prajna）证悟空性的智慧

世俗的智慧
分析、判断、创造、思考的能力，也就是一般人所理解的聪明才智。

般若＝通达真理的妙智慧
从比较超越的角度来看事情的智慧，是证悟一切现象真实性的智力。

如何读懂《心经》　6　般若等于智慧

佛经里的"妙"

佛经里的"妙"是超越世俗无法形容的意思。

妙智慧	妙吉祥	妙乐	妙有
用来说明般若，是"圆满的知识"，不同于一般理解或辨认能力的智慧。	无法用人类文字语言描述的吉祥。	殊妙之欢乐，无法用人类文字语言表达的喜乐，不是人类心理或身体的喜乐。	非有之有，表面像是有，实际却是空，是特殊的存在状态。

《心经》浅解
从字面上了解《心经》梗概

《心经》是佛学的最高宇宙境界。任何人均可诵读，体验经中的智慧。但读懂《心经》最重要的一点，就是先从字面上了解《心经》内容的梗概。

我们先来看看玄奘大师译的《心经》略本原文：

观自在菩萨，行深般若波罗蜜多时，照见五蕴皆空，度一切苦厄。舍利子，色不异空，空不异色；色即是空，空即是色。受想行识，亦复如是。舍利子，是诸法空相，不生不灭，不垢不净，不增不减。是故空中，无色，无受想行识，无眼耳鼻舌身意，无色声香味触法，无眼界，乃至无意识界。无无明，亦无无明尽。乃至无老死，亦无老死尽。无苦集灭道，无智亦无得。以无所得故，菩提萨埵依般若波罗蜜多故，心无挂碍。无挂碍故，无有恐怖，远离颠倒梦想，究竟涅槃。三世诸佛依般若波罗蜜多故，得阿耨多罗三藐三菩提。故知般若波罗蜜多，是大神咒，是大明咒，是无上咒。是无等等咒，能除一切苦，真实不虚。故说般若波罗蜜多咒，即说咒曰：揭谛揭谛，波罗揭谛，波罗僧揭谛，菩提萨婆诃。

如果从字面上来了解《心经》内容的大意则是：

般若智慧已达自在境界的菩萨，修行超越生死的无上智慧时，真实地看到构成宇宙万物的五种因素（色、受、想、行、识）原本全是空的，没有不可变的实体，一切痛苦灾难随即可以消除。修行者呀，形体与空无异，空与形体无异。形体就是空，空就是形体。感觉、思想、行动、意识，也完全相同。修行者呀，所有终极的东西，都是空的模样，即无所产生，无所消灭，无所污染，无所清净，无所不足，无所满足。因此空里面没有形体，也没有感觉、思想、行动、意识，更没有眼、耳、鼻、舌、身体及心，也没形状、声音、气味、味道、可触摸的东西及心所认识的一切。没有视觉的世界，也没有心所识知的世界。没有迷失，也没有迷失的穷尽。没有衰老及死亡，也没有衰老及死亡的穷尽。没有痛苦的根源，也没有消灭或达到痛苦的方法。没有所知，也没有所得；因为一无所得，才能达到菩萨超越生死的无上智慧，不受思想蒙蔽而成障碍。因不受思想蒙蔽而成障碍，才可没有惊恐之心，离开一切足可使人迷乱的东西，达到永恒幸福的彼岸。过去、现在及未来的所有成功修行者，均可凭此无上智慧，到达最圆满的无上正等正觉境界。因此，到达彼岸的大智慧是最神圣的准则，最光明的法器，至高无上的真理，无与伦比的规范，真实而不虚妄。所以要想达到无上智慧，就应该念诵真言，真言为：去吧！去吧！与我一起到达智慧的彼岸。为修成佛，赶快用行动去成就无上正觉吧。

《心经》内容大意（1）

　　《心经》是佛学的最高宇宙境界。任何人均可诵读，体验经中的智慧。但读懂《心经》最重要的一点，就是先从字面上了解《心经》内容的梗概。

观自在菩萨在修行达到超越生死的无上智慧时，真实地看到构成宇宙万事万物的五种因素原本全是空的，一切痛苦灾难也可随即消除。

因此，观自在菩萨告诉舍利子诸法空相，到达永恒幸福彼岸的真理。

色即是空，空即是色
形体就是空，空就是形体。

诸法空相
所有终极的东西，都是空的模样。

不生不灭，不垢不净，不增不减
无有生灭，无有污染清净，无有增减。

空中
在空的里面没有任何东西。

没有形体，没有感觉、思想、行动、意识，更没有眼、耳、鼻、舌、身体及心，没形状、声音、气味、味道、可触摸的东西及心所认识的一切。没有视觉的世界，也没有心所识知的世界。没有迷失，没有迷失的穷尽。没有老死，也没有老死的穷尽。没有痛苦的根源，也没有消灭或达到痛苦的方法。没有所知，也没有所得。

| 无色，无受想行识 | 无眼耳鼻舌身意 | 无色声香味触法 | 无眼界，乃至无意识界 | 无无明，亦无无明尽 | 无老死，亦无老死尽 | 无苦集灭道 | 无智亦无得 |

如何读懂《心经》

7 《心经》浅解

《心经》内容大意（2）

以无所得故
因为一无所得。

菩提萨埵依般若波罗蜜多故
才可以达到菩萨超越生死的无上智慧。

心无挂碍
不受思想蒙蔽的障碍。

无挂碍故
因为不受思想蒙蔽的障碍。

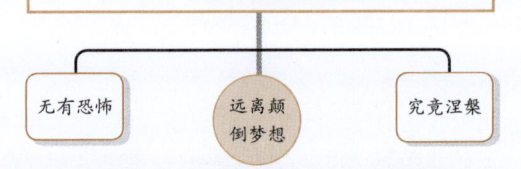

- 无有恐怖
- 远离颠倒梦想
- 究竟涅槃

> 没有惊恐之心，才可以离开一切使人迷乱的东西，到达永恒的幸福彼岸。

三世诸佛
过去、现在及未来的所有成功修行者。

依般若波罗蜜多故
均凭此无上智慧。

得阿耨多罗三藐三菩提
到达最圆满的无上正等正觉境界。

故知般若波罗蜜多
因此，到达彼岸的大智慧是修炼中最神圣的准则。

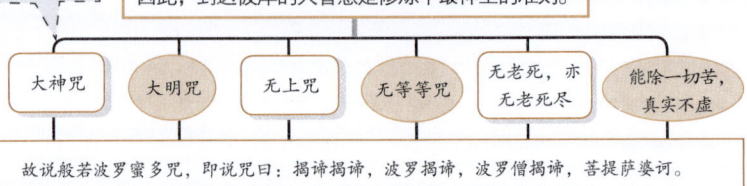

- 大神咒
- 大明咒
- 无上咒
- 无等等咒
- 无老死，亦无老死尽
- 能除一切苦，真实不虚

故说般若波罗蜜多咒，即说咒曰：揭谛揭谛，波罗揭谛，波罗僧揭谛，菩提萨婆诃。

> 最光明的法器，是至高无上的真理，是无与伦比的规范，能真实而不虚妄地将全部苦难化解清除。所以要达到无上智慧，就应该念诵真言：去吧！去吧！与我一起到达智慧的彼岸。为修成佛，赶快用行动去成就无上正觉。

相关名词的粗略佛理解释

颠倒 — 反于真理，迷真逐妄（如四颠倒等）。

梦想 — 寤时妄想，寐时幻梦。昼心不散，夜神不昏。醒时做得主，还要梦时做得主。

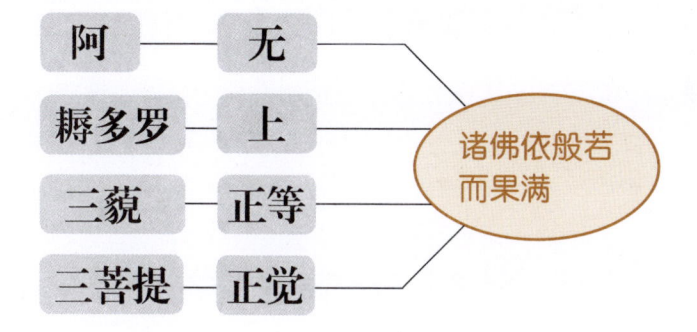

阿	无
耨多罗	上
三藐	正等
三菩提	正觉

诸佛依般若而果满

咒 — 梵音陀罗尼（Dharani）有明密语、真言等谓。有所谓四陀罗尼（法、义、咒、忍），此为咒。为总持无量义，善不失，恶不生。明谓净障，密谓不知，真谓实相不虚。

大神 — 具大神力，阴阳不测，除障不虚。

大明 — 破众生痴暗，鉴照无昧。

密教《般若心经》的修持法

日日念，经常念

> 密教《般若心经》的修持方法是日日念，经常念。这也是一般修行者的一个重要心法。

首先你要在一个安定、不会受到干扰的地方坐下来，把《心经》里的心咒不断地暗诵，念熟了之后再暗诵整篇经文。当你能够把整篇经文都念熟的时候，便可以时时念，经常念，一有空便念。你要把《心经》作为生活的一部分，并在家中设立一个好的磁场。如果你能够达到这个境界，你就可以利用《心经》里的心咒来开发自己的般若智慧。

《心经》应用心念，念得越多越好。也许你已经念了几万次，但是你念诵的时候，是否用心了呢？你不但要用心地念，而且要把它深深地种在潜意识里。怎样才可以把它种在自己的潜意识里呢？你应该做到以下几点：

你除了可以在晚上洗完澡之后坐在椅上念心经，你还可以在临睡前，躺在床上闭上眼睛，双手合掌，一边念《心经》，一边想明天将要发生的美好事情。如果你不断地想一些美好的事情，那对明天的到来也会有积极的暗示。

你在修炼《心经》的过程中，要追求内心的开悟，不要追求对物质的崇拜，也不要认为学了心经后就需要多找些菩萨来拜，或去找一些书本来解释《心经》和研究《心经》，这样你会越看越不明白。

当你处于《心经》的入门阶段，最需要做的就是把《心经》念熟。当你念到某个阶段时才会领悟它的道理，那时候你再看书，看一些高僧大德的评论。但初入门的人，最好是先不断地把《心经》念熟。

《心经》念得越多越好

密教《般若心经》的修持方法是用心念，经常念，念得越多越好。

1	3
2	4

1. 首先要在一个安定、不受干扰的地方坐下来，把《心经》里的心咒不断地暗诵再暗诵，直至把整篇经文念熟。

2. 让《心经》成为你生活的一部分。

3. 不但要用心地念，还要把它深深地种在潜意识中。

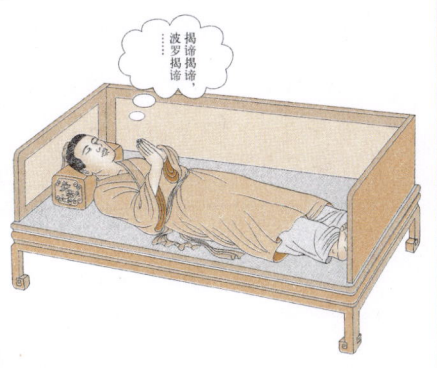

4. 在临睡前闭起眼睛，双手合掌，一边念《心经》，一边想明天将要发生的美好事情。

揭谛揭谛，波罗揭谛

学习《心经》要去找多位菩萨来拜吗？

不用的，此时你只处于《心经》的入门阶段。当你念到一定程度，领悟了它的道理时，才可以看书，看一些高僧大德的评论。初入门的人，最好是先不断地念诵《心经》。

如何读懂《心经》

8 密教《般若心经》的修持法

密教《般若心经》的数珠法

随身使用，不染一切诸恶

《心经》因为字句简短、声韵顺畅、含义深远、可得现世利益，因而成为最普遍、最深入人心的佛经。

念珠是佛教修持必持的东西。释迦牟尼在世时，难陀国波琉璃王因国运疲敝，人民穷困，请求佛陀救助。佛陀教他把木患子一百零八个串为轮，常带身边，以此行之，而后国运兴隆。这典故出于《佛说木患子经》，念珠的起源正来源于此。

一百零八个的本连最正式，一半的五十四个叫半连，四分之一的叫四半连。其他有二十一个，十八个，都各有其含义。珠的材料种类很多，一般都用菩提树的果实与金刚树的果实制作。

一百零八个珠子是把百八烦恼变为金刚界百八尊佛功德的意思。有两个大珠，一个叫母珠，另一个叫绪留，是阿弥陀佛说法之德。母珠与绪留之间各有五十四个珠，这是佛道修行的阶梯。一边叫本有五十四位，表示生来就有的佛德。另一边叫修生五十四位，表示自己所修的佛德。贯通珠子所用的绪丝是赤色，表示观自在菩萨之德。母珠左右两边第七个与第二十一个珠子后面各有小珠，两边合计四个，叫四天王或四古，为数数所用。母珠与绪留都带有流苏，流苏有十个小珠，表示十波罗蜜，其先端的细长珠子俗称露，这是表示福智二严，就是福德与智慧。母珠边的流苏上有个小小的珠子，是指补处的弟子，是下一任佛的意思，现在是指弥勒菩萨。

念珠若置于桌上时要圈为三匝（三轮），若戴在手上行走时则圈为二匝，用左手持，流苏要垂下。若挂在手腕上时是一匝，应挂在左手。参拜时的持珠方法，各宗派都不一样。中院流的方法是母珠挂在右手中指，绪留挂在左手大拇指。三宝院流是母珠挂在左手中指，绪留挂在右手中指。原来念珠是不可擦的，现代人都在擦。但不可擦太多次，不可用太大力，只要轻轻地擦三次就好。

据《陀罗尼集经》说：拨动念珠是为消除四重五逆重罪的一切恶业；平常随身使用可不染着一切诸恶，而一切的贵人都会归依。是故福力具足，功德圆满。

所以口念《心经》，并一粒一粒地拨动下去。假如你要念一百零八遍《心经》，要从母珠拨起到绪留，但不可越过绪留而再拨回母珠。

念珠——佛教修持必持的东西

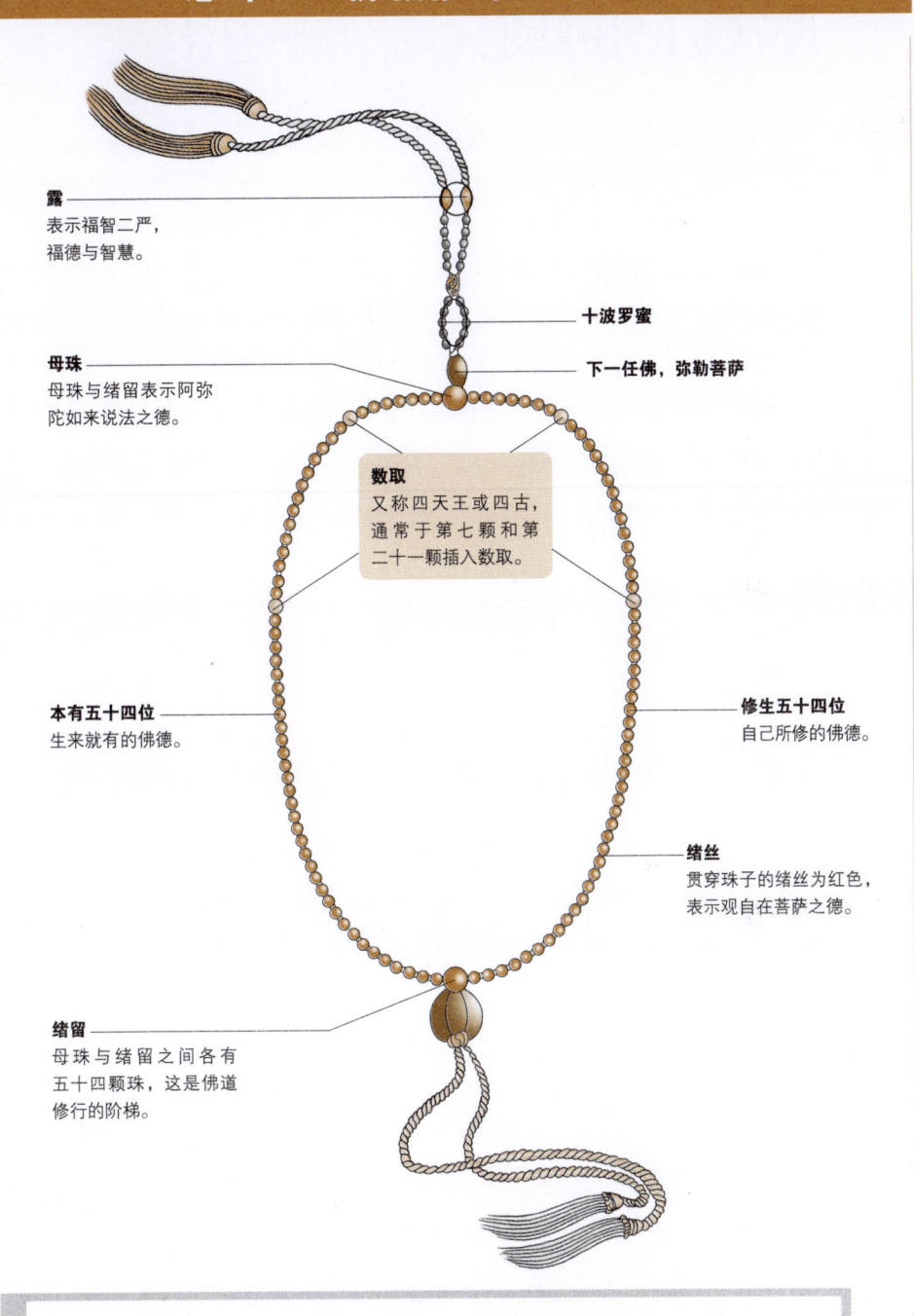

露
表示福智二严，
福德与智慧。

十波罗蜜

下一任佛，弥勒菩萨

母珠
母珠与绪留表示阿弥陀如来说法之德。

数取
又称四天王或四古，通常于第七颗和第二十一颗插入数取。

本有五十四位
生来就有的佛德。

修生五十四位
自己所修的佛德。

绪丝
贯穿珠子的绪丝为红色，表示观自在菩萨之德。

绪留
母珠与绪留之间各有五十四颗珠，这是佛道修行的阶梯。

> 据《陀罗尼集经》说：拨动念珠是为了消除四重五逆重罪的一切恶业；平常随身使用可不染着一切诸恶，而一切的贵人都会归依。所以口念《心经》时，要一粒一粒拨动下去。假如你要念一百零八遍《心经》，要从母珠拨起到绪留，不可越过绪留再拨回母珠。

如何读懂《心经》

9 密教《般若心经》的数珠法

密教《般若心经》的念诵法
唱真言的规定

密教《般若心经》有五种念诵法，包括声生念诵、莲华念诵、金刚念诵、三摩地念诵和光明念诵。

如果你喜欢用念珠，你也可以在每天起床时，坐在床上吸气的时候念一遍《心经》，呼气的时候念一遍《心经》。大约念了十几遍之后，你就告诉自己，今天，当我每吸一口气和每呼一口气时，我都念了一遍《心经》。因为你已经告诉潜意识，所以只要你呼吸，就是在不断地念诵《心经》。

你还可以同样告诉你的眼睛和心脏，每当它们眨动或跳动一次，就代表你念了一遍《心经》。运用了这个方法之后，虽然你非常忙碌，但是你依然在不停地念诵《心经》，活在《心经》的持咒里。这很容易掌握，而且一定会比别人念得快，因为你是用心来念《心经》而不是用口来念。

下面说一下密教《般若心经》的念诵方法，一般有五种。

● **声生念诵：出声念诵**

声生念诵是观自心月轮上或自己舌心上有莲花，莲花上有白螺贝，从螺贝中发出妙音，产生念诵。首要是调气，调气就是调心。调气念诵，就要声气合一。从喉轮到顶轮这一部分的气脉很难通，要一口气一口气、心气合一地出声念诵，这等于在修气、修脉。一开口念诵，没有妄念妄想，自然身气专一，而且身心皆空，感到与法界同体。念诵时眼宜睁开，与外界自然之光融为一片光明，化为无相光，身心俱忘。一口气一口气地念，为的是使内心气脉打开，那么心轮、顶轮、大乐轮等整个气脉就会逐步打开。声生念诵要舌头在拌动，唇齿不动。念时要回转来听自己的声音，不是听别人的。念到速度相当快时，便自然由开口念诵转为金刚念诵，即心气慢慢自然向内合一，嘴巴自然不动，唇齿微动或不动，而只由舌根弹动。

● **莲华念诵：以自己能听到的程度小声念**

莲华念诵为出声念诵，两耳专注地倾听自己的声音。声音的大小仅以能听见为宜。此法通过自己专心听声，集中意念，慢慢入静。

《般若心经》的五种念诵（1）

密教《般若心经》有五种念诵法，包括声生念诵、莲华念诵、金刚念诵、三摩地念诵和光明念诵。

声生念诵

声生念诵是观自心月轮上或自己舌心上有莲花，莲花上有白螺贝，从螺贝中发出妙音，产生念诵。声生念诵为开口念诵，舌头在拌动，唇齿不动。

莲华念诵

莲华念诵为出声念诵，两耳专注地倾听自己的声音。声音的大小仅以能听见为宜。

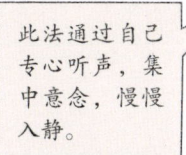

此法通过自己专心听声，集中意念，慢慢入静。

如何读懂《心经》

10 密教《般若心经》的念诵法

● **金刚念诵：不出声只动舌头**

金刚念诵即唇齿不动，音声、气脉在里面念，完全融在一片音声气海里。念在求心专一得止，一口气一口气、唇齿不动地念，一身百千万个细胞都在动、在念。身心全投进去了，嘴巴自然懒得动。初步一定要诵得非常平顺，使得脉相平和，不可时而过于高亢，时而有气无力。这样脉相不平和，心也无法止静。所以金刚念诵的效用之一是以调气来调和身心。

● **三摩地念诵：不动舌头，在心中念**

三摩地念诵就是在自己心中观想一个月轮，月轮上排列着本尊咒语及种子字，称作"咒轮"。观想咒字，同时在心中默念。身心念头与观想配合为一，才能得止。同时修慧，也就是参禅合一，即观照自己，观照得清清楚楚，忘却身躯，融化身心。观照同时，就是密，就是禅。即观即照、即照即观即观照，即是止，即是定。都摄六根，净念相续。

● **光明念诵：观诸佛光明从口出**

光明念诵观想从口中放出光明，或观想吐出的一个字音如同莲花，或是红、黄、蓝、白、绿等色的金刚或种子字。所以《秘藏记》末曰："光明念诵者，念想口出光明，持诵而已，其出声不出，常作是念耳。"

在勤行时，都用声生念诵，但不可大声。

念《心经》时要合掌。合掌共有十二种方法，平常都用金刚合掌与莲花合掌。

金刚合掌为右五指与左五指交互合拢，右手指稍高。这是礼拜用的，称礼拜印，是诸佛通用的方法，也称普印。这方法是表示无上坚固的信念，与佛感应道交的境地，所以称为金刚合掌。

莲花合掌为两掌相对合拢，横看像莲花蕾，所以称莲花合掌。这表示一心归命的姿势，一心不乱归入佛陀慈悲的状态。

这两种合掌法，在修行时是有区别的，但平时都可以用。

《般若心经》的五种念诵（2）

金刚念诵

金刚念诵不出声只动舌头。即唇齿不动，音声、气脉在里面念，以求专一得止，调气以调和身心。

三摩地念诵

自己心中观想一个月轮，月轮上排列着本尊咒语及种子字，称作"咒轮"。观想咒字，同时在心中默念。身心念头与观想配为一，都摄六根，净念相续。

光明念诵

光明念诵为观想从口中放出光明，或观想吐出的一个字音如同莲花，或是红、黄、蓝、白、绿等色的金刚或种子字，持诵不已。

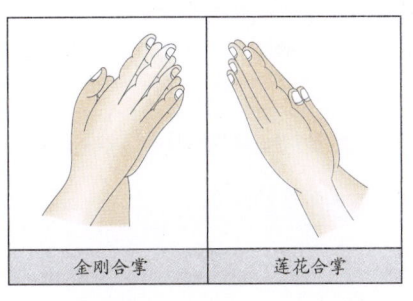

| 金刚合掌 | 莲花合掌 |

特别提示

念《心经》时要合掌。合掌共有十二种方法，平常都用金刚合掌与莲花合掌。

密教《般若心经》的供养法
置神坛的标准

《心经》有什么供养的方法呢？修持《心经》要不要设一个神坛呢？答案是否定的。但如果要置神坛，就有一定的标准。

在密教中，供养《般若心经》设置的神坛坐北向南或坐西向东。

神坛最好四尺高。一般神坛，放一对"曼荼罗"，前置一尊观音像便可以了。

供物有五明具足与三明具足之分。瑜伽、涂香、花鬘、烧香、饭食、灯明为六种供养，六种供养象征六波罗蜜多：布施、持戒、忍辱、精进、禅定、般若。

● 瑜伽

瑜伽代表布施，梵文意思为无浊清净。我们的机体，70%由水分子构成，故曰"水为生命之源"。水有养育滋润之德，万物复苏无水滋润不能茁壮；水有清洁之德，体有污垢无水难以涤除；水有流通之德，无论财施、无畏施还是法施均有益于佛法流布弘扬。瑜伽水在修法中用于洗浴圣众足和漱口，表达我们对佛、菩萨、明王等的施舍供养。

● 涂香

涂香代表持戒，在古印度是用来消除身体异味的香料末。涂香有清凉芬芳之德，在密教可譬持戒无缺，即"戒香熏习"。行者戒德具备，五分法身才能圆满。所谓五分法身即"戒、定、慧、解脱、解脱知见"。涂香涂自体，因为行者本来具有佛性，勤修六度万行自然成就佛果；涂香供养诸佛菩萨，行者得佛菩萨慈悲。修行人"以戒为师"，戒律的全息意义则使我们的人格、佛格更趋完善。

● 花鬘

花鬘代表忍辱，生忍、法忍、无生法忍。供养佛菩萨明王等本尊的时花，其芬芳馥郁柔和清新，在密法中用以象征忍辱。佛教中尤其以莲花为崇，《佛说除盖障菩萨所问经》中说莲花有十种功德：①离诸染污；②不与恶俱；③戒香充满；④本体清净；⑤面相熙怡；⑥柔软不涩；⑦见者皆吉；⑧开敷具足；⑨成熟清净；⑩生已有想。

密教六种供养（1）

六种供养

① **瑜伽** 代表布施，梵文意思为无浊清净。水有清洁之德，在修法中用于洗浴圣众足和漱口，表达我们对佛、菩萨、明王等的施舍供养。

② **涂香** 代表持戒，在古印度是用来消除身体异味的香料末。涂香涂自体，因为行者本来具有佛性；供养诸佛菩萨，得佛菩萨慈悲，佛格更趋完善。

③ **花鬘** 代表忍辱，生忍、法忍、无生法忍。供养佛菩萨明王等本尊的时花，其芬芳馥郁柔和清新，尤其以莲花为崇。

④ **烧香** 代表精进，是佛子不断增强自己对佛法的信心，鼓舞自身精进努力。香弥法界，圣众本尊闻之欢喜，更赐行者智慧，直趋菩提。

⑤ **饭食** 代表禅定，食物使行者精神、体能饱满。佛子则以禅定为食，不可一日离三密禅观。

⑥ **灯明** 代表般若，佛菩萨之智慧、大慈悲如大光明照耀，使六道众生得到庇护和找到出离生死苦海之途。

如何读懂《心经》 11 密教《般若心经》的供养法

名词解释

曼荼罗

曼荼罗是梵文 Mandala 的音译，藏语 dkyil-vkhor，又译曼陀罗等，意译为坛城、中围、轮圆具足、聚集等。在古代印度，原指国家的领土和祭祀的祭坛。但在藏传佛教中，一般是指将佛菩萨等尊像，或种子字、三昧耶形等，依一定方式加以配列的图样，是密教传统修持能量的中心。一般密教的曼荼罗可以分为四大类：大曼荼罗、三昧耶曼荼罗、法曼荼罗和羯磨曼荼罗。

● 烧香

烧香代表精进，在读经前我们总如此祈念："炉香乍爇，法界蒙熏；诸佛海会悉遥闻，随处结祥云；诚意方殷，诸佛现全身。"如此精进必然得法界力如来力之加持。加之佛子自己努力之功德力，便三力具足，成佛不远。烧香就是佛子自己对佛法的信心，和对自身精进努力的不断鼓舞。香弥法界，圣众本尊闻之欢喜，更赐行者智慧，直趋菩提。

● 饭食

饭食代表禅定，食物使行者精神、体能饱满。古贤云"民以食为天"，而佛子则以禅定为食，密法行者更以三密相应之瑜伽禅观为成就悉地之舟楫。普通人不可一日无食，而密法行者不可一日离三密禅观。

● 灯明

灯明代表般若，佛菩萨之智慧、大慈悲如大光明照耀，使六道众生得到庇护和找到出离生死苦海之途。行者本为证阿耨多罗三藐三菩提，为救济有情，然若智慧不具则无能助益有情。

这里布施度悭贪，持戒度毁犯，忍辱度嗔心，精进度懈怠，禅定度散乱，智慧度愚痴（邪见）。如此每天不懈怠而供养，人格自然能向上，而近于佛。供养是重要的修行法，由供养所得的功德惠及他人，即是实践六波罗蜜多，不但自己会幸福，也会给他人幸福。

密教六种供养（2）

供养是重要的修行法，由供养所得的功德及于他人，即是实践六波罗蜜多。如果每天不懈怠而供养，人格自然会向上，而近于佛。

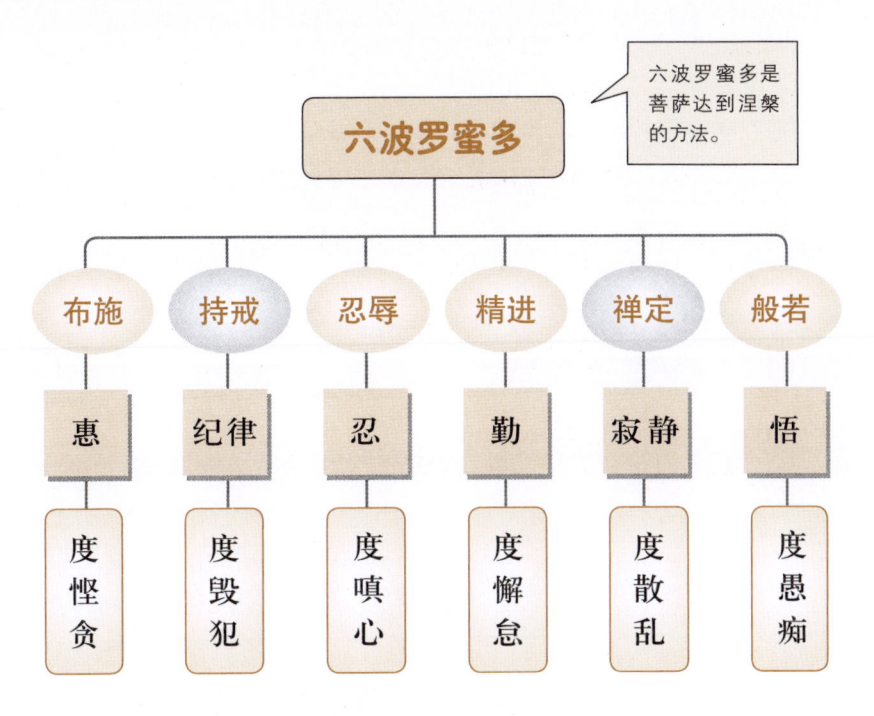

```
                        六波罗蜜多
    ┌──────┬──────┬──────┬──────┬──────┐
   布施   持戒   忍辱   精进   禅定   般若
    │      │      │      │      │      │
    惠    纪律    忍     勤    寂静    悟
    │      │      │      │      │      │
  度悭贪 度毁犯  度嗔心 度懈怠 度散乱 度愚痴
```

> 六波罗蜜多是菩萨达到涅槃的方法。

如何读懂《心经》

11 密教《般若心经》的供养法

密教《般若心经》的抄写
开发自我的妙法

"佛法非遥,心中即近。真如非外,弃身何求。"学习佛法是一个科学、哲学的心灵改造法门。《心经》的抄写则是开发自我的妙法。

密教《般若心经》的抄写有如下的程序:

(1)先净身,然后着干净衣服入堂(代表清净之身,重觅自己本有的清净法性)。

(2)用左手风空二指(大拇指及食指)捏一小撮涂香:擦在右手手心,翻双手代表三业清净。

(3)步入堂内,右脚先行,步步观莲。观望室中有日月光明照射。步过香象,喻入《心经》法界,亦为般若菩萨之内心法界曼荼罗也。

(4)大堂内供般若或文殊二菩萨像,坐好,用手轻拨《心经》上之白纸,见纸下的《心经》现出。白纸喻五蕴,宿世积累使人不能看见自己的清净本性。《心经》原文书法代表本有智,轻拨见之喻找回真如本性。

(5)动笔将《心经》一笔一笔地勾写出来,喻写自心真言重现。抄写时观自己为般若菩萨,此为"心密"。手写《心经》为"身密"。心中暗中念诵每一字,为"口密"。但不可念诵出声,要将字音在体内千回百转。

(6)抄完一次加回向谒及写上自己姓名及地址,及所求愿望。回向句为:"愿以此功德,回向于一切,我等与众生,皆共成佛道。"

(7)完毕后将《心经》送到堂前,用香熏后,可折成千羽鹤焚化,将其灰撒入大海,喻归于大自然。

如何抄写《心经》

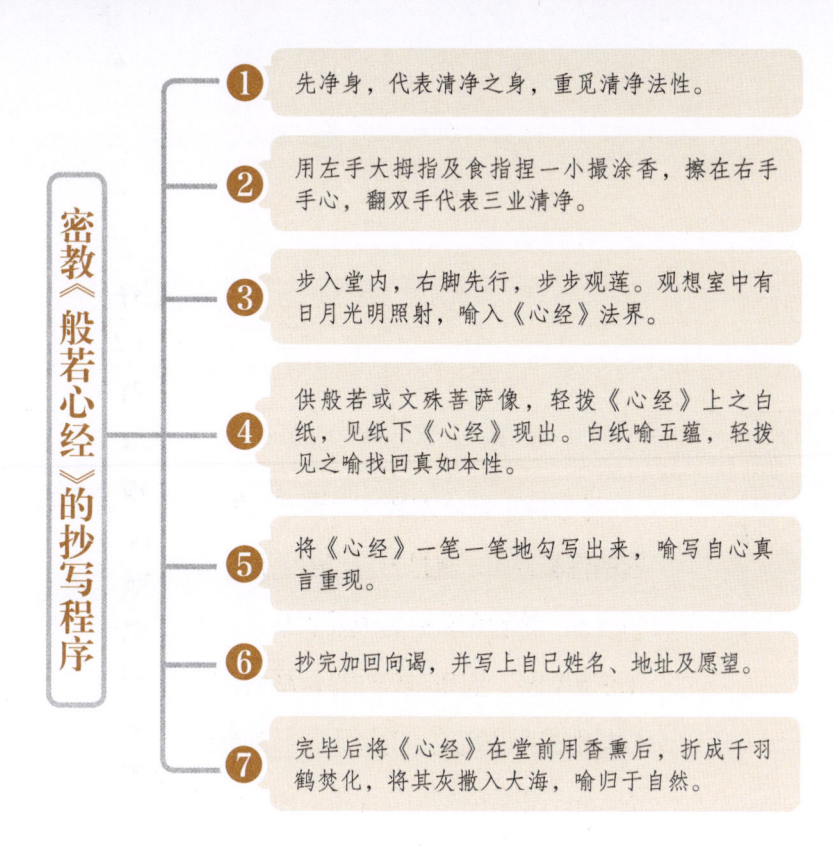

密教《般若心经》的抄写程序

① 先净身，代表清净之身，重觅清净法性。

② 用左手大拇指及食指捏一小撮涂香，擦在右手手心，翻双手代表三业清净。

③ 步入堂内，右脚先行，步步观莲。观想室中有日月光明照射，喻入《心经》法界。

④ 供般若或文殊菩萨像，轻拨《心经》上之白纸，见纸下《心经》现出。白纸喻五蕴，轻拨见之喻找回真如本性。

⑤ 将《心经》一笔一笔地勾写出来，喻写自心真言重现。

⑥ 抄完加回向谒，并写上自己姓名、地址及愿望。

⑦ 完毕后将《心经》在堂前用香熏后，折成千羽鹤焚化，将其灰撒入大海，喻归于自然。

在抄写时观自己为般若菩萨，此为"心密"。手写《心经》为"身密"。心中暗暗念诵每一字，为"口密"。将字音在体内千回百转，但不可念诵出声。

《心经》是一本文字简要，内容丰富的佛教经书，更是一篇理事圆融，知行合一，理论和实践性很强的妙文。历来注解很多，有以唯识理论解释的，有以华严教旨略疏的，有以天台三观融会的，也有以般若妙旨立论的。但总的都不离一实相印。本章将融会各高僧大德的注释，讲解此经。

第四章

《心经》经文详解

本章内容提要

《心经》经题

众生的五蕴

空与色没有什么区别

小乘空性境界和大乘空性境界

五蕴与十二处、十八界的关系

生命的大轮回

四谛十六行相

《心经》空性智慧的剖析

凡夫的四颠倒

四种涅槃和三世诸佛

咒语与经文的分水岭

成就圆满的智慧

❶ 序分 — 说法因缘

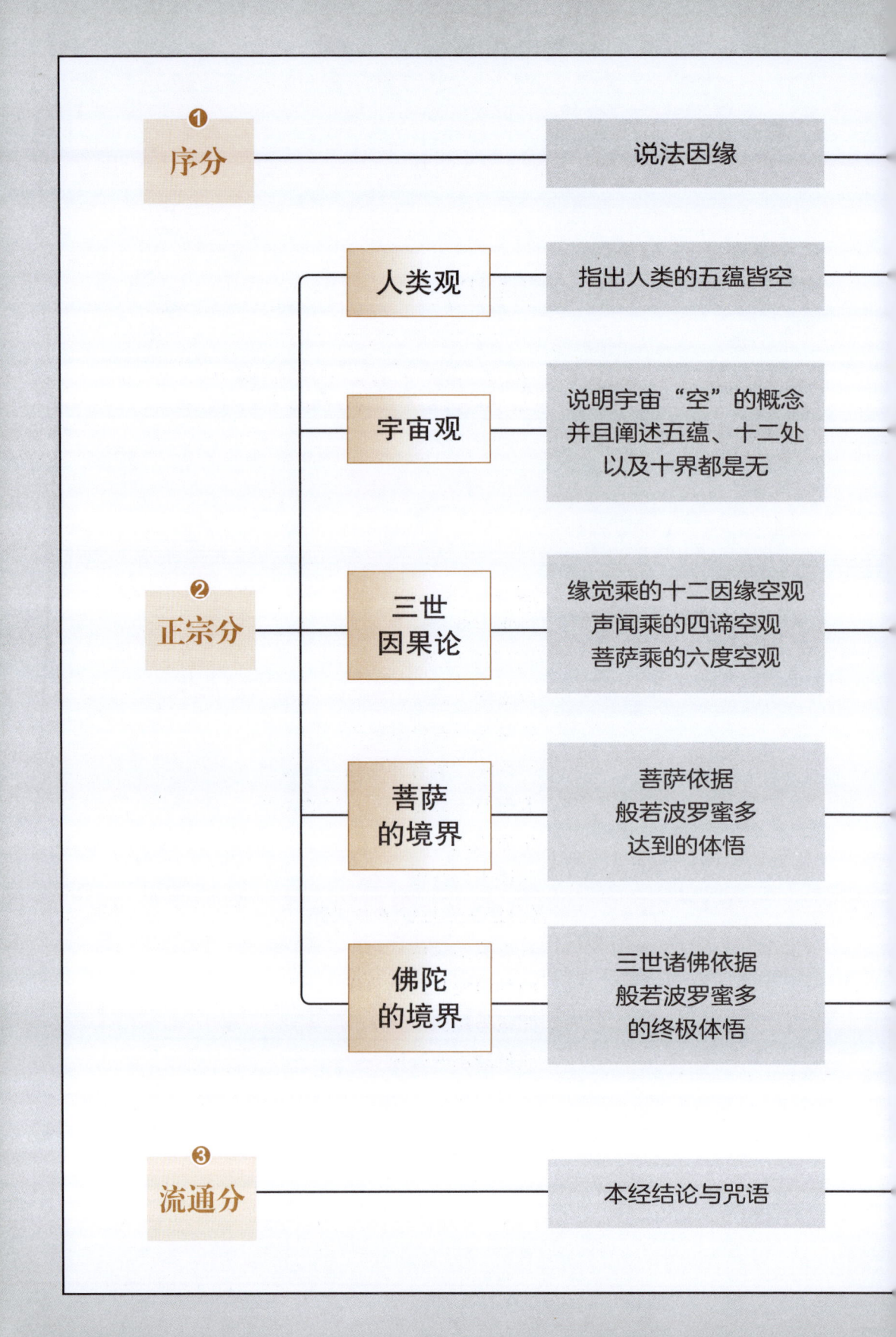

❷ 正宗分

- 人类观 — 指出人类的五蕴皆空
- 宇宙观 — 说明宇宙"空"的概念并且阐述五蕴、十二处以及十界都是无
- 三世因果论 — 缘觉乘的十二因缘空观　声闻乘的四谛空观　菩萨乘的六度空观
- 菩萨的境界 — 菩萨依据般若波罗蜜多达到的体悟
- 佛陀的境界 — 三世诸佛依据般若波罗蜜多的终极体悟

❸ 流通分 — 本经结论与咒语

观自在菩萨，行深般若波罗蜜多时，照见五蕴皆空，度一切苦厄。

舍利子，色不异空，空不异色；色即是空，空即是色。受想行识，亦复如是。

舍利子，是诸法空相，不生不灭，不垢不净，不增不减。是故空中无色，无受想行识，无眼耳鼻舌身意，无色声香味触法，无眼界，乃至无意识界。

无无明，亦无无明尽。乃至无老死，亦无老死尽。无苦集灭道，无智亦无得。

以无所得故，菩提萨埵依般若波罗蜜多故，心无挂碍；无挂碍，故无有恐怖，远离颠倒梦想，究竟涅槃。

三世诸佛，依般若波罗蜜多故，得阿耨多罗三藐三菩提。

故知般若波罗蜜多，是大神咒，是大明咒，是无上咒，是无等等咒，能除一切苦，真实不虚。
故说般若波罗蜜多咒，即说咒曰：揭谛揭谛，波罗揭谛，波罗僧揭谛，菩提萨婆诃。

经题

《般若波罗蜜多心经》

《心经》的经题是《般若波罗蜜多心经》，接下来做进一步解释。

● **般若**

般若是梵语，意思是大智慧，或者是妙智慧，为五种不翻译中的"尊重"不翻。古德之所以不翻译，是因为找不到一个恰当的词语来代表它，所以依旧用梵语。目的是要一般读者对它产生尊敬。现在有人把它翻译为智慧，其实这种翻译是很勉强的。般若一体而有三义：

（1）实相般若。

（2）观照般若。

（3）文字般若。

● **波罗蜜多**

"波罗蜜多"是梵文，可以译为"到彼岸"和"度"（即六度之度）。意思是"由生死轮回的苦海，度到解脱的彼岸"。就佛法的究竟目的来说，所谓的"彼岸"意指没有烦恼、不再轮回的彼岸。脱离生死轮回的苦海而获得自在，这便是佛法的最终目的。但能让人到达彼岸的方法又是什么呢？在原始佛教里，佛陀说要修习戒、定、慧三学，要直观苦、集、灭、道四圣谛，而大乘菩萨道则标举包括三学在内的六种修行品德，发愿修习，就能协助人进入解脱的境界，那就是六波罗蜜多（或称"六度"）——布施、持戒、忍辱、精进、禅定、般若。最后一项即是般若波罗蜜多，是其他五度的领导者。有了智慧的正确引导，修习其他五度才能真正实践出自利利他的精神，让一切众生到达无有苦痛的清凉彼岸。

《心经》经题——《般若波罗蜜多心经》(1)

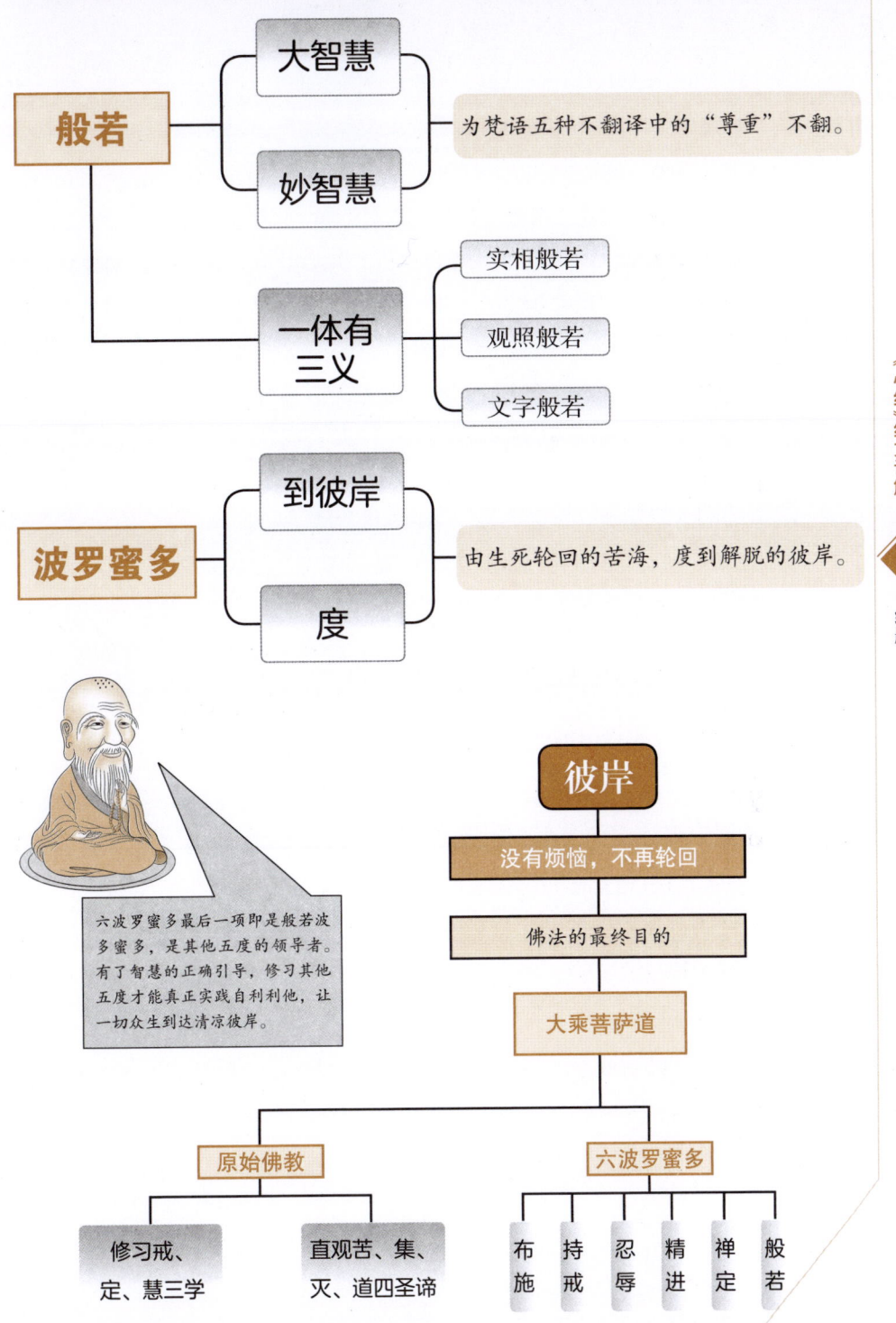

般若
- 大智慧
- 妙智慧

为梵语五种不翻译中的"尊重"不翻。

一体有三义
- 实相般若
- 观照般若
- 文字般若

波罗蜜多
- 到彼岸
- 度

由生死轮回的苦海,度到解脱的彼岸。

六波罗蜜多最后一项即是般若波罗蜜多,是其他五度的领导者。有了智慧的正确引导,修习其他五度才能真正实践自利利他,让一切众生到达清凉彼岸。

彼岸
- 没有烦恼,不再轮回
- 佛法的最终目的
- 大乘菩萨道
  - 原始佛教
    - 修习戒、定、慧三学
    - 直观苦、集、灭、道四圣谛
  - 六波罗蜜多
    - 布施
    - 持戒
    - 忍辱
    - 精进
    - 禅定
    - 般若

● 心

　　经题中"心"字的含义有两个：一个是中心、心要与核心的意思。佛说法一共四十九年，佛说般若二十二年，几乎用了一半的时间，足见般若的重要。经中说："五度（布施、持戒、忍辱、精进、禅定）如盲，般若为导（又云般若为目）。"《大般若经》六百卷，而这个经最短，只有二百多字，如同般若中的心，如同一个人最重要的是心。大乘佛法是全部佛教的核心，般若是大乘佛法的核心，而《心经》是般若经典的核心，所以称为《心经》。

　　二者，心是指明人的本心。人人都有一个真心，但我们现在本有的真心被妄心所遮盖。现在这个我是个妄我，不是真的我。我们的真心，具有如来智慧德相的那个心，才是我们的本心，是我们的妙明真心。这一点是学佛最要紧的信念和基础。这个"心"字在《金刚经》中是"应无所住而生其心"，"应如是生清净心"。在《观经》中"是心作佛，是心是佛"。当人的本心与佛无别，就能了达现前之念即是实相，亦即了达当人之心即是佛心，心佛两者毫无差别。若能了达即是实相般若。若能观照现前一念，虽是水上生波，但全波无不是水，凡有动念何非实相，即是观照般若。文字般若只是显示本体与照用，显明当前的一念即实相。

● 经

　　"经"是通名，经的含义是贯摄常法，贯通古今，广摄一切，此理常然，永为法则。可见经题概括了很深的意思。古云："智者见经题，便知全部意。"有智慧的人看见经题，这个经的全部意思也就知道了。

《心经》经题——《般若波罗蜜多心经》(2)

```
                    心
        ┌───────────┴───────────┐
  中心、心要、核心              人的本心
```

《大般若经》600卷，《心经》最短，只有260个字，如同般若经典的核心。

具有如来智慧德相的那个心，才是我们的本心，是我们的妙明真心。这一点是学佛最要紧的信念和基础。

当人的本心与佛无别，就能了达现前之念即是实相，亦即了达当人之心即是佛心，心佛两者毫无差别。若能观照现前一念，虽是水上生波，但全波无不是水。

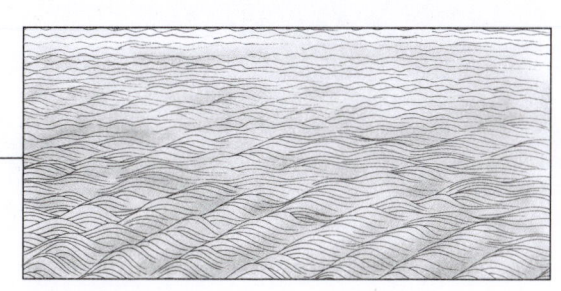

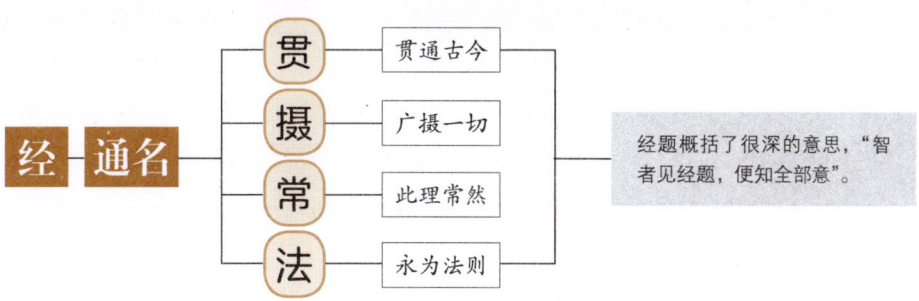

```
              ┌─ 贯 ── 贯通古今
              │
  经  通名 ──┤─ 摄 ── 广摄一切
              │
              ├─ 常 ── 此理常然
              │
              └─ 法 ── 永为法则
```

经题概括了很深的意思，"智者见经题，便知全部意"。

《心经》经文详解

1 经题

名词解释

五种不翻

"五种不翻"是玄奘对弟子说的一番话。所谓"不翻"，指的是翻译时，由于某种原因，只译梵语音而不译梵语意的情况。

1. "秘密故，如陀罗尼。"由于秘密的缘故不翻，如密教的咒语（陀罗尼）。
2. "含多义故，如薄伽梵具六义。"由于一词多义不翻。选择一种，难免以偏概全。
3. "此无故，如阎净树，中夏实无此木。"汉地没有此物不翻，如阎净树。
4. "顺古故，如阿耨菩提，非不可翻，而摩腾以来常存梵音。"顺从古译不翻。
5. "生善故，如般若尊重，智慧轻浅。"译音能产生更好的效果不翻，如"般若"是音译，"智慧"是意译；前者深奥，容易使人恭敬，取前者不取后者。

109

般若智慧已达自在之境
观自在菩萨

"观自在菩萨",就是观世音菩萨。从菩萨大悲济世,寻声救苦来说,名观世音;从菩萨智慧广大,观照无碍来说,名观自在。从悲德与智德立此二名。

"观",心之觉,以自心照自心为观,以自明化自愚为观,以自心悟真空为观。"自在",并不是自由自在,或逍遥自在,而是自心理体如如不动,不住于法,不住于相,一无所住,自性本空为自在。起心即是妄,自性本来清净,也没有来,也没有去,即是自在。"菩萨"是梵语,"菩"意为觉,"萨"意为性,人能觉悟本性,这个"人"即是菩萨。

观自在的"观"字很重要,修心关键在"观"字。此观并非眼观,而是观我非空非有、寂寂无念、了了常知的本来觉性,这是修心的总诀。所以《大乘本生心地观经》说:"须臾之间,摄念观心,熏成无上大菩提种。"又:"能观心者,究竟解脱;不能观者,永处缠缚。"

观心法门在初开始时,必先放下一切妄想杂念、心身世界,直下观看自己当下的心念。这时定觉妄念忽生忽灭,奔驰不停。要既不随流逐浪,也不着意遣除,因妄念本空,原是无可遣除的。久观纯熟,妄想分别便能逐步歇落,达于空寂。这是慧以资定,《楞严经》所谓:"生灭既灭,寂灭现前。"这时要继续前进,时时处处从寂定的性体上,起观照妙用,这是定以资慧。如此便能达到定慧一如、寂照不二的地步。所以《华严经》说:"汝等观是心,念念常生灭。如幻无所有,而得大果报。"

观自在

"观自在菩萨",就是观世音菩萨。从菩萨大悲济世,寻声救苦来说,名观世音;从菩萨智慧广大,观照无碍来说,名观自在。从悲德与智德立此二名。

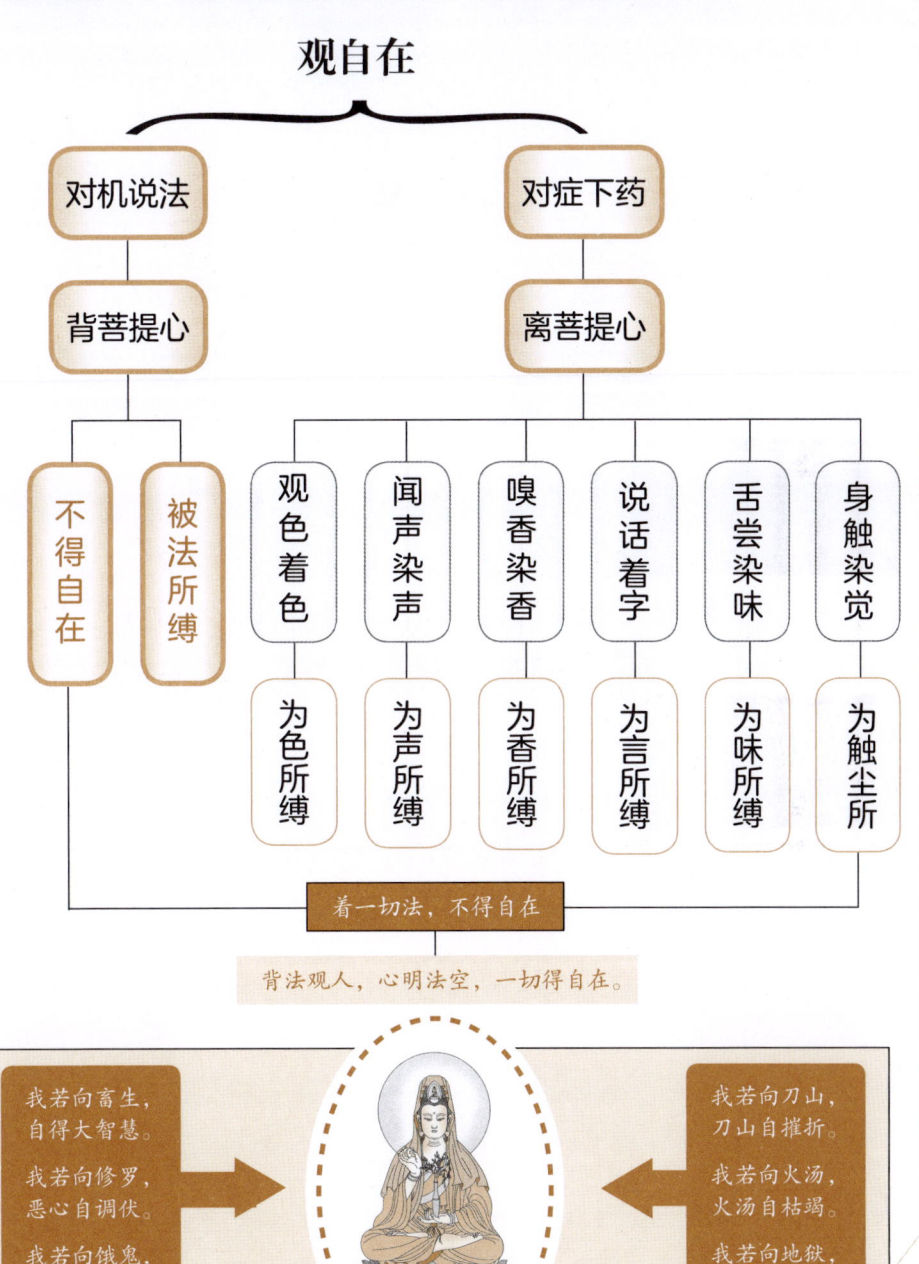

观自在

- 对机说法
  - 背菩提心
    - 不得自在
    - 被法所缚
- 对症下药
  - 离菩提心
    - 观色着色 → 为色所缚
    - 闻声染声 → 为声所缚
    - 嗅香染香 → 为香所缚
    - 说话着字 → 为言所缚
    - 舌尝染味 → 为味所缚
    - 身触染觉 → 为触尘所

着一切法,不得自在

背法观人,心明法空,一切得自在。

我若向畜生,自得大智慧。

我若向修罗,恶心自调伏。

我若向饿鬼,饿鬼自饱满。

我若向刀山,刀山自摧折。

我若向火汤,火汤自枯竭。

我若向地狱,地狱自消灭。

观音菩萨观心,于一切法得自在,故名观自在。

观自在菩萨

观自在菩萨 ＝ 观世音菩萨 ＝ Avalokitesvara

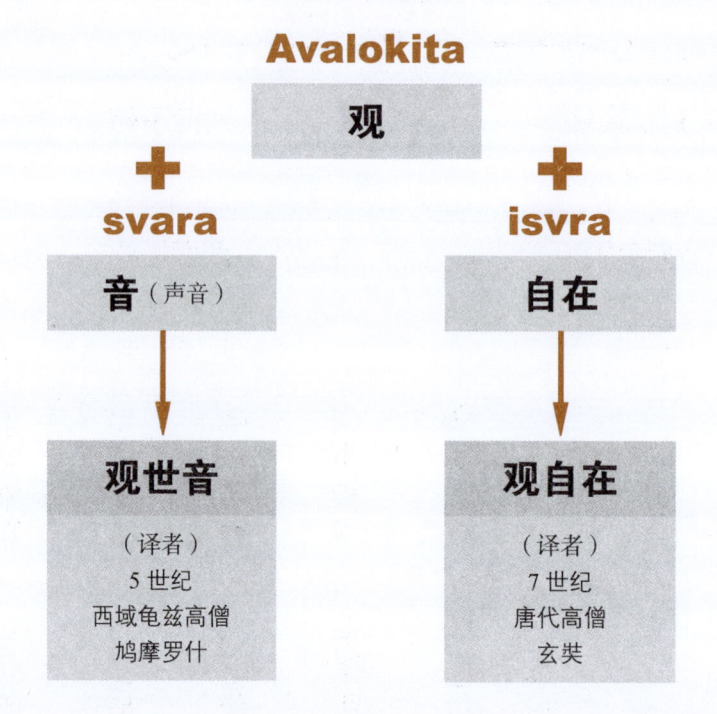

Avalokita
观

+ svara → 音（声音） → **观世音**
（译者）
5世纪
西域龟兹高僧
鸠摩罗什

+ isvra → 自在 → **观自在**
（译者）
7世纪
唐代高僧
玄奘

> 观自在菩萨，就是能观照自心，不为世间或出世间的万物所动，心中常能住寂，又能慧天悯人。以大觉有情为己任，自己已经得到解脱无碍，并能使他人也得解脱无碍自在。

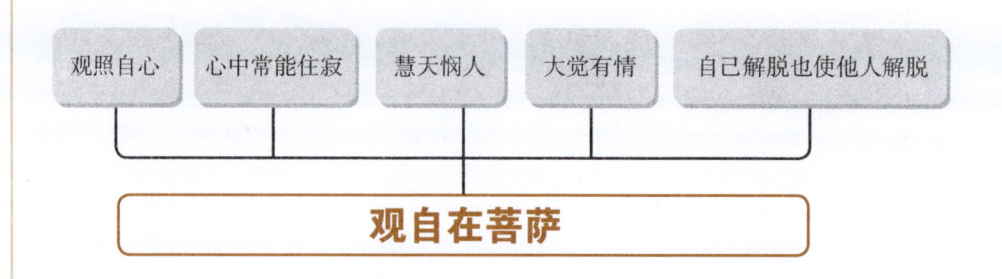

观照自心 ｜ 心中常能住寂 ｜ 慧天悯人 ｜ 大觉有情 ｜ 自己解脱也使他人解脱

→ **观自在菩萨**

菩萨和菩提萨埵

"观自在菩萨,行深般若波罗蜜多时"的菩萨,究竟是什么意思呢?菩萨是梵语 Bodhisattva 的简称,可以分成 bodhi 和 sattva 两个部分:

Bodhisattva(菩提萨埵)
= bodhi(菩提) + sattva(萨埵)

① bodhi= 菩提 = 完美的智慧(perfect wisdom)
= 觉悟(enlightment)= 觉(佛教典籍多半译为"觉")

② sattva= 萨埵 = 有生命的(a living being)或有感情意识的
(a sentient being)= 生命体(creature)= 有情(佛教典籍的常见译法)

③ bodhisattva= 菩提萨埵 = 菩萨 = 觉有情 = 追求菩提(完美智慧)的有情众生

bodhi	Bodhisattva	Buddha
自觉	自觉 + 觉他	圆满觉悟(佛)
对真理的觉悟	致力于让一切众生得以觉悟	达到自觉、觉他的圆满状态

《心经》经文详解 ② 般若智慧已达自在之境

修习般若波罗蜜多的状态

行深般若波罗蜜多时

"行深般若波罗蜜多时",这句说明观自在菩萨此时正处在甚深微妙的修行状态中,正在体悟不同于凡世的智慧。

"行"即修行,"深"是"深般若"对"浅般若"而言的。此处作"功行"解。"深"则释为有极深的修行功夫,已达到甚深境界。这种功夫是一步一步由浅而深达到的。先是初发心,行观照审察。这就要求自心常在,扫除妄念,专住佛境;眼只见佛色,耳只闻佛声,身只对佛境,这样才能发见真心。但这也只是浅近的功夫。

进一步则要求在心得自然之后,又能在无意中作意念守持,不为外界所牵动。知道所谓心想,无非是妄想攀缘影子。无论是能知所知,在根本上都是不存在的。从其本性来说,它们既是空是假,又非空非假;是有是无,又非有非无。若能到此,可以说已经达到空境了,但犹未达到"空心"。

再进一步扫除妄情,观照现前的身心世界,一眼看透:一切意念无非自心所现,浮光掠影,如镜中像,如水中月;一切声响,如风之过树;一切境界,如云在空中,都是幻化不实的。

不仅外面的世界如此,内心的妄情何尝不是如此呢?一切爱恨种子、习气烦恼也都是幻化不实的。于是起先要用意念来克服的心,现在就是不用心意守护也达到了空。一旦境也空,心也空,心境两忘,便升入了一个新的阶次。

更进一步,连此境界也可以抛弃,便可以达到能空的心和所空的境都已经扬弃。这样的功夫便由纯熟而转深,最终使一切人为的妄念消除,生出妙智妙慧,达于涅槃彼岸。

"行深"二字的含义

"行深般若波罗蜜多时",这句说明观自在菩萨此时正处在甚深微妙的修行状态,正在体悟不同于凡世的智慧。

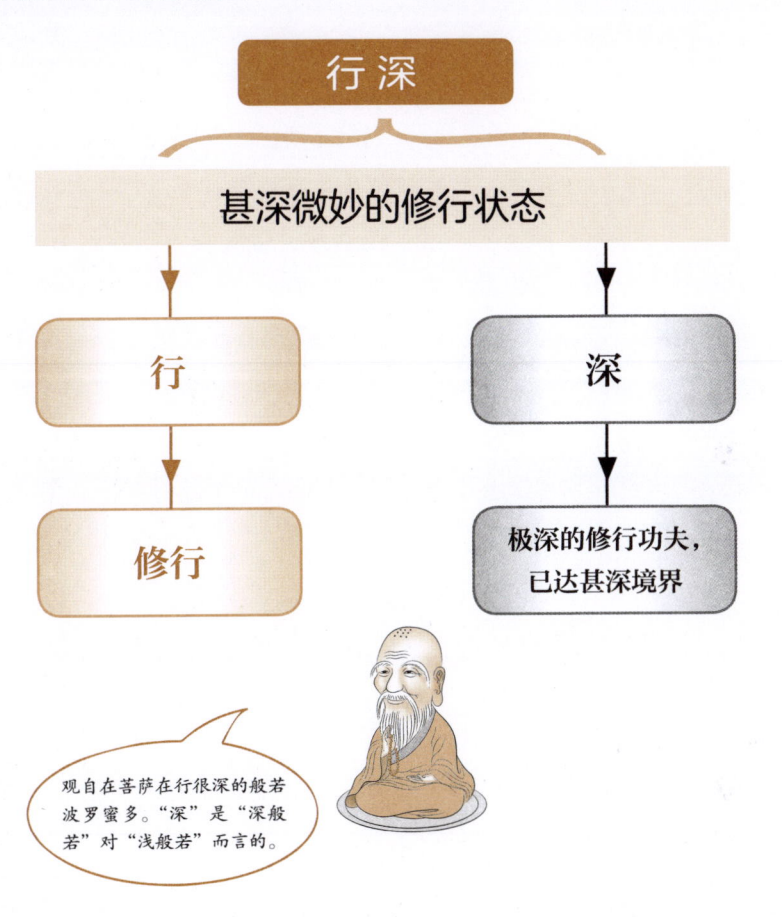

```
         行深
          │
   甚深微妙的修行状态
      │         │
      ↓         ↓
      行         深
      │         │
      ↓         ↓
     修行    极深的修行功夫,
             已达甚深境界
```

> 观自在菩萨在行很深的般若波罗蜜多。"深"是"深般若"对"浅般若"而言的。

浅般若	依据人类的推理判断,了悟因果而生成的智慧。	相对的智慧	自觉	声闻乘与缘觉乘的圣者(小乘圣者)
深般若	超越文字语言,直观真理的本体而生成的智慧。	绝对的智慧	自觉、觉他	观自在菩萨(大乘菩萨)

此外,"行深般若波罗蜜多时"的"时"字则是指过去时、现在时、未来时。

过去 / 现在 / 未来 → 不可得 — 故行深般若波罗蜜多时

《心经》经文详解

3 修习般若波罗蜜多的状态

照见五蕴是空无实体
照见五蕴皆空

"照见五蕴皆空","照"即般若观照,"见"即亲自证知。菩萨依实相般若之体,起甚深观照般若之用时,证知五蕴身心等一切诸相,无不是运动变化,幻生幻灭,其性本空。

"照"不是用光去照,明心与自然母体合明叫"照",即自我之真心本体,通过自身的眼、耳、鼻、舌、身、意,接触到外界的色、声、香、味、触、法叫作照。用自心智慧之明,照自心愚昧无知之暗,即是照。

五蕴是色、受、想、行、识。其中色蕴是指物质方面。一切万物,凡眼所见、耳所闻、鼻所嗅、舌所尝、身所觉,以及意所想,都可以说是色蕴。而受蕴,就如我们现在看见了桌子,看见有一个东西。我们一看,脑子就有所领受。内心生出一种领纳的作用,来领纳乐境(乐受)、苦境(苦受)及不苦不乐境(舍受)。想蕴就是种种思想,当内心与外境接触时所引起的思想活动。而这个"想"是念念不断的,念念迁流的。识蕴是我们能够了别、认识,例如风吹动树梢,人最初只听到声音,随即知道是声音,这是耳识。同时传达到意,能分别了知这是风所发的声音,这就是意识。意识是了别,这个了别的念头相续不断,似水长流,前浪后浪滚滚不停就叫作行蕴。所以行蕴以迁流为义。至于受蕴,听到悦耳顺心之声就欢喜,听到刺耳违心的声音则烦恼,所以它以领受为义。受想行识四蕴皆属于心,因为心、身两方面,心的障碍更多。所以五蕴中,四蕴说的都是心,都是精神方面的,只有一个色蕴是有关物质方面的。五蕴都遮盖我们的本性,是妙明真心的障碍。

五蕴之性虽空,但体即真空。这里的"照见"如渡船,"五蕴"如大海,"皆空"如彼岸。即依此般若渡船,渡过生死苦海,到达涅槃的彼岸。《金刚经》说:"凡所有相,皆是虚妄。若见诸相非相,即见如来。""见诸相非相"即"照见五蕴皆空"。如果照见五蕴皆空,那么自性大光明宝藏,便全体出现了。

众生的五蕴

五蕴就是色蕴、受蕴、想蕴、行蕴、识蕴。第一种属于物质，后四种属于精神，是构成人身的五种要素。五蕴用简单的话讲，就是指一切有形的生理现象和无形的心理现象。

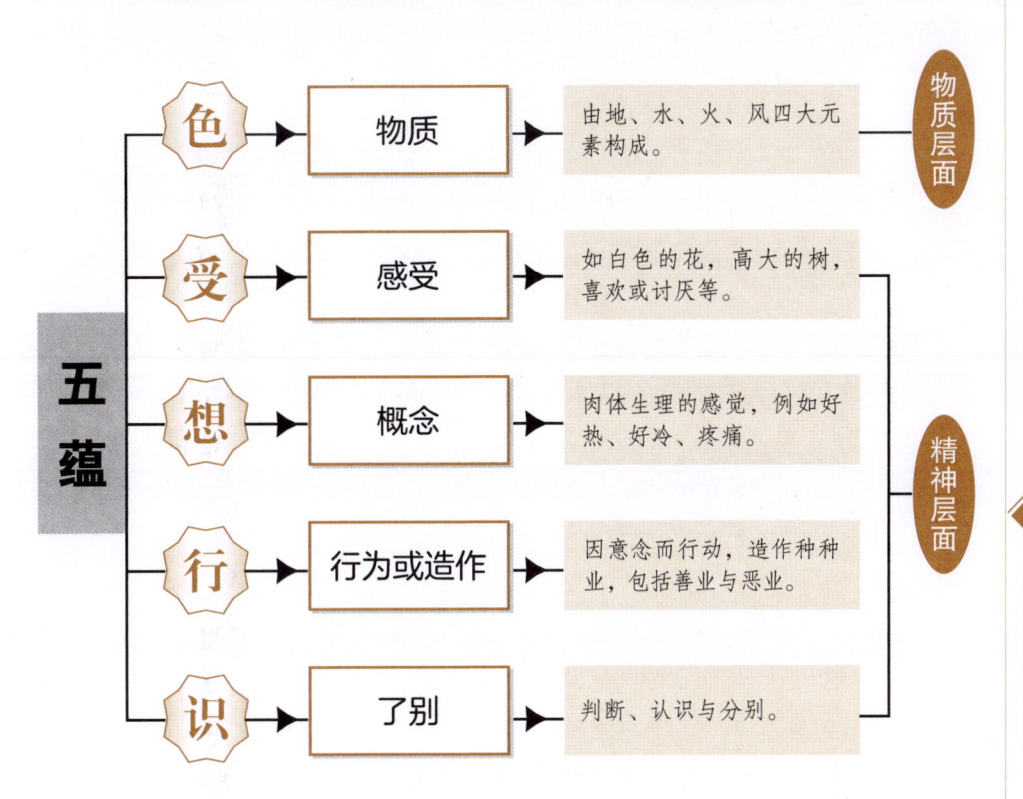

```
         ┌─ 色 → 物质       → 由地、水、火、风四大元素构成。              ─ 物质层面
         │
         ├─ 受 → 感受       → 如白色的花，高大的树，喜欢或讨厌等。
         │
五蕴 ────┼─ 想 → 概念       → 肉体生理的感觉，例如好热、好冷、疼痛。       ─ 精神层面
         │
         ├─ 行 → 行为或造作 → 因意念而行动，造作种种业，包括善业与恶业。
         │
         └─ 识 → 了别       → 判断、认识与分别。
```

《心经》经文详解

4 照见五蕴是空无实体

五蕴或五阴 Panca-skandha

① Panca：五　② skandha：积聚、聚集。

色 rupa	受 vedana	想 samjna	行 samskara	识 vijnana
物质 一切有形象或占有空间的物质	**感受** 眼睛看见外境时所产生的苦的、乐的、不苦不乐的感受	**概念** 对所见的事物所形成的概念	**意志** 集中注意力于观想	**了别** 对所看到的对象进行分别判断

117

利他、救世、利益众生
度一切苦厄

"度一切苦厄","苦"是苦痛,"厄"是困难,两者都是因为执着于五蕴不空所致。观自在菩萨因照见五蕴皆空,而能度一切苦厄。

在现存梵文诸多《心经》版本中,我们并没有看到"度一切苦厄"这段经句。为何在玄奘的译本中多了这段经句呢?佛教学者也多有疑惑,且有两种不同的解释。根据《大正藏》收录西安大兴善寺墙上所刻的观音写本前言,说观世音菩萨曾化作一位老弱的病人,当玄奘西行前经过四川时,因缘际会之下,老者将《心经》传给了他。玄奘在险恶旅途中,《心经》协助他度过种种难关苦厄。因此,他回国后翻译此经时,特别增加一句"度一切苦厄",以感念诵读《心经》所带来的伟大力量。但是以这个故事佐证玄奘增加经句一事,是有待商榷的。因为玄奘译经的特色除了寻求梵文原典的全本外,就是绝对忠于原典,不会任意更改删补,所以应该不可能自行增加经句。

另一种可信度较高的说法是,学者发现鸠摩罗什的译本也有"度一切苦厄"这句话。此译本比玄奘的译本至少早了两百多年,两者内容大致相同,因此推测玄奘参考了鸠摩罗什的译本。

苦厄可分成"苦"与"厄"两部分来解释:"苦"是苦痛,"厄"是困难,或者说"苦"是生死苦果,"厄"是烦恼苦因,能厄缚众生。两者都是因为人执着于五蕴不空所致。因众生将自己看成真有实体,随之而来的便是无尽的苦痛。《心经》的前四句,点出观自在菩萨以般若波罗蜜多而照见五蕴皆空,这是自利、自度,是自我的解脱道,也点出观自在菩萨以般若波罗蜜多而度一切苦厄,这是利他、救世,是利益众生的济度行。

而众生的苦痛、困难,不外乎内、外两种:内是属于自己身心的,外则是外在环境因素引起的。佛陀教导苦圣谛时说有八种苦——生、老、病、死、爱别离、怨憎会、求不得、五蕴炽盛,前四种即属于身心的苦,后四种则是外在引起的痛苦。苦圣谛论及八苦,是要众生能认清一切的苦都是由于将自己看成实体而造成的,这是产生痛苦的关键。

苦厄

"度一切苦厄","苦"是苦痛,"厄"是困难。在现存梵文诸多《心经》版本中,我们并没有看到"度一切苦厄"这段经句。为何在玄奘的译本中多了这段经句呢?

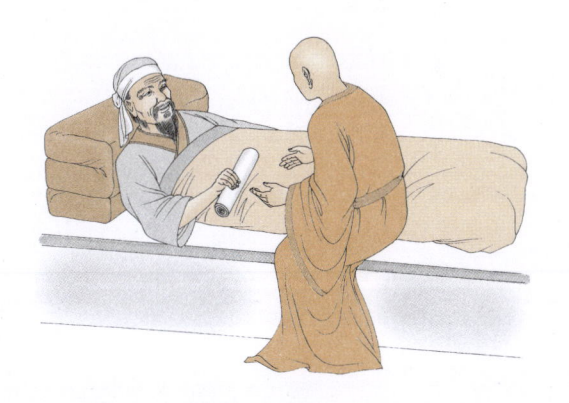

《大正藏》记载,观世音菩萨曾化作一位病重老者,玄奘西行前经过四川,老者将《心经》传给了他。后《心经》协助他度过种种难关苦厄。因此翻译此经,特增加一句"度一切苦厄",感念诵读《心经》所带来的伟大力量。

《心经》经文详解

5 利他、救世、利益众生

照见五蕴皆空 →	自利、自度 →	为了自己的解脱道
度一切苦厄 →	利他、救世 →	利益众生的济度行

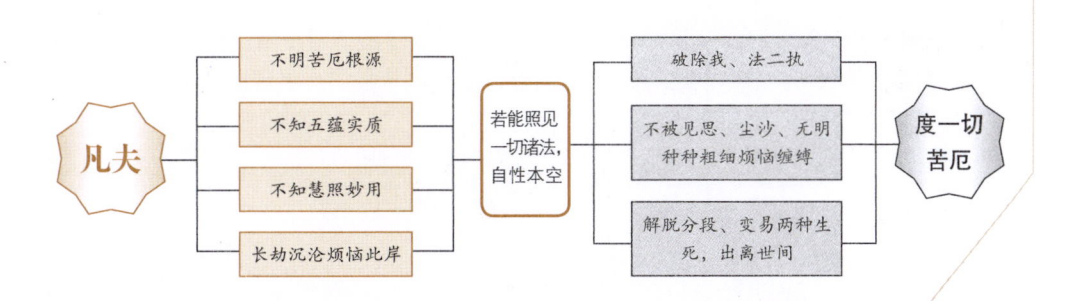

苦厄 —源于→ 心 —仗甚深般若→ 照见五蕴皆空 —心→ 得解脱自在

凡夫:
- 不明苦厄根源
- 不知五蕴实质
- 不知慧照妙用
- 长劫沉沦烦恼此岸

→ 若能照见一切诸法,自性本空 →

- 破除我、法二执
- 不被见思、尘沙、无明种种粗细烦恼缠缚
- 解脱分段、变易两种生死,出离世间

→ 度一切苦厄

119

众生的苦痛

众生的苦痛、困难，不外乎内、外两种：内是属于自己身心的，外则是外在环境因素引起的。

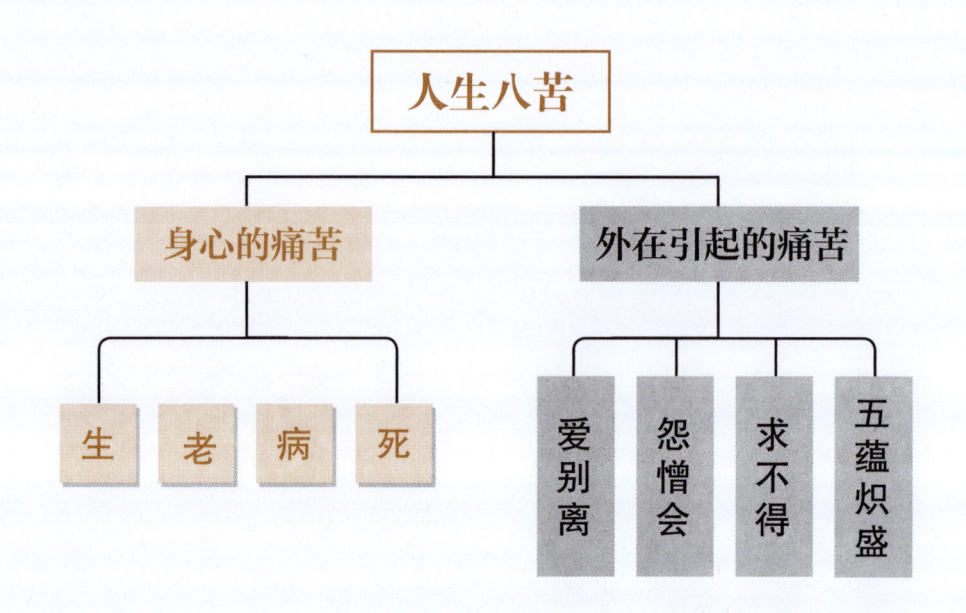

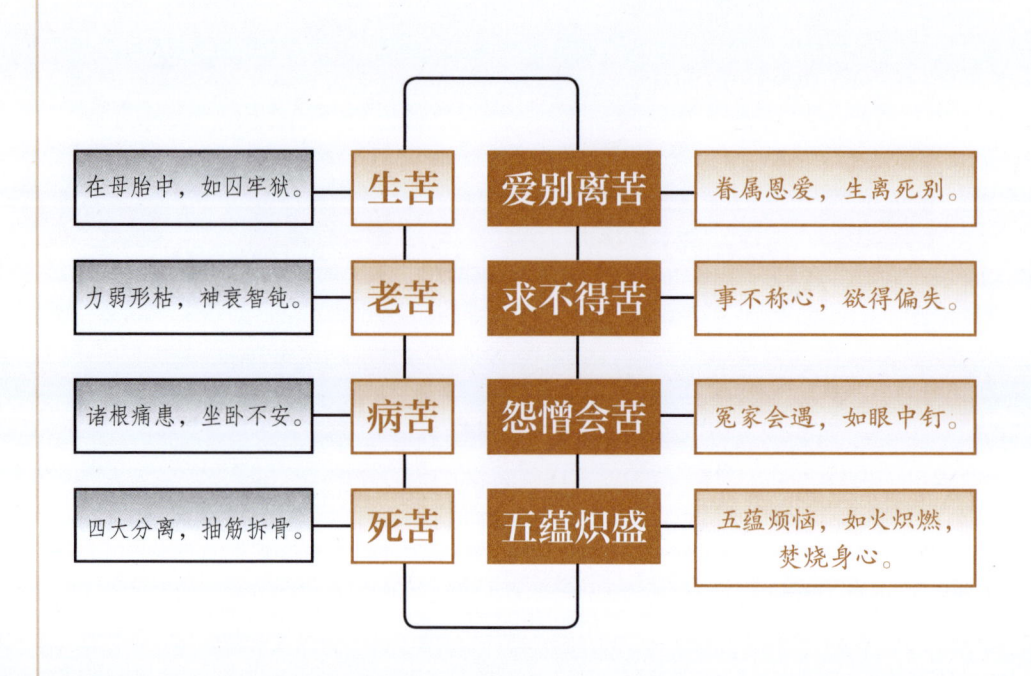

```
                    人生八苦
                   /        \
           身心的痛苦        外在引起的痛苦
          /  /  \  \         /  |  |  \
         生  老  病  死    爱别离 怨憎会 求不得 五蕴炽盛
```

在母胎中，如囚牢狱。	生苦	爱别离苦	眷属恩爱，生离死别。
力弱形枯，神衰智钝。	老苦	求不得苦	事不称心，欲得偏失。
诸根痛患，坐卧不安。	病苦	怨憎会苦	冤家会遇，如眼中钉。
四大分离，抽筋拆骨。	死苦	五蕴炽盛	五蕴烦恼，如火炽燃，焚烧身心。

八难

佛教还有八难的说法，下面来做具体介绍，说明观音能救助世人的这八种困难。

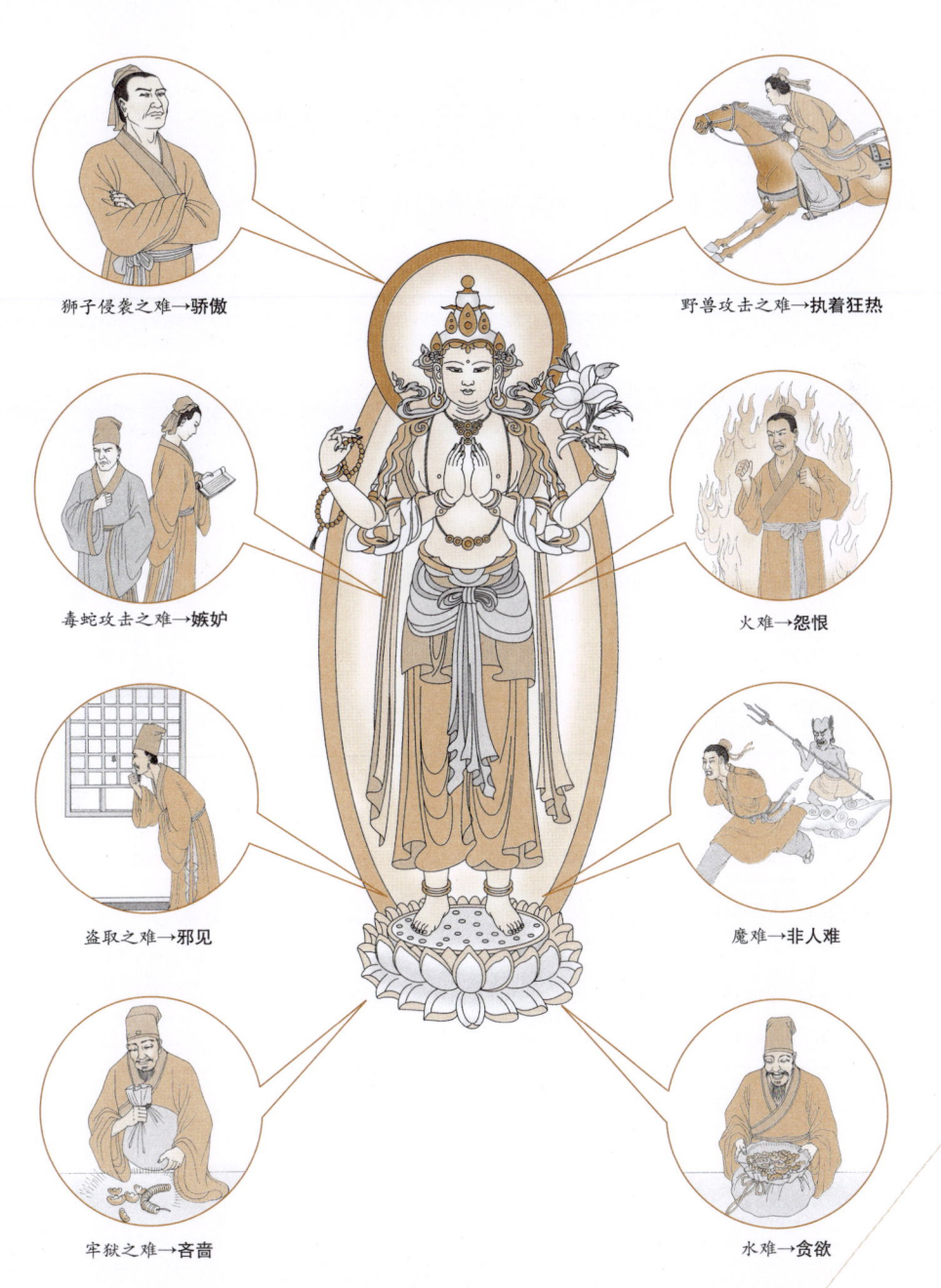

- 狮子侵袭之难→骄傲
- 野兽攻击之难→执着狂热
- 毒蛇攻击之难→嫉妒
- 火难→怨恨
- 盗取之难→邪见
- 魔难→非人难
- 牢狱之难→吝啬
- 水难→贪欲

《心经》经文详解

5 利他、救世、利益众生

智慧第一的佛弟子

舍利子

舍利子，即舍利弗，梵语 Sariputra（舍利弗怛罗）的音译略称。他是释迦牟尼佛的十大弟子之一，因持戒多闻，敏捷智慧，善解佛法，被称为"智慧第一"。

"智慧第一"的舍利子，在与《般若经》有关的众多经典中，经常扮演对话者。他智慧敏捷，善说佛法，是比丘们的模范与良师。

他原是位婆罗门，起初是印度怀疑论派的代表者删阇耶（Sanjaya）的弟子，后因感动于马胜比丘（Assaji）说"因缘所生法"的偈颂，而改学佛法。舍利子追随佛陀之后，持戒多闻，智慧敏捷，对佛法有甚深的体悟，且善说佛法。当佛陀有事不在时，他还会代替佛陀说法，给予比丘们指导与教诫。他也是佛陀之子罗睺罗（Rahula）的老师。

舍利子，梵语 Sariputra，中文译名是音译 Sari（舍利）与意译 putra（孩子）合并翻译而成。"舍利"是舍利子母亲的名字。古印度有一种鸟名为舍利，眼力最为锐利，舍利子母亲的眼睛似舍利，故而得名，而舍利所生的孩子就称为"舍利子"。此外，舍利子尚有"鹙鹭子"（如《六度集经》）与"舍利弗"（如《佛说阿弥陀佛经》）的译法。

《心经》的听讲者为何是舍利子，而不是别的弟子呢？因为《心经》的主旨是要发挥智慧的空性，而舍利弗是智慧的象征。佛在此称呼他，意在告示：般若波罗蜜多法门，非有深心智慧者而不得入之，所以才由他来作为听讲者。在法月所译的《普遍智藏般若波罗蜜多心经》中又称他为"慧命舍利弗"。"慧命"是比丘的尊称，说明比丘博闻强识，"以广大甚深之慧为命"。此外，在般若共利言等译的《般若波罗蜜多心经》中，称舍利子为"具寿舍利弗"。"具寿"是"慧命"的另一种译法，是说比丘不但具有世间的寿命，而且具有法身的慧命。

舍利子——智慧的象征

Sariputra（舍利子）

= sari（舍利）+ putra（子）

①sari: 舍利，古印度的一种鸟，眼力锐利。
②putra：孩子。
③"舍利"是舍利子母亲的名字。据说舍利子母亲的眼睛，好像古代印度一种名为"舍利"的鸟，所以她所生的孩子就叫"舍利子"。

舍利子原是位婆罗门，起初是印度怀疑论派的代表者删阇耶（Sanjaya）的弟子，后因感动于马胜比丘（Assaji）说"因缘所生法"的偈颂，忽有所悟，而改学佛法。

> 诸法因缘生，诸法因缘灭。诸行无常，是生灭法；生灭灭已，寂灭为乐！

《心经》经文详解 ❻ 智慧第一的佛弟子

色与空两者相互依存

色不异空，空不异色

"色不异空，空不异色"，观自在菩萨在这里清楚地点出了色与空两者相互依存而不相离的关系。这句话是说：色若离开空，便无法存在；空若离开色，也无法显出空。

"色"即形色、色身，也可以说就是一切有形有相的有质碍的东西，简言之，就是一切物质形态。"空"指虚空、真空。"空"的意思并不是说没有色就是空，或者说"色灭为空"，不能说除掉了世间一切事物就可以达到空，因为"空"并不是空无所有，不是虚无。"空"是实相，实然之相，实然本体。"空"是绝对的相待性。而相待性是世界的真相，是它的依止。世间一切事物无不具有相待性，从这个意义上说，无不依止于相待性，离却相待，也就是离却了"空"，事物就会堕入虚无，堕入真正的无根无据、无着落的境地。

"空"与"色"本来就是不可以分拆为二的。色身借四大和合而成，自体就是空，本来就含有相对性。不仅如此，世间的事物又是假借因缘而生，就其相待性、依赖性而言，本来就是假，就是幻。只是因为人们迷昧真性，以假为实，执色身为我所有，于是起惑造业，违背真心，贪恋物质，以为自己的一切可以安享百年而不坏。殊不知，人生犹如风中的烛，犹如深秋枯树上的一片叶，不定何时就会熄灭，何时就会飘落，哪里能够自持呢？我们由"四大"所组成的身体，不过是假缘暂住，给人一种虚幻的实在性而已。究其实质，物质之色先天性地包含着不稳定性，包含着"短命"，所以说"色不异空"。

"空不异色"，真空与形色并没有什么区别。以色执着为实有的，固然不应该，而将空执着为虚无的，同样也背离了释迦牟尼的教导。要知道，世人的五蕴之身，是业力所成，也是由于过去世的业力习气熏染才凝集而成的。从因缘的角度，它不是无端呈现的，人生的内在依据便是佛所教诲的缘生之法，世间一切事物无不处于前后无际的因果关系当中。一切色质均是因缘和合而成。这因缘和合就是相待性，就是空性，因此才说"空不异色"。"空不异色"是要强调世间因果的实在性，是想说因缘果报的真实不虚，是人类社会中的伦理道德所得以成立的基础，是不可以完全用空的理论来取代的。

空与色没有什么区别

一切法"缘起性空"。"色"，就是色、受、想、行、识五蕴中的色，是指物质。任何物质现象都是缘起，它有形态，有功用，但是它的形态和功用里面没有常恒不变的，所以说是空。所谓空，不是指色外空（物体之外的空），也不是指色后空（物体灭了之后的空），而是"当体即空"。

世间不论什么事物，都是假借因缘而成，本来就是假，就是幻。只是因为人们迷昧真性，以假为实，执色身为我所有，于是起惑造业，违背真心，贪恋物质利益，给人一种虚幻的实在性而已。

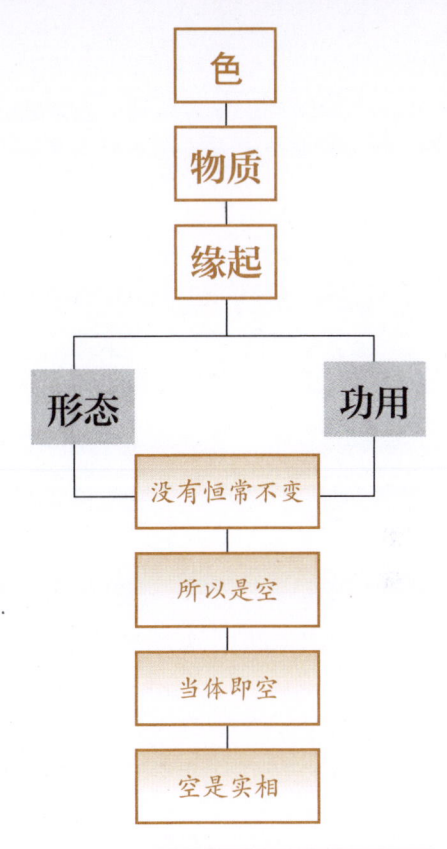

色 → 物质 → 缘起 → 形态 / 功用 → 没有恒常不变 → 所以是空 → 当体即空 → 空是实相

人生如风中的烛，如深秋落叶，不定何时就会熄灭，我们由"四大"所组成的身体，不过是假缘暂住。究其实质，物质之色先天性地包含着不稳定性，包含着"短命"，所以"色不异空"。

名词解释

四大皆空

佛教主张世界万物与人之身体皆由地、水、火、风四大要素和合而成。"四"指地、水、火、风四物，也指坚、湿、暖、动四性。"四大"是每个物体自身所固有的特性，并非单指自然界的大地、河流、日光、风力。就人的身体而言，皮、肉、筋、骨属"地大"，汗、血、津液属"水大"，体温、暖气属"火大"，呼吸、运动属"风大"。若能了悟此四大本质亦为空假，终将归于空寂，则亦可体悟万物皆无实体之谛理，称为四大皆空。

所以身由业力所造，业力由妄心所造，人若造业便会感受人生的苦果，以致受身出世而偿还果报的苦恼，今生受过去世的业报，未来世感受现世的苦果。三世之中，轮回流转周而复始，除非修善根而超越，否则不会有了结之时。外道中人因为不了解正因至理，远离妙智妙慧，错认为色若灭了便是空，落于顽空。认为人死后，清气归天，浊气归地，一灵真性归于太虚空，于是追求清心寡欲，一味修持苦行。还有的人坚持断灭空的见解，认为人生既然终归是五蕴分离，便没有现世的道德可言，也没有未来的解脱可言，因而胡作非为，结果种下恶因，将来自己遭受恶果。

所以观自在菩萨针对世人而说"色不异空"，是因为世人执着于相，错以为一切境相都是实有，于是贪得无厌，产生烦恼。因此点醒迷惑的人们，一切色相虚幻不实，不可执着。又针对缘觉乘与声闻乘者而说"空不异色"，因二乘体认世人执着于色相，而引生烦恼，于是致力于远离色相。虽了断生死之因，脱离六道轮回，但因执着于空，因而废色守空，也终究不得解脱。

业力由妄心所造

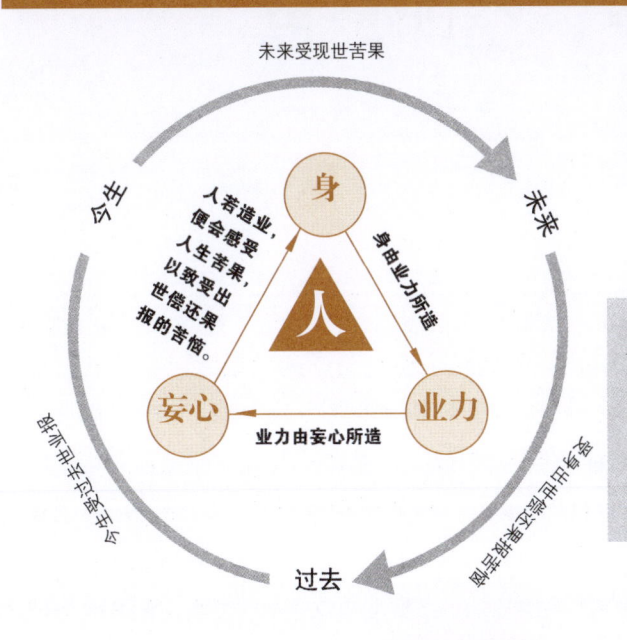

三世之中，轮回流转周而复始，除非修善根而超越，否则不会有了结之时。

- 未来受现世苦果
- 身由业所造
- 业力由妄心所造
- 妄心所造业受苦报
- 人若造业，便会感受人生苦果，以致受出世做还果报的苦恼。
- 身 — 人 — 业力 — 妄心
- 今生 / 未来 / 过去

有人错以为色若灭了便是空，也有人认为人生终归五蕴分离，因而胡作非为种下恶因。因此观自在菩萨针对世人而说"色不异空"点醒人们，一切色相虚幻不实，不可执着。又针对缘觉乘与声闻乘说"空不异色"，也莫执着于空，废色守空。

就世人而言

一切色相虚幻不实，不可执着

就缘觉乘与声闻乘而言

远离色相，了断生死，但不执着于空

《心经》经文详解

7 色与空两者相互依存

127

图说心经 8

物质现象为空，空也为物质现象
色即是空，空即是色

"色即是空，空即是色。"此处菩萨又反复说明色性是空，真空即是色的道理。空性并不是兀突的空，它是要落实在色的相对性中的；色也并不是毫无依据的荒谬的世间事物，它们自身就包含了作为世界本质的真性，也即空性。没有空，也就没有安立色的去处。

　　观自在菩萨以"不异"的概念说明色与空的关系之后，接着再以"即是"的概念来进行说明。"色即是空"的"是"，意思是"此"，而非"我是老师"的"是"，两者意义不同。因此，"色即是空，空即是色"可说成"色即此空，空即此色"。也就是说，一切物质现象皆是空，而一切空也正是物质现象。如前所述，"色"是指有形的万物，而这一切存在的事物都是由因缘所生的，由种种条件所组合，并非本来实有。例如，水因风吹而产生水波，水波是因有水与风而形成，当风停止吹动，水波随之止息。水如同"空"，波代表"色"。从水中生起波，说明"空即是色"，当波又回归于水，说明"色即是空"。

　　物质（"色"）除名相外，别无其他存在方式，一方面，我们必须体悟"色"并无自性；另一方面，我们仍然肯定物质的存在。我们虽然说"茶杯"并无实性，却并非否认这个被称为"茶杯"的东西的确存在，而且的确具有我们心目中认为"茶杯"应该具有的功能——能装茶的特性。它的存在方式是缘起合成，我们必须以这个方法去参思，才不会堕入断见（即以为一切皆不存在）或常见（即以为一切事物为实在存在的），空与色是两极，但又包含着对方的两极。世间无一物不空，世间也无一物不有。修佛的人，关键是不要执迷于任何一面，不要偏于任何一极，既不执于空相，也不执于色相，这种正确的"空性"见是中观应成派的宗见，并不把"空"与"有"视为矛盾的对立。

　　从这一句经文，观自在菩萨开始解释如何观证五蕴之自性为空性的方法与过程。他首先是从色蕴说起，因为只要能参透色蕴空性，其他四蕴之空性本质也是同样的道理。

五蕴中的色蕴

色、受、想、行、识称为五蕴。五蕴之中头一个便是色蕴，意指具体形象的事物，或是一切有形、占有空间的物质。

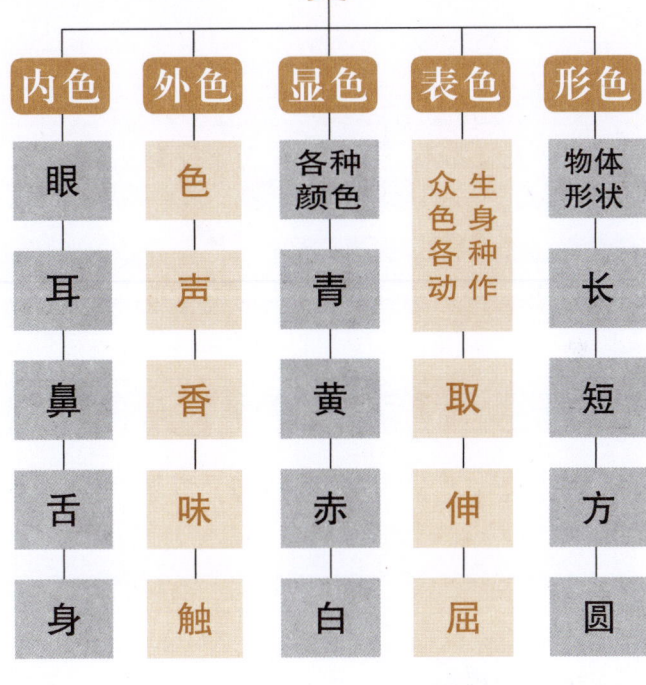

色

内色	外色	显色	表色	形色
眼	色	各种颜色	众生身色各种动作	物体形状
耳	声	青	取	长
鼻	香	黄	伸	短
舌	味	赤	伸	方
身	触	白	屈	圆

《心经》经文详解 **8** 物质现象为空，空也为物质现象

> 色是看得见、摸得着、听得到的，这样一些能感受到的东西真实存在，为什么说"色即是空"呢？

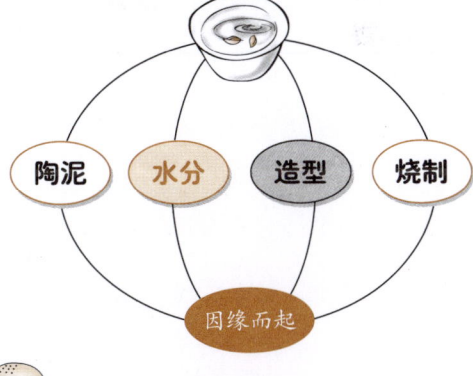

陶泥 — 水分 — 造型 — 烧制

因缘而起

命名茶杯

> 说"色即是空"并非否定依各种因缘而形成的物质的存在性。"色"是依赖于万事万物立名之形式而存在的，是心念的假定，没有了命名，色便不存在。即使有了这个因缘而起之物，没有了命名这个概念，色还是不存在，也即为空。

> 茶杯为因缘而起之物，没有了命名，茶杯便不存在。即使有了这个因缘而起之物，没有了"茶杯"这个概念，"茶杯"还是不存在的。

空的多种意义

"空"是佛法中一个最根本的哲学概念，深妙难解，有很多种意义。

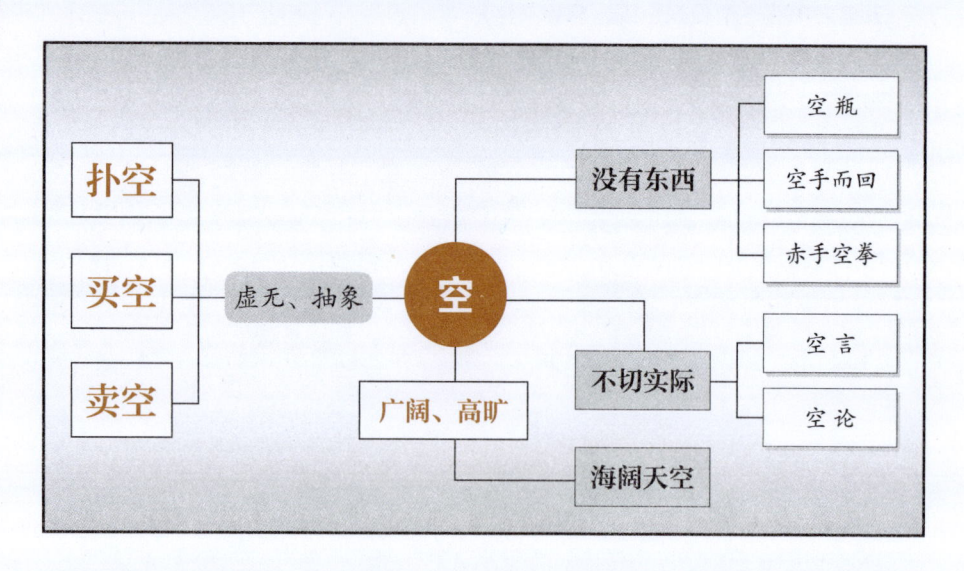

```
                              ┌─ 空瓶
                   ┌─ 没有东西 ─┼─ 空手而回
                   │          └─ 赤手空拳
扑空 ┐             │
买空 ├─ 虚无、抽象 ─ 空 ─┤
卖空 ┘             │          ┌─ 空言
                   ├─ 不切实际 ┴─ 空论
                   │
                   ├─ 广阔、高旷
                   │
                   └─ 海阔天空
```

佛教所谓的"空"，并非单指"空无一物"，而是指一切事物的现象都有各自的因缘，并无实体。

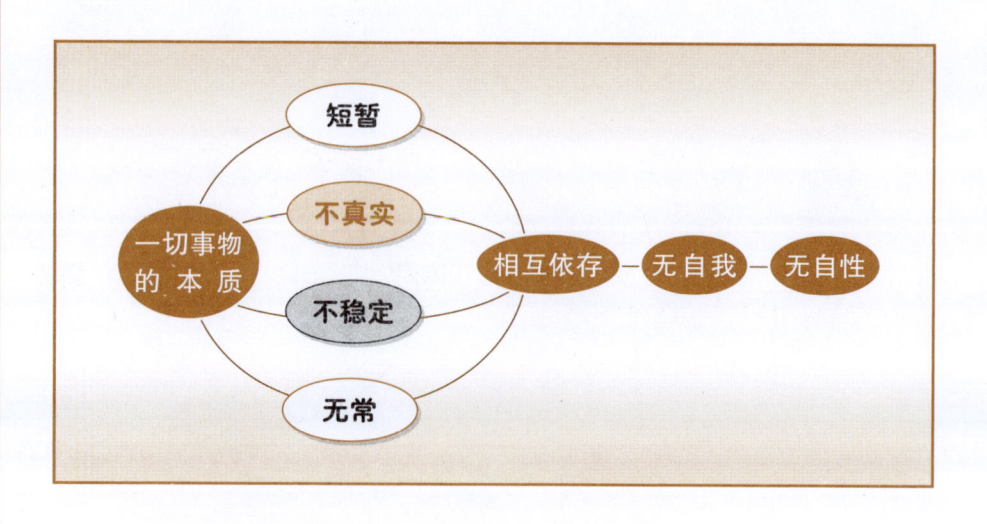

```
              短暂
        不真实
一切事物         相互依存 ─ 无自我 ─ 无自性
的 本 质
        不稳定
              无常
```

而"色即是空，空即是色"，描述的就是这种一切事物没有真实性的存在状态。

从自性空到假名有

佛法是依"有"言"空","有""空"一体,"有""空"不二。佛法说的空,是"缘起性空"的空,是"因缘所生法",本身"无自性"的空,不是空无所有的空虚的顽空,也不是否定事物具有的作用及事物相续转化的断灭空。

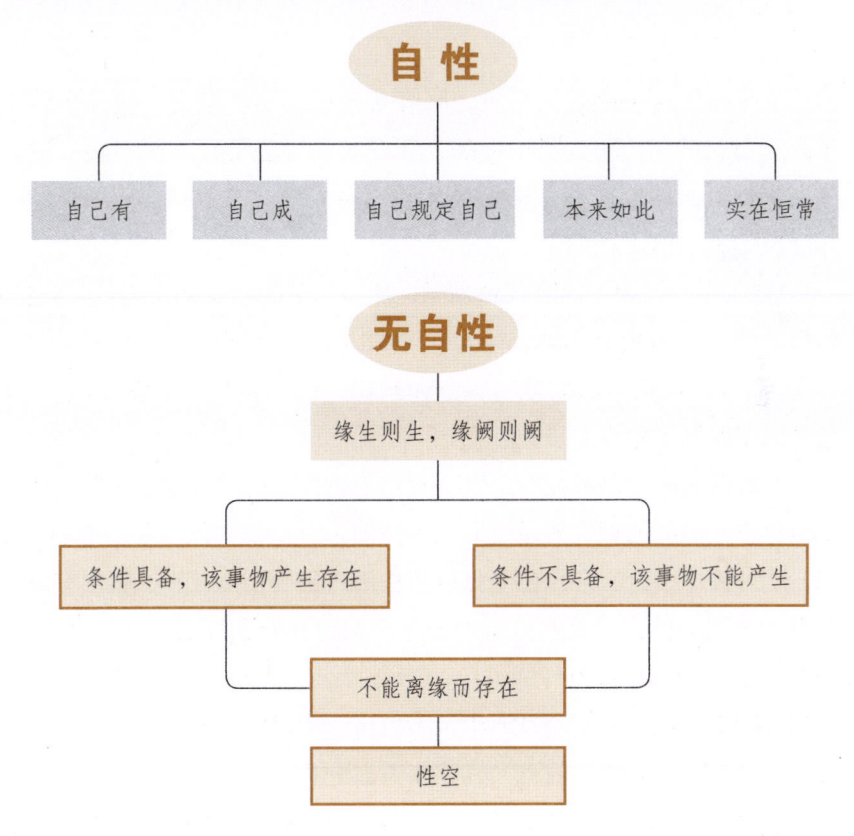

自性
- 自己有
- 自己成
- 自己规定自己
- 本来如此
- 实在恒常

无自性

缘生则生,缘阙则阙
- 条件具备,该事物产生存在
- 条件不具备,该事物不能产生

不能离缘而存在

性空

而人们通常认为,"有"是存在,"有"不是"空","空"是不存在,"空"不是"有",因此"空""有"对立。实际上"空""有"不但不对立,而且是一体的。

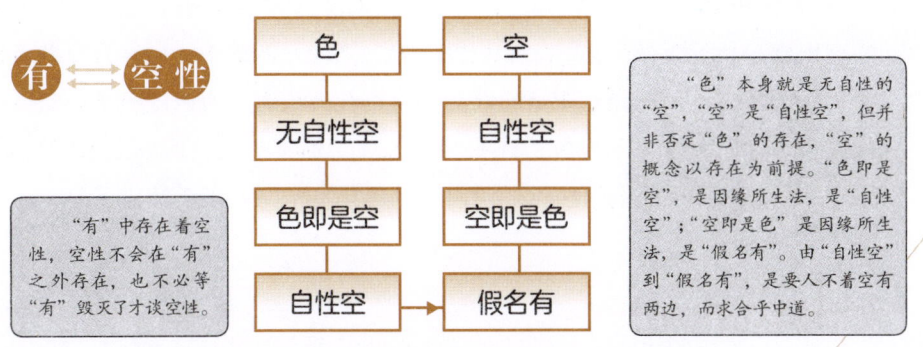

有 ⟷ 空性

色	空
无自性空	自性空
色即是空	空即是色
自性空 →	假名有

"有"中存在着空性,空性不会在"有"之外存在,也不必等"有"毁灭了才谈空性。

"色"本身就是无自性的"空","空"是"自性无",但并非否定"色"的存在,"空"的概念以存在为前提。"色即是空",是因缘所生法,是"自性空";"空即是色"是因缘所生法,是"假名有"。由"自性空"到"假名有",是要人不着空有两边,而求合乎中道。

《心经》经文详解 8 物质现象为空,空也为物质现象

心理层面的四蕴
受想行识亦复如是

"受想行识亦复如是",当色蕴一空,物质的虚幻消失了,跟着心理层面的四蕴——受(感受)、想(概念)、行(意志)、识(了别)也都空了。

色所产生的东西既然是空,眼睛所接受的也都是空,接受也就不存在了,所引起的想当然也是虚妄的,于是表示思想的行蕴也是虚妄的,那些了别当然也是虚妄的。这四蕴虽从心理层面来讲,但和物质层面的色法一样是虚幻不实的。

"色"字一破,下面的就都破了,所以"受想行识亦复如是"。这是一种精简的笔法,否则每个都有四句:"受即是空,空即是受,受不异空,空不异受。"一直到识,识即是空,空即是识,识不异空,空不异识。"亦复如是"四字概括了好多文字。

总结前面的"色不异空,空不异色,色即是空,空即是色"这四句,是总说色空不二的道理。初说不异,后说即是。一个"色"字,不单是代表五蕴,连外面宇宙万有形形色色都包括在内。因为宇宙万有,就没有离了我的性海,浑同一体,尽是色;而"受想行识亦复如是",受、想、行、识,是无相相,也是色。这内外两种色,都是因缘生,无自性,无实体,不可得,根本是性空。现下虽是幻有,毕竟不可得,所以即色即空,并不是色之外另有个空。参透上面所说的空义,就知道这个意义了。

所以心的形形种种,亦是五蕴流转;色的形形种种,全似空华乱起乱灭,如电影的一幕幕,总是有而不可得。这段话看似玄妙,实是极普通、极寻常的道理。因为"一切是因缘生,无自性,无实体,不可得,所以是性空"。不但色如是,受、想、行、识四蕴也如是。不但五蕴如是,宇宙万有的有相相,和下面一切法,如十八界、十二因缘、四谛法、六度万行的智得等,是无相相,一切皆复如是的性空。但是凡夫执有,所以说色不异空。二乘又执空,所以说空不异色。还有菩萨未曾会通不二的,所以说色即是空,空即是色,这样破他们的法见。明白法见也是本空,就了无挂碍了。

色蕴一空，其他四蕴也都空了

"受想行识亦复如是"，当色蕴一空，物质的虚幻消失了，跟着心理层面的四蕴——受（感受）、想（概念）、行（意志）、识（了别）也都空了。

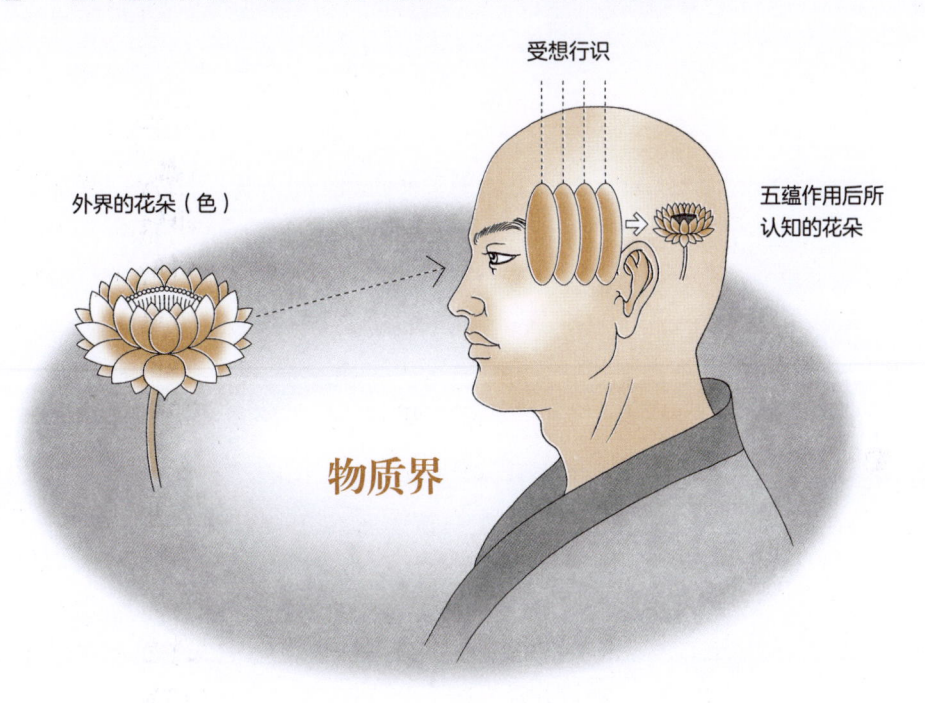

外界的花朵（色）

受想行识

五蕴作用后所认知的花朵

物质界

色与空的关系是："色不异空，空不异色；色即是空，空即是色。"这里面为什么没有提到受、想、行、识呢？

这是一种精简的笔法，"色"字一破，下面的就都破了。否则每个都有四句："受即是空，空即是受，受不异空，空不异受。"一直到识。"受想行识亦复如是"，这样概括了好多字，一笔便交代圆满。

公式：□不异空，空不异□；□即是空，空即是□

受不异空，	空不异受；	受即是空，	空即是受
想不异空，	空不异想；	想即是空，	空即是想
行不异空，	空不异行；	行即是空，	空即是行
识不异空，	空不异识；	识即是空，	空即是识

一切法都是空性
舍利子，是诸法空相

这里菩萨告诉舍利子五蕴诸法的真空实相。《安心论》云："过去佛说一切法，亦毕竟空；未来佛说一切法，亦毕竟空；现在佛说一切法，亦毕竟空。"是故诸佛或说空，或说不空。诸法实相中，无空无不空，是名诸法空相。

"诸法"，指世间一切法，亦即天地间的一切事物，此处指五蕴诸法，即因五蕴而生的一切相待而有者。"空相"，指"真空实相"。"相"与"性"在佛典里并无严格的分别，如实相、实性，一般译经者也常常互用。所以，空相等同空性，空性即一切法的自性，因为一切法皆由因缘和合而生，并无自有、常有、独有的自性，所以一切法是空性的。

人的真心本来常住不动，只因五蕴集聚心中生出私欲遮蔽真性，才会有种种执着，才会妄执外境为有，才会视所见、所闻、所嗅、所触为真，才会以五蕴为实有。而只有般若智慧才能如同利剑断除诸多迷惑，在缘起性空的立场上把握"空相"。

这里，《心经》从"色不异空，空不异色；色即是空，空即是色"的人类观层面过渡到"诸法实相"的宇宙观，对空性的认识更为广泛。也就是由我们这种身心是如何构成的认知（即对物质世界的体悟），扩展到超越时间与空间的宇宙层面的认知。"是诸法空相"直译是"此诸法空相"，这句话的意思是，此诸法的本来面目就是空相，或者是诸法的实相亦是空相。诸法未曾离开空相，所以说"诸法空相"。例如，生与死本来是一个空相，但是唯有迷惑的时候才会感觉生死的存在，但如果以般若智慧来观看，其实生死也是空的。

诸法空相

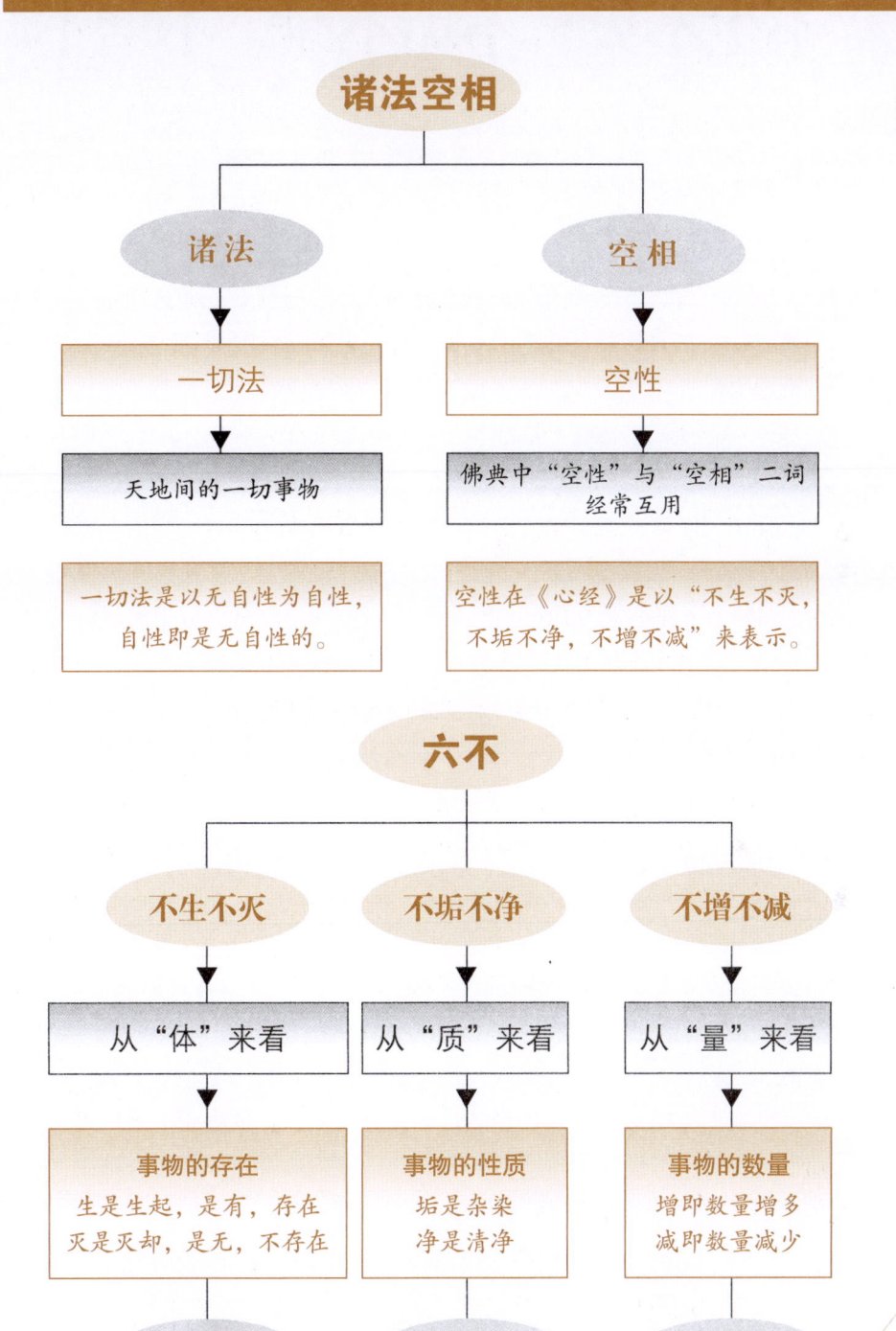

```
                    诸法空相
                   /        \
                诸法          空相
                 ↓             ↓
              一切法          空性
                 ↓             ↓
         天地间的一切事物   佛典中"空性"与"空相"二词
                            经常互用

    一切法是以无自性为自性，  空性在《心经》是以"不生不灭，
    自性即是无自性的。       不垢不净，不增不减"来表示。
```

```
                         六不
                 /        |        \
           不生不灭    不垢不净    不增不减
              ↓           ↓           ↓
          从"体"来看  从"质"来看  从"量"来看
              ↓           ↓           ↓
          事物的存在    事物的性质    事物的数量
          生是生起，是有，存在  垢是杂染  增即数量增多
          灭是灭却，是无，不存在  净是清净  减即数量减少
              ↓           ↓           ↓
            超越         超越         超越
        存在与否的相对概念 性质的相对概念 数量的相对概念
```

《心经》经文详解　⑩　一切法都是空性

佛的宇宙观

不生不灭，不垢不净，不增不减

"不生不灭，不垢不净，不增不减"，观自在菩萨在此以"六不"的否定方式，来显示超越相对概念的空性。观自在菩萨在亲证五蕴皆空之后，进一步以"六不"来说明诸法的空性。

"不生不灭"，五蕴真空，便无法可生，若法不生，自无可灭。一旦明了般若妙法，无妄想心，就不会有生有灭，也就无须呼求离苦，也就没有度脱苦厄一说了。

"不垢不净"，污垢与清净本来是两相对立而存的。世人未破烦恼，未除贪嗔，生出了我执与法执的偏见，这就是垢秽。二乘修习者则已断烦恼，无离贪嗔，能证人空，则为清净。世人染于有漏的恶缘，名为垢；圣人熏修无漏的善缘，名为净。然而，他们的垢净只有其名，究其本体，根本无所谓垢净，所存在的只是空而已。空是既不可谓净，也不可谓垢的。世人若一念头不觉，生出妄心便是垢；圣人了达空性实相，不受拘于五蕴，不受诸法色相影响，则是净。从诸法的本然之相上说，垢也没有，净也没有，这叫"不垢不净"。

"不增不减"，世人的本来心量，如大海一样宽广博大，含容万物，孕育万机。但只有圣人才能把本来的心显示出来，不为事事物物所遮掩。从佛的角度看，本有的心量并非修行而有，而是修行而显，所以说心量不会因为觉悟而增加一分，也不会因为迷妄而减去一分。世人似乎心量狭小，但那只是因为五蕴蔽障，六尘牵缠束缚，不能修行观照，所以才会有真心隐没不显。无论是世人还是圣人，佛性本有，真心俱在，人为地增一分或减一分都是不可能的。

生灭垢净增减，都是从生的情见妄分所致，这就是苦厄，所以佛在此教诫，只有了达心性本来是空，一切善恶凡圣诸法都是因缘和合而生，其体性原本寂然，所以没有任何分别思量的必要。

"不生不灭，不垢不净，不增不减"是《心经》中著名的"六不"，是阐述空性义理最重要的六句话。

详细分析"六不"（1）

一切法的实相是空，所以一切法从本以来，"不生不灭，不垢不净，不增不减"。

坐的色身是坐姿的实相，因为了解了自然的真实状态，就会明白它并不是坐的色身，只是实相而已。

实相是一切法的真实体相。就其在整个佛教哲学体系中的地位和在各宗学说中的概念而言，等同于实性、空性、涅槃、真如、实际等，表示终极性、绝对性、本体性、本源性的概念。《大般涅槃经》说："无相之相，名为实相。"

不生不灭

"不生不灭"，五蕴真空，便无法可生，若法不生，自无可灭。一旦明了般若妙法，无妄想心，就不会有生有灭，也就无须求离苦，也就没有度脱苦厄之说。

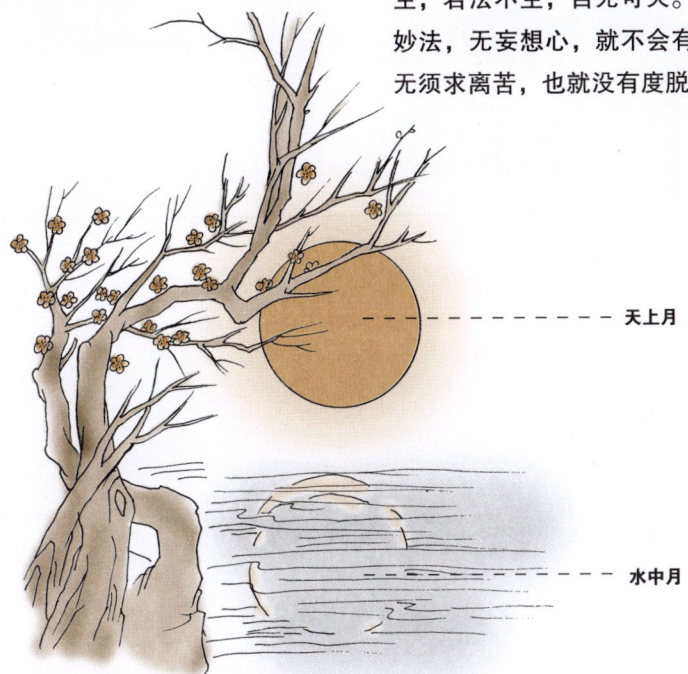

—— 天上月

—— 水中月

水中月没有生，无生。水中月没有灭，无灭。

详细分析"六不"（2）

不垢不净

"不垢不净"，世人染于有漏的恶缘，名为垢；圣人熏修无漏的善缘，名为净。

垢	世人	未破烦恼，未除贪嗔	我执与法执	染于有漏恶缘
净	圣人	已断烦恼，无离贪嗔	能证人空，则为清净	熏修无漏善缘

然而，垢净只有其名，究其本体，根本无所谓垢净，所存在的只是空而已。空是既不可谓净，也不可谓垢的。从诸法的本然之相上说，垢也没有，净也没有，所以"不垢不净"。

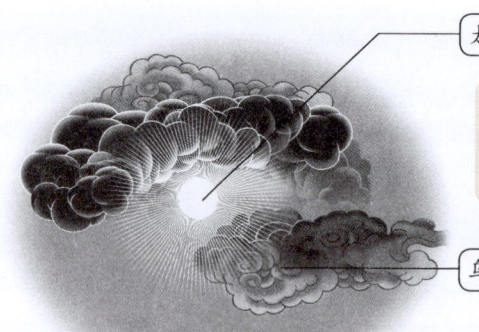

太阳为净

一切万物，从本以来都是清净的，众生以分别心来看物，认为太阳为净，乌云为垢，其实乌云与太阳平等，并没有什么垢净。

乌云为垢

波喻妄心　　水喻真心

如以烦恼为垢，真心为净，烦恼源于妄念，妄念源于真心，如水生波，波全体是水，并无别物。水喻真心，波喻妄念，若论本体，妄即是真，没有什么垢净。

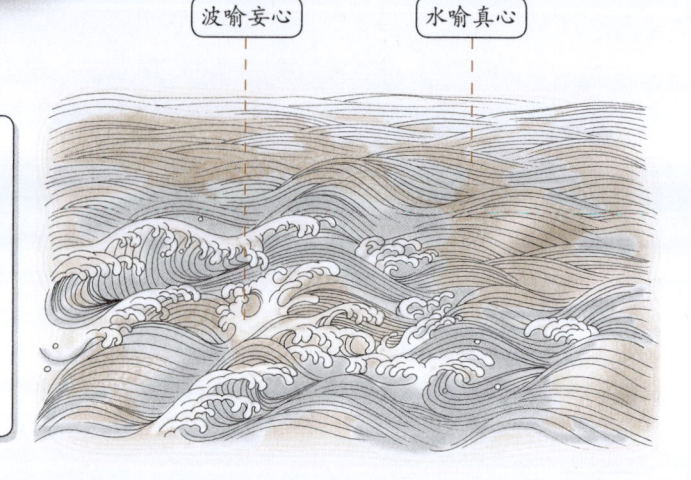

不增不减

"不增不减",人的本有心量并非修行而得,而是修行而显,所以心量不会因为觉悟而增加一分,也不会因为迷妄而减去一分。无论是世人还是圣人,佛性本有,真心俱在,人为地增一分或减一分都是不可能的。

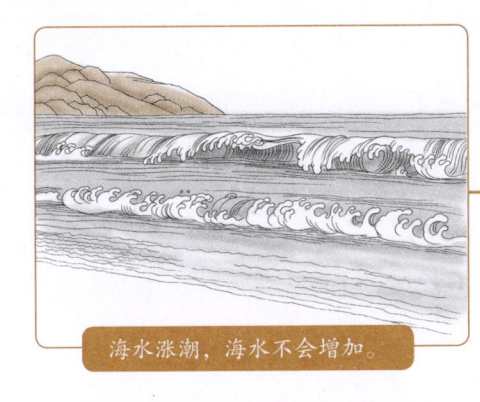

海水涨潮,海水不会增加。

海水退潮,海水不会减少。

所以众生成佛时,佛性不会增加;未成佛时,佛性也不会减少。

| 生 | 灭 | 垢 | 净 | 增 | 减 |

- 生的情见妄分所致,为苦厄
- 心性本来是空,善恶凡圣都是因缘和合而生
- 体性原本寂然,没有分别思量

"不生不灭,不垢不净,不增不减"是《心经》中著名的"六不",是阐述空性义理最重要的六句话。

《心经》经文详解 ⑪ 佛的宇宙观

"空"无五蕴
是故空中无色，无受想行识

"是故空中无色，无受想行识"，彻底了悟真空实相的圣人，视因缘本身为空，其中自然没有挂碍之色法，没有"受想行识"诸蕴的心法。只有勘破般若甚深法，才能无幽不洞，无暗不除。

无色，身便空；无受想行识，心亦空。所谓身心两亡，身空心空佛现前，就是因为我们的身体不空，故有生老病死苦；心不空，故有生住异灭。若身空，无生老病死苦；心空，无生住异灭。身心两亡，佛性自然显现。

到了这里，《心经》从宇宙观的角度对"五蕴"再一次做了阐释，从"五蕴皆空"到"空中无五蕴"，接下来以及十二处、十八界在空性之中皆无的说明，是佛教宇宙观的精髓。五蕴、十二处、十八界三者合称为"三科"，它们是构成世界的元素，是宇宙组成的要素，也是宇宙间的万法。《心经》里一共使用了六个"无"，说明空性之中无五蕴、无十二处、无十八界，一句接着一句以"无"的否定方式来超越三科所架构的世界。

"是故空中无色，无受想行识"这句话用白话来说就是：所以，在此空性状态中，物质现象是假有，感觉（受）、概念（想）、意志（行）、了别（识）也都是假有。前面从人类观谈五蕴时说明"五蕴皆空"，而宇宙观则是说"空中无五蕴"。两者有很大的差别，在这里应分辨清楚。

第一，人类观的层面是"五蕴皆空"，五蕴构成的现象是空的。这一点，小乘圣者已经能有深刻的体认，他们知道五蕴的无常、苦、空，因此急着要离开五蕴法的世界。这就如同知道酒色欲望的可怕，于是认真远离酒色欲望，但心中依然存在念头，并未完全放下，因此不能算是真正的解脱，是一种偏空。

第二，宇宙观的层面是"空中无五蕴"，既然五蕴是假有，就不用执着于五蕴。人类观的"五蕴皆空"是小乘圣者追求的境界；宇宙观的"空中无五蕴"则超越了执着的限制，是菩萨乘所体悟的空性，这种体认更为完整，更为究竟，称为毕竟空。因无惧于五蕴之苦，生生世世留在世间关怀帮助众生，这才是伟大的菩萨道的理想实行者。

小乘空性境界与大乘空性境界

因为有情欲，所以想脱离情欲。

因为情欲是空的，所以也就无所谓脱离或不脱离。

不同的五蕴体认

	认识	层面	因应的程度	空
人类观	五蕴皆空	小乘的境界	急于脱离五蕴法的世界	偏空
宇宙观	空中无五蕴	菩萨乘的境界	超越害怕、逃避与执着的限制	究竟空

般若波羅蜜多心經 觀自在菩薩行深般若波羅蜜多時照見五蘊皆空度一切苦厄舍利子色不異空空不異色色即是空空即是色受想行識亦復如是舍利子是諸法空相不生不滅不垢不淨不增不減是故空中無色無受想行識無眼耳鼻舌身意無色聲香味觸法無眼界乃至無意識界無無明亦無無明盡乃至無老死亦無老死盡無苦集滅道無智亦無得以無所得故菩提薩埵依般若波羅蜜多故心無罣礙無罣礙故無有恐怖遠離顛倒夢想究竟涅槃三世諸佛依般若波羅蜜多故得阿耨多羅三藐三菩提故知般若波羅蜜多是大神咒是大明咒是無上咒是無等等咒能除一切苦真實不虛故說般若波羅蜜多咒即說咒曰 揭諦揭諦 波羅揭諦 波羅僧揭諦 菩提薩婆訶

整本《心经》，260个字共出现了21个"无"字，"无"是《心经》中出现次数最多的字，和"空"一样，都是阐述空性最重要的字。

身空心空佛现前

"是故空中无色,无受想行识",彻底了悟真空实相的圣人,视因缘本身为空,其中自然没有挂碍之色法,没有"受想行识"诸蕴的心法。只有勘破般若甚深法,才能无幽不洞,无暗不除。

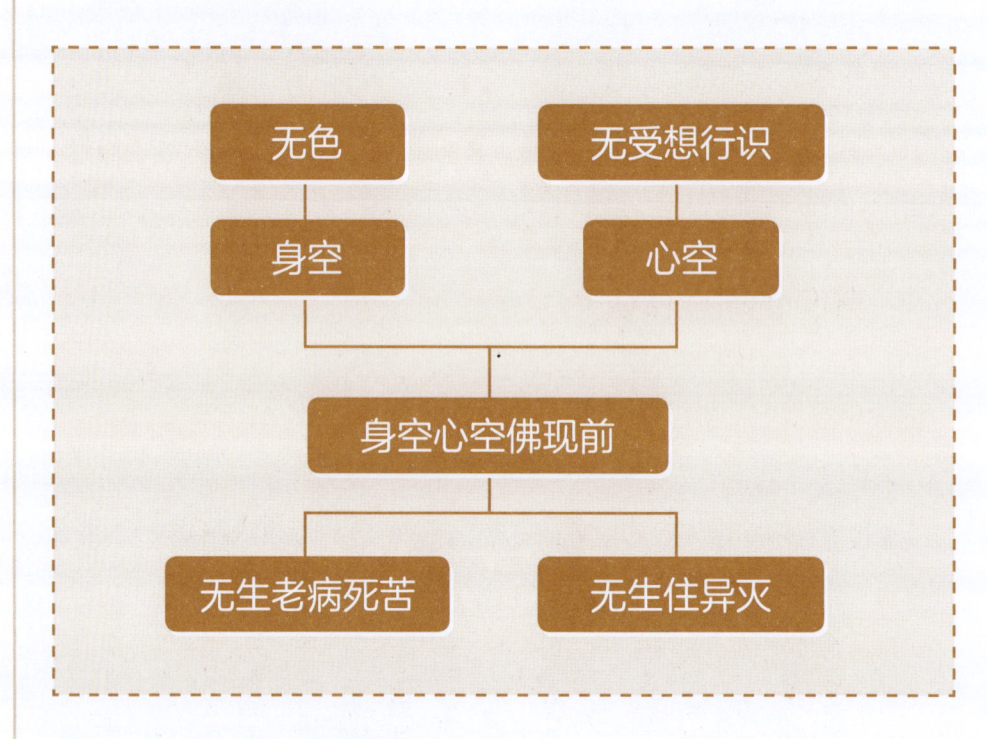

```
    无色              无受想行识
     │                    │
    身空                  心空
     └─────────┬──────────┘
               │
        身空心空佛现前
               │
     ┌─────────┴──────────┐
  无生老病死苦          无生住异灭
```

身空心也空,身心两亡,佛性现前。

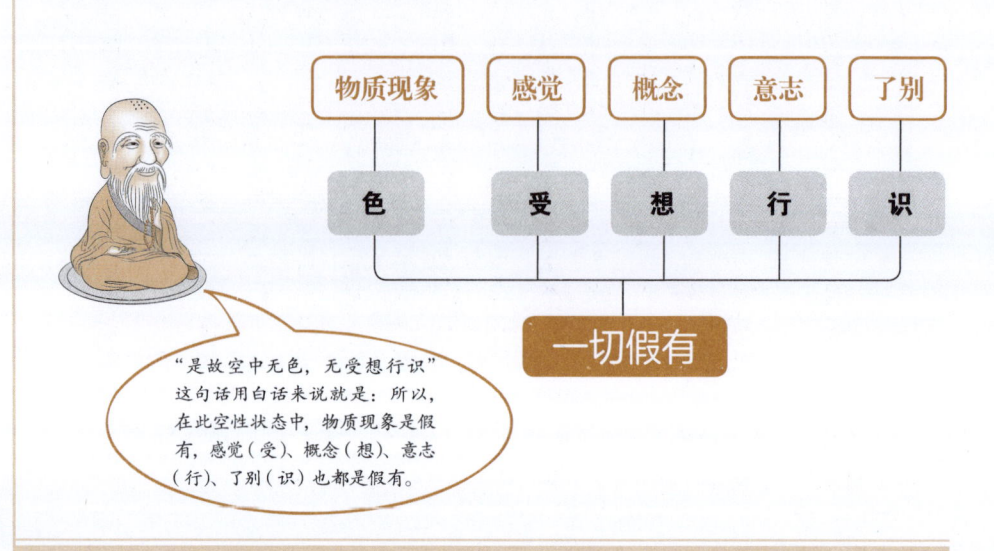

```
  物质现象   感觉   概念   意志   了别
     │       │     │     │     │
     色      受    想    行    识
     └───────┴──┬──┴─────┴─────┘
                │
             一切假有
```

"是故空中无色,无受想行识"这句话用白话来说就是:所以,在此空性状态中,物质现象是假有,感觉(受)、概念(想)、意志(行)、了别(识)也都是假有。

从人类观到宇宙观的空性体认

到了这里,《心经》从人类观谈五蕴说明"五蕴皆空",转到了宇宙观的"空中无五蕴"。两者的体认有很大差别。

人类观的空性

五蕴皆空

色不异空,空不异色;
色即是空,空即是色。
受想行识,亦复如是。

宇宙观的空性

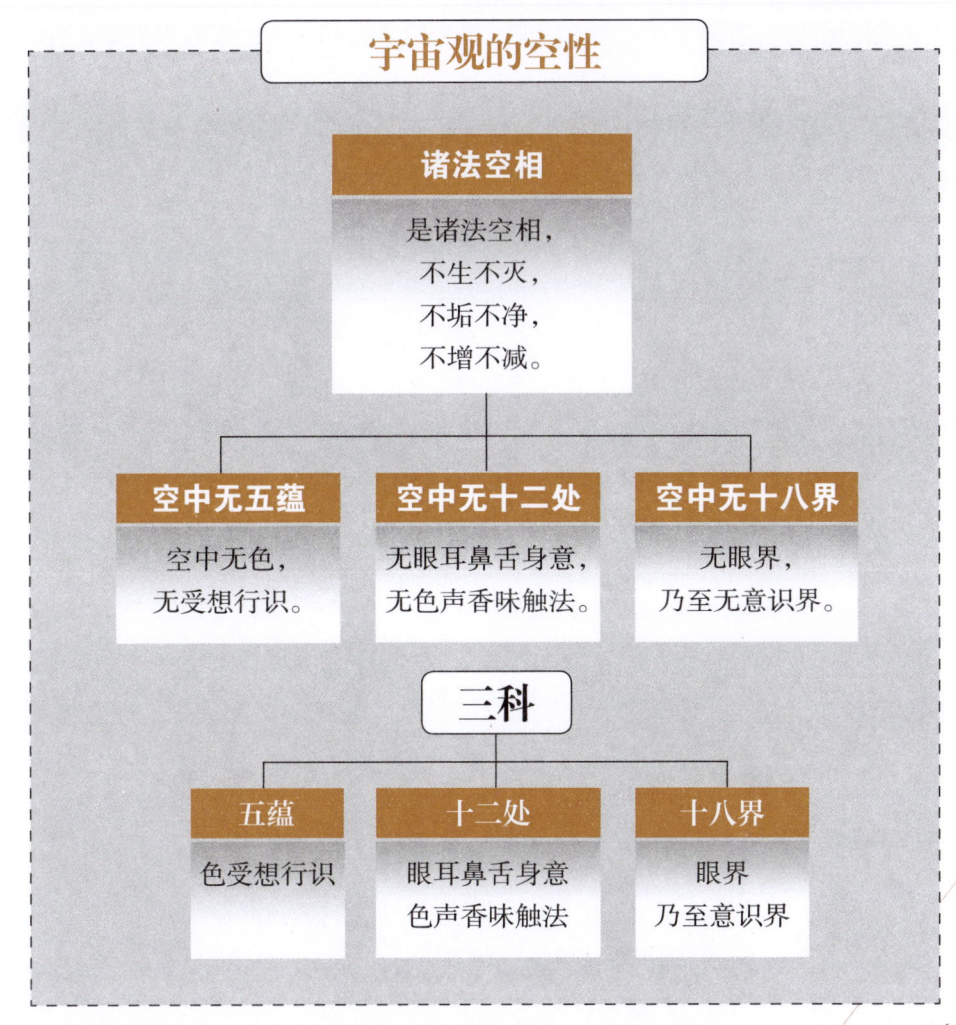

诸法空相

是诸法空相,
不生不灭,
不垢不净,
不增不减。

空中无五蕴	空中无十二处	空中无十八界
空中无色,无受想行识。	无眼耳鼻舌身意,无色声香味触法。	无眼界,乃至无意识界。

三科

五蕴	十二处	十八界
色受想行识	眼耳鼻舌身意 色声香味触法	眼界 乃至意识界

六根为空，六尘也不会影响自身
无眼耳鼻舌身意

13

"无眼耳鼻舌身意，无色声香味触法"，《心经》在这里指出，内无六根，外无六尘，"十二处"都无了。因为根尘都没有，所以十八界也空。这样，有关"人我"的五蕴、十二处、十八界这些东西都是空。

眼耳鼻舌身意，称为六根。根以能生为义，根是积业润生，如眼看色，当见色的时候，或邪视，或偷看，于是便作业。又如眼见黄金起盗心，见美女起淫心，见名贪名，见食贪食，于是因眼根而积业。

六根空即是清净，不是没有，如来眼根空，生出肉眼、天眼、慧眼、法眼、佛眼，五眼具足，所以眼根要空，否则便会作业，耳根亦复如是。若不空耳根，一切是非，会使人作业，鼻舌身意亦如是。所谓六贼为媒，自劫家宝，六根即六贼，劫去了真如佛性之宝。以般若观照，见到诸法的实相是空相，是故空相中无眼耳鼻舌身意，不是无，是空，是清净。

色声香味触法是六尘，尘是污染，能遮盖本来清净的佛性，如眼观色尘起贪念，色尘盖覆佛性，如耳闻声尘起执着，鼻嗅香尘起取着，舌尝味尘起乐着，身着触尘，意缘法尘，都能盖覆佛性。

六根对六尘，六根空，六尘亦跟着空，若六根取六尘便是生死，若六根返流全一，便是涅槃，所以观音菩萨，从闻思修，入三摩地，是用耳根，返闻闻自性，性成无上道，耳根听是非闲言会造罪，若耳根返闻，远离声尘，会令你成等正觉。

所以佛告舍利弗说，六根六尘都是由真空实相幻化出来的虚妄法，本来并非实有，如果能够了解此理，虽有六根对待诸尘，但仍可以不受诸尘所染，最终能够做到眼见色尘而平等一如，由不起分别而视天界地狱相等；耳闻声尘而不做分别，无论他人是毁是誉，终归不起欣喜心、沮丧心；鼻闻香尘而不做分别，能使厕室化作香殿；舌尝味尘而不拣择甘苦；身感触尘而无意于涩滑软硬，以致能够令刀剑化为天华；意触法尘，而不随逐诸法，由不随虚假打转，心中自定，陶冶涵养，终归显出真心本性。

六根六尘又合为十二处，"处"即方所，这句话是说根在内，尘在外，眼对色，耳对声，各有一定方所，也叫十二入，"入"是说根尘互相涉入的意思。

六根又生出六识，六根、六尘、六识又为十八界，人不外乎内有六根，外有六尘，再加上认识的作用，总之这一切，过去我们都认为这个是"我"，是真实的，《心经》却在这里说一切皆空。

十二处

眼耳鼻舌身意为六根，色声香味触法是六尘，六根六尘又合为十二处，"处"即方所。根在内，尘在外，眼对色，耳对声，各有一定方所，也叫十二入，入是说根尘互相涉入的意思。

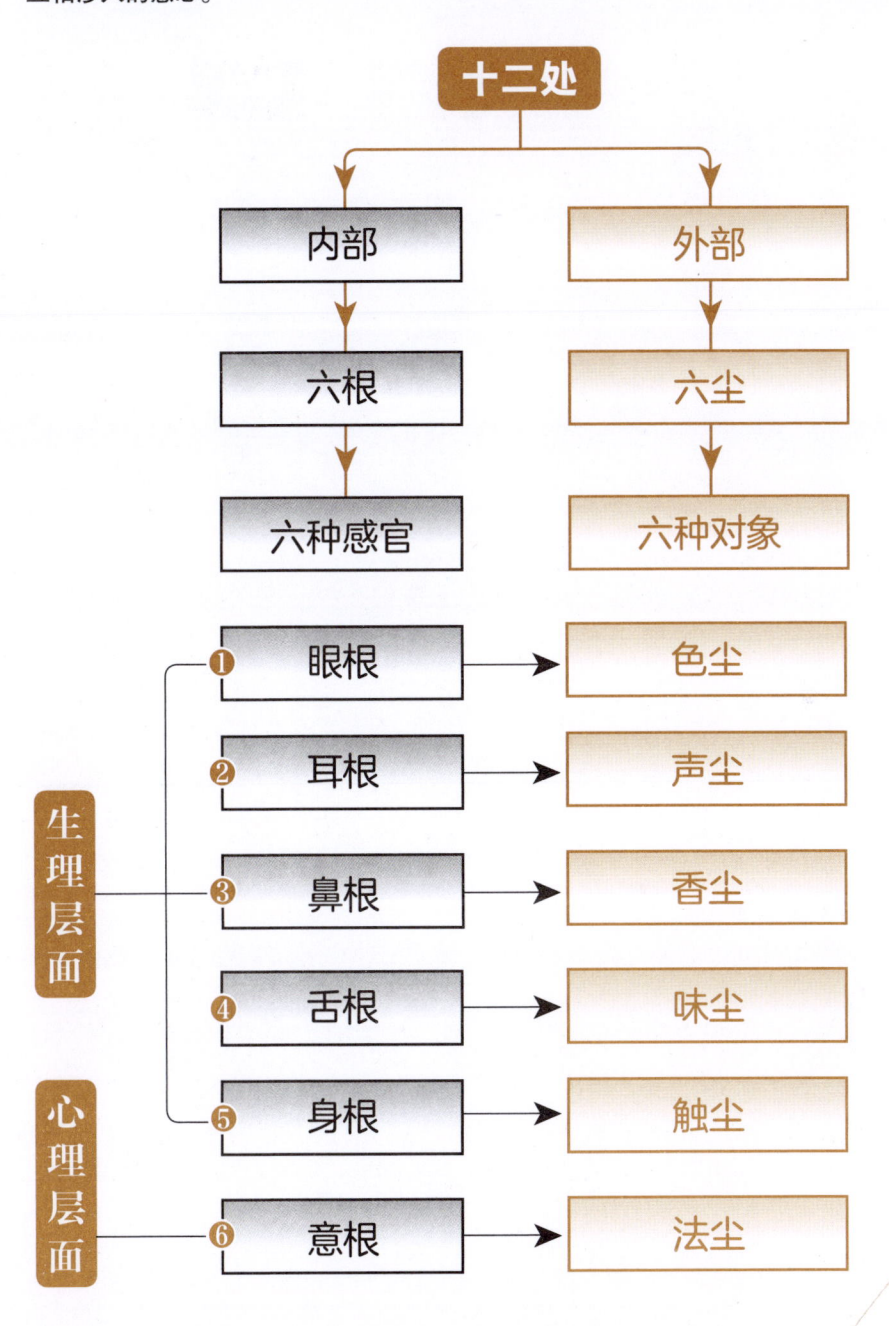

```
                    十二处
                   ┌──┴──┐
                  内部   外部
                   │      │
                  六根   六尘
                   │      │
                六种感官  六种对象
```

生理层面
- ❶ 眼根 → 色尘
- ❷ 耳根 → 声尘
- ❸ 鼻根 → 香尘
- ❹ 舌根 → 味尘

心理层面
- ❺ 身根 → 触尘
- ❻ 意根 → 法尘

六根对六尘

六根对六尘，六根空，六尘亦跟着空，若六根取六尘便是生死，若六根返流全一，便是涅槃。

主体		客体	
眼	→	色	包括物质的颜色、形状。
耳	→	声	各种声音。
鼻	→	香	香、臭等各种气味。
舌	→	味	酸、甜、苦、辣等味道。
身	→	触	冷、暖、细、滑、涩、软、硬等身体感觉。
意	→	法	内心所缘取的种种境界，也包括用来记忆、分析、思想的文字与符号。
六根		六尘	

名词解释

六根
六根是六种感官，即眼根、耳根、鼻根、舌根、身根、意根。

六尘
六尘是六种对象，即色尘、声尘、香尘、味尘、触尘、法尘。

十二处
六根＋六尘＝十二处。

六尘、六境、六贼

色声香味触法是六尘，尘是污染，能遮盖本来清净的佛性，如眼观色尘起贪念，色尘盖覆佛性，如是耳闻声尘起执着，鼻嗅香尘起取着，舌尝味尘起乐着，身着触尘，意缘法尘，都能盖覆佛性。

六尘：好比空气中的灰尘

六境：客体所处的环境

六贼：盗劫一切善法

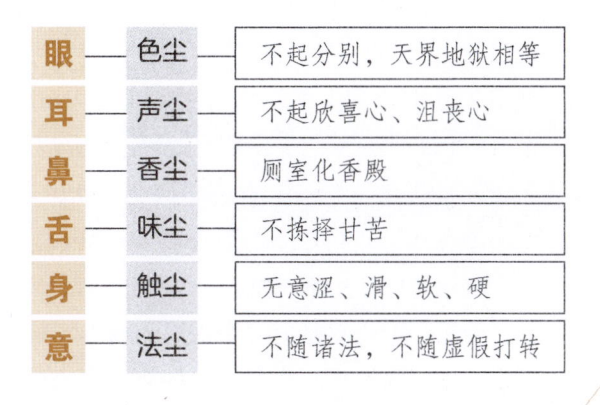

佛陀对舍利弗说，六根、六尘都是由真空实相幻化出来的虚妄法，本来并非实有，如果能够了解此理，虽有六根对待诸尘，但仍可以不受诸尘所染，心中自定，陶冶涵养，终归显出真心本性。

眼	色尘	不起分别，天界地狱相等
耳	声尘	不起欣喜心、沮丧心
鼻	香尘	厕室化香殿
舌	味尘	不拣择甘苦
身	触尘	无意涩、滑、软、硬
意	法尘	不随诸法，不随虚假打转

《心经》经文详解

13 六根为空，六尘也不会影响自身

147

图说心经 14

一切世间现象皆为空无

无眼界，乃至无意识界

"无眼界，乃至无意识界"，"界"即十八界，是说各成界限，六根为内界，六尘为外界，六识为中界，六根、六尘、六识合成十八界，这十八界从宇宙观的层面来看，依然是空无。

此处所说的"十八界"，即六根、六识、六尘（六境）三者。十八界是以人的认识为中心，对世界一切现象和事物所做的分类。一人一身即具此十八界。其中的六根有认识功能；六尘作为认识对象，六识则为随生的感受与观念。说起来，此十八界依次为：眼界、耳界、鼻界、舌界、身界、意界，色界、声界、香界、味界、触界、法界；眼识界、鼻识界、耳识界、舌识界、身识界、意识界。这里的"乃至"是举十八界的首尾，将中间的各界省去了。

十八界中的六根、六尘、六识，虽互相关联，但是在个别作用时，彼此之间仍有明确的差异性，分别处于互不混淆的范围界限。如眼根（视神经）能见头发的黑色，身根（皮肤神经）能感触物件的软硬，意根（脑神经）能产生意识，显然可见眼根、身根、意根三者有着明确差异的范围界限。十八界彼此之间是如何运作的呢？例如当人赏花时，因眼睛看到美丽的花朵而内心发出赞叹，这时用来认识的器官是眼睛（眼根），认识的对象是花朵（色尘），而认识的作用就是心中对花的色彩、形状的认识（眼识），最后于内心产生美好感觉的便是意识。

十八界就是众生，六根在内，六尘在外，中间是六识。六尘无知，六根有觉，六识起分别，但六根无分别，如眼见物，不会分别长短方圆，而是由眼识分别，耳根只能闻声音，不能分别是男声、女声、风声、火声等，是由耳识去分别。众生不肯出离生死，皆因留恋自己有六根、六识、六尘，在十八界内打转，离十八界即无众生，所谓此无故彼无，十八界和合即有众生，故《阿含经》云："此有故彼有，众生本来空，若无六根、六尘、六识，何来会有众生，只是众生不肯把十八界放下，十八界盖覆佛性，是故处处受生，六道轮回，无有了期。"

所以，十八界是一切不善法的根本，是一切苦厄烦恼的原因。世间一切事物无不因为这根、尘、识三种作用变化而互成因果，辗转无穷。只有修得甚深般若妙法，慧眼时刻观照，才能证到真空妙境，于是摆脱一切根尘识界，了然本来是空。

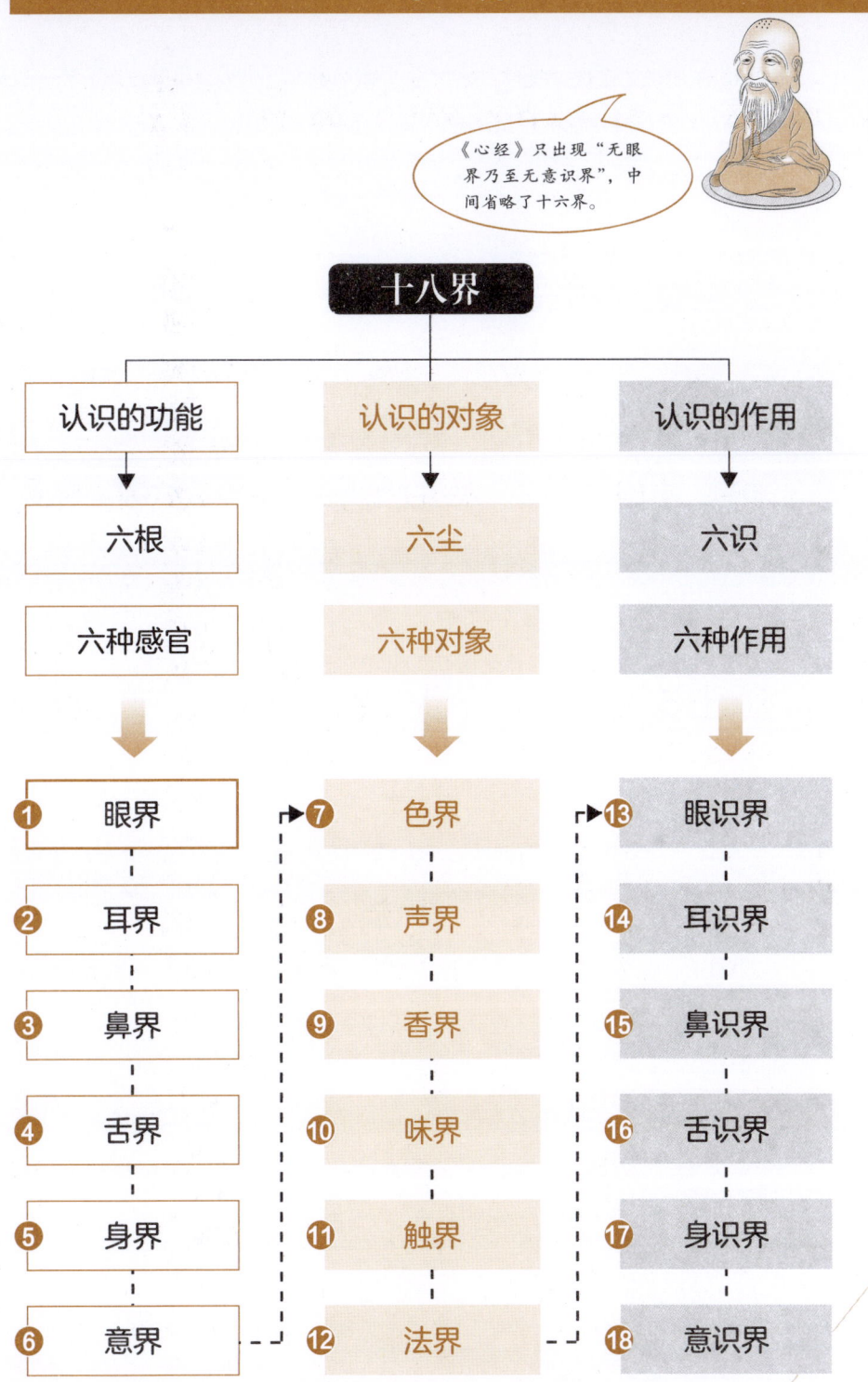

十八界

> 《心经》只出现"无眼界乃至无意识界",中间省略了十六界。

十八界

认识的功能	认识的对象	认识的作用
六根	六尘	六识
六种感官	六种对象	六种作用
① 眼界	⑦ 色界	⑬ 眼识界
② 耳界	⑧ 声界	⑭ 耳识界
③ 鼻界	⑨ 香界	⑮ 鼻识界
④ 舌界	⑩ 味界	⑯ 舌识界
⑤ 身界	⑪ 触界	⑰ 身识界
⑥ 意界	⑫ 法界	⑱ 意识界

《心经》经文详解 14 一切世间现象皆为空无

五蕴、十二处、十八界

《心经》所说的空性，"蕴""处""界"是关键字，空性之中无五蕴，无十二处，更无十八界，所以《心经》说："无眼界，乃至无意识界。"

《心经》所谈空性

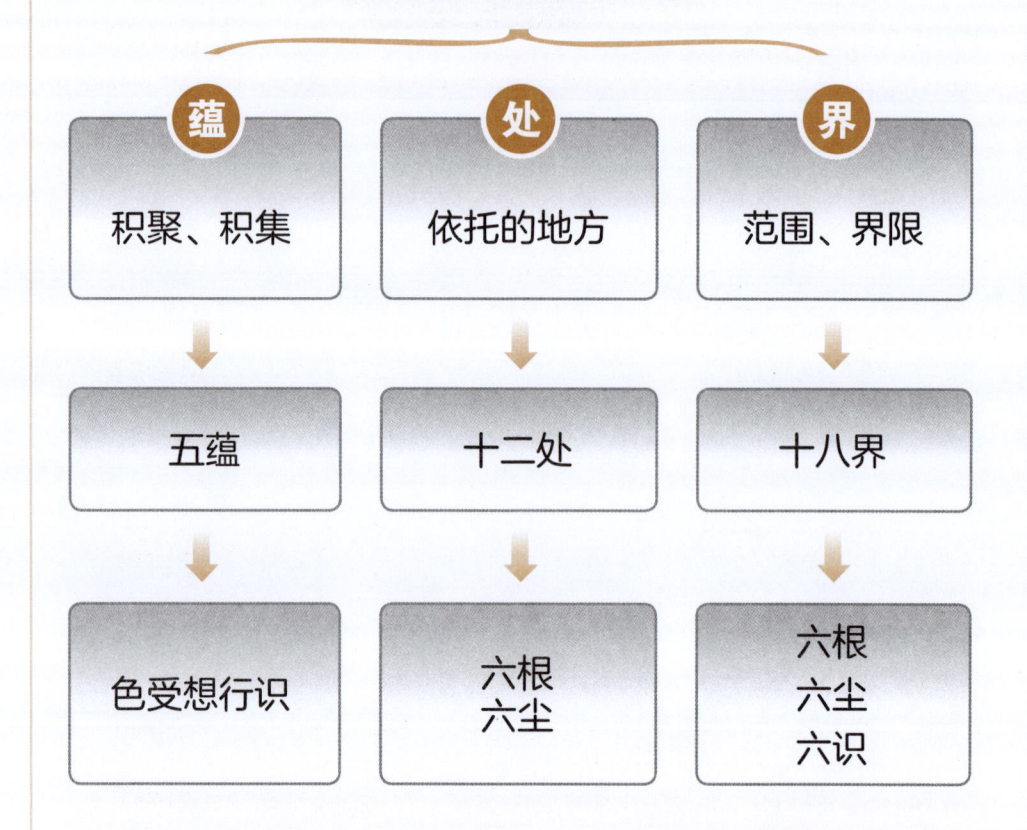

蕴	处	界
积聚、积集	依托的地方	范围、界限
↓	↓	↓
五蕴	十二处	十八界
↓	↓	↓
色受想行识	六根 六尘	六根 六尘 六识

关键字词的比较

在分析《心经》时，总会看到很多关键字词，若不了解其意义，会看得一头雾水。以下总结整理出几个梵语意译的关键词语：

- 五蕴的蕴：聚积。五种性质相似的事物聚积，构成人类的身与心。
- 六根的根：生长。如同树木有树根，能生枝干，于是六识可依六根而生出。
- 六入的入：侵入。受外界侵入的感官。共有六种感官。
- 六尘的尘：污染。外在的环境对纯净的心造成污染。
- 十二处的处：依托的地方。
- 十八界的界：种类界限。

五蕴与十二处、十八界的关系

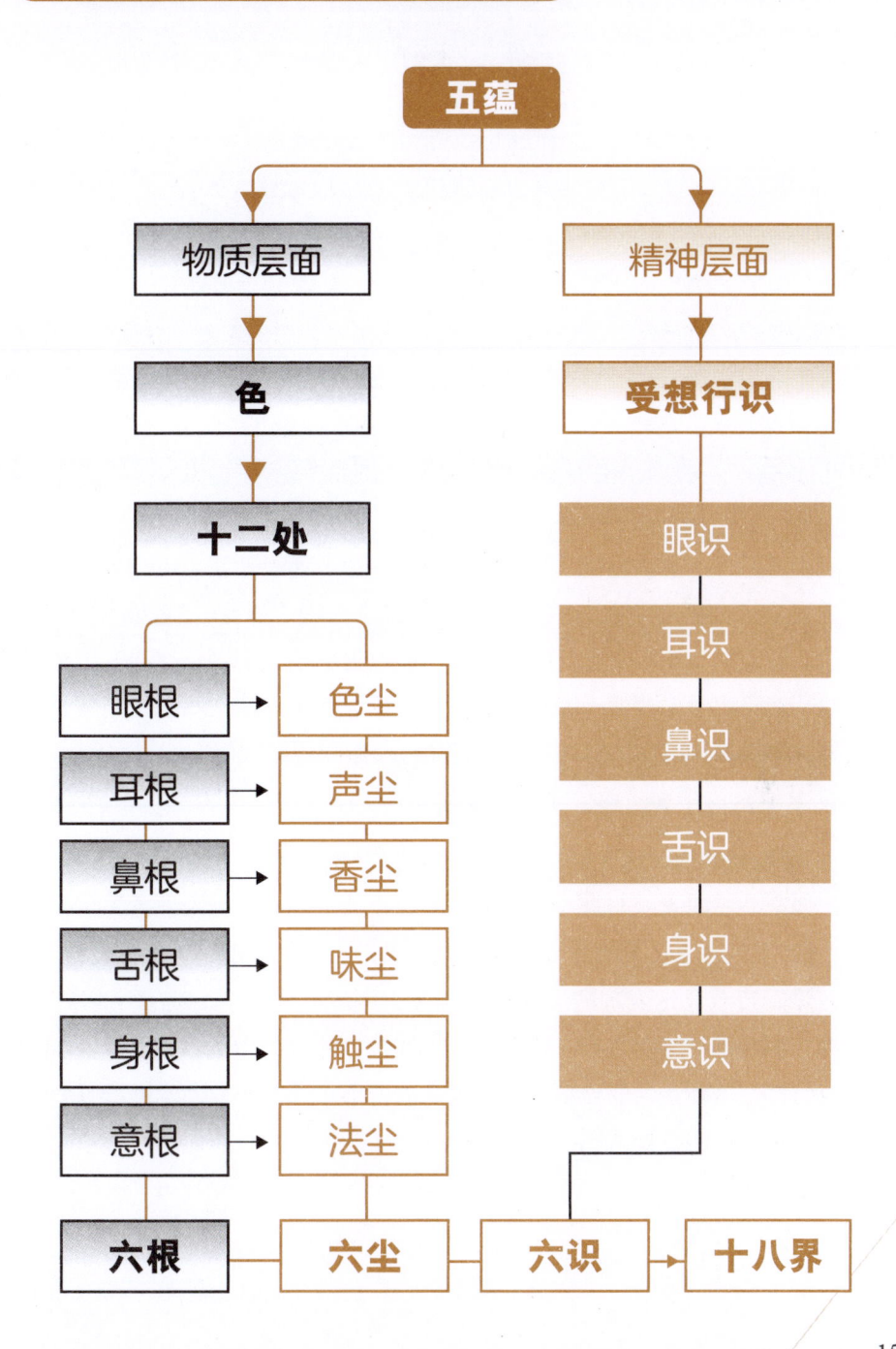

```
                    五蕴
                   ↙    ↘
             物质层面    精神层面
                ↓          ↓
                色       受想行识
                ↓          ↓
              十二处       眼识
                          耳识
                          鼻识
                          舌识
                          身识
                          意识

  眼根 → 色尘
  耳根 → 声尘
  鼻根 → 香尘
  舌根 → 味尘
  身根 → 触尘
  意根 → 法尘

  六根    六尘    六识  →  十八界
```

《心经》经文详解

14 一切世间现象皆为空无

十二因缘也是空性

无无明，亦无无明尽

"无无明，亦无无明尽，乃至无老死，亦无老死尽"，这段话是教导我们，破除十二因缘的法执，十二因缘相互联系，包括过去、现在和未来，也包括我们出轮回的办法。轮回不已是因为这十二件事相续不已，所以修行要断这十二因缘。

前面的五蕴、十二处、十八界都无，破人我执，叫作为凡人法。而从"无无明，亦无无明尽"起，为破法我执，叫作为圣人法。

从"无明"到"老死"叫作十二因缘，是缘觉主要所修之法。其内容是"无明缘行，行缘识，识缘名色，名色缘六入，六入缘触，触缘受，受缘爱，爱缘取，取缘有，有缘生，生缘老死"。这十二因缘，互相依赖而有，有此法才有彼法，是佛教"三世轮回"中的基本理论。经云："此有故彼有，此生故彼生"，说明了由因缘而起的法则，例如"老死"，为什么有老死？就是因为有生，有生就必然有老死。推到源头则是由于无明，正是由于无明，所以生死不已。要破除这十二因缘，只要其中一处灭，就一切都灭。这是缘觉的法执，也叫作法我，破此法我，故说十二因缘皆空。《金刚经》说得好："知我说法，如筏喻者，法尚应舍，何况非法。"佛说的一切法，拿船做比喻，就是因为你要渡河，没有船不行，所以佛告诉你这些法，但是上了岸还要这些船做什么呢？所以"渡河需用筏，登岸不需舟"。

● 无明至老死的流转（凡夫的状态）

《心经》说"无无明，亦无无明尽，乃至无老死，亦无老死尽"。这里只出现第一支的无明与最后一支的老死。要想了解十二因缘，首先必须先了解"无明"的含义。无明，梵语 avidya，是指无法认识现象的真实性而生愚痴，是障碍智慧通达真理的愚痴，它是十二因缘的第一支，也是一切烦恼的根源。因为有了无明才有一连串的十二因缘。凡夫因为无明所以执着于一切法有自性，这种错误的见解是一切烦恼的根本，人类的爱欲或追求等烦恼都可包括在内。而这种无明，最后会招感生死，依生死身而又产生无明，形成无尽的轮回。

破除十二因缘的法执

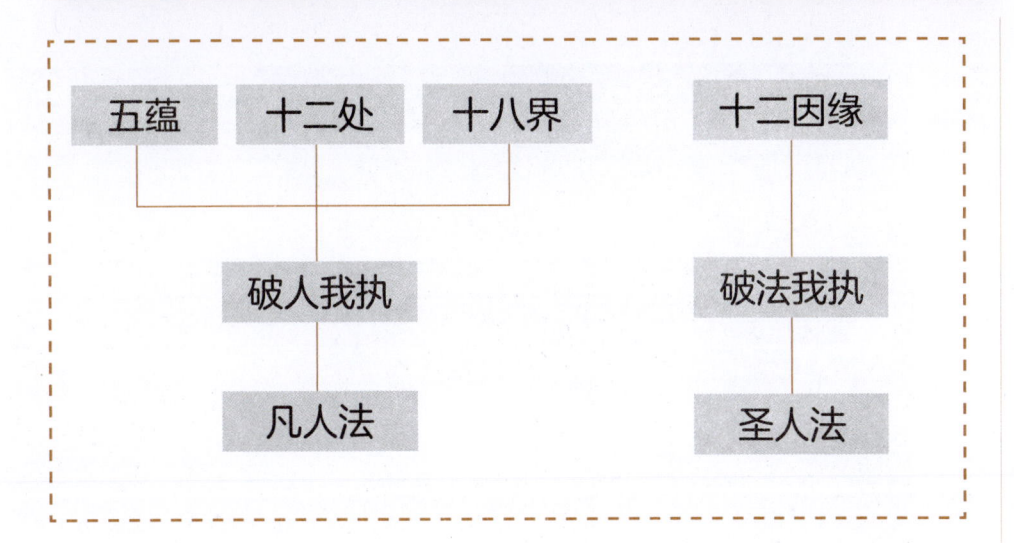

```
五蕴    十二处    十八界         十二因缘

         破人我执               破法我执

          凡人法                 圣人法
```

要破除这十二因缘，只要其中一处灭，就一切都灭。这是缘觉的法执，也叫作法我，破此法我，故说十二因缘皆空。

渡河需用筏

佛说的一切法，拿船做比喻，就是一个人要渡河，没有船不行，所以佛告诉你这些法。但是上了岸还要这些船做什么呢？所以，"渡河需用筏，登岸不需舟"。

登岸不需筏

《心经》经文详解 15 十二因缘也是空性

生命的大轮回

六道轮回图（唐卡）

生命是怎么来怎么去的？我为何成为现在的我？藏传佛教的"六道轮回图"细腻地描绘出这个问题的答案。在左页的唐卡中，巨大的怪兽咬着大圆轮，圆轮由里到外分成四圈，剖析生命陷入苦难漩涡的原因与过程，其中的第三圈为六道轮回。

天道

人道

阿修罗道

畜生道

地狱道

饿鬼道

六道：

❶ **天道**：凭借着过去世中行善的业力，天人们享受着幸福和长寿，一旦福报用尽，仍得往下五道沉沦。

❷ **阿修罗道**：因为嫉妒天人，时常与天人征战。

❸ **人道**：人道众生需承受各种生老病死的折磨，却独独拥有改善生命的机会。

❹ **饿鬼道**：饥饿是饿鬼道众生痛苦的原因。有大肚皮和胃口，喉咙却很细，只要一吃食物便从喉咙灼烧到胃。

❺ **地狱道**：这里的众生因造恶业而承受着种种痛苦折磨，据说有十八层地狱苦刑。

❻ **畜生道**：这里的众生存在的目的只为了供其他众生使用。

《心经》经文详解

15 十二因缘也是空性

● **无明至老死的还灭（缘觉乘的境界）**

怎样才能停止无尽轮回的循环呢？佛陀了知十二因缘的法则，知道人流转生死的原因，而教导缘起的还灭，若能在起始之处灭除"无明"（无明尽），就不会衍生最后的"老死"（jara-marana）。在这里，"尽"（ksayo）是个关键字，意思是"灭"，"无明尽"即是指"无明灭"，所以说只要无明灭则行灭，行灭则识灭……生灭则老死灭。同样地，老与死是生命的必然现象，有生必有死。在出生与死亡之间还会经历老化的过程，这就是老死。当灭除老死，即可以脱离轮回之苦，这个循环自然就不会再持续下去。

● **没有生起相，也没有灭尽相**

无明生起是无自性的，无明灭尽也是无自性的，所以《心经》说："无无明，亦无无明尽，乃至无老死，亦无老死尽。"换句话说，十二因缘是无自性的，所以没有无明至老死的生起相，也没有无明至老死的灭尽相。

脱离轮回之苦

老与死是生命的必然现象,有生必有死。在出生与死亡之间还会经历老化的过程,这就是老死。当灭除老死,即可以脱离轮回之苦,这个循环自然就不会再持续下去。

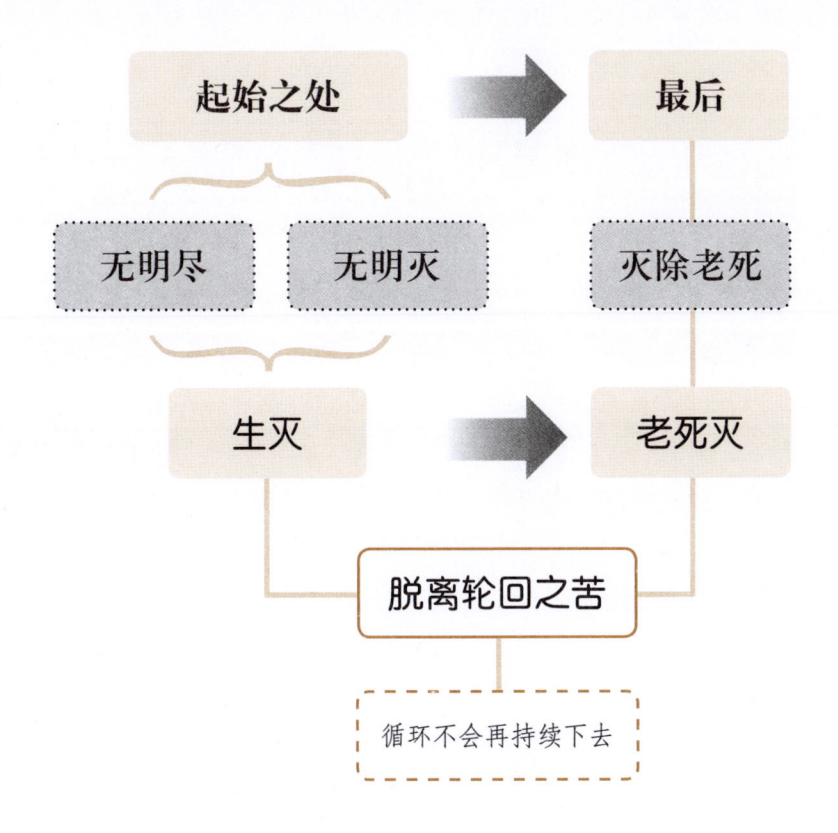

```
起始之处  ➡  最后
  ⎧
无明尽  无明灭    灭除老死
  ⎩
生灭  ➡  老死灭

脱离轮回之苦
  │
循环不会再持续下去
```

无明生起是无自性的,无明灭尽也是无自性的,所以十二因缘是无自性的,没有无明至老死的生起相,也没有无明至老死的灭尽相。

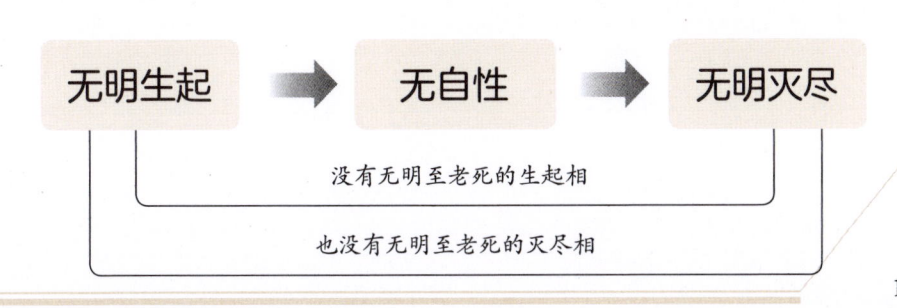

无明生起 ➡ 无自性 ➡ 无明灭尽

没有无明至老死的生起相

也没有无明至老死的灭尽相

《心经》经文详解 15 十二因缘也是空性

超越四谛
无苦集灭道

"无苦集灭道"是《心经》里著名的"四谛空","四谛"是诸法的理性,是不可变异的真理,对于修行而言,一开始当然是要先体认苦、集、灭、道的真理。但以大乘菩萨道的概念而言,那仍是不够的,唯有了知四圣谛也是空性的,才能达到真正的自在与解脱。

"四谛"即苦、集、灭、道四种真理。谛,意为真理、真谛,为佛教声闻乘基本教义体系。

● 苦谛(Duhkhastya)

苦谛为对人生乃至三界矛盾与缺陷的揭示,具有人生价值判断的意义。谓人生乃至三界有八苦、三苦等众苦,终归以无常、无我为苦。苦,有逼迫、有为、烦恼、变易等义。《杂集论》卷六云:"谓有情生及生所依处,即有情世间,器世间,如其次第,若生,若生处,俱说名苦谛。"说三界众生之生及所生处为苦。此苦谛真实不虚,故名为谛。

● 集谛(Samudyastya)

集谛又名"习谛""苦集谛"。谓众生所起烦恼、惑业为造成诸苦的原因。集,有积集、集起、因、系缚、障碍等义。《中阿含经》卷七谓于眼耳鼻舌身意处"若有爱、有腻、有染、有著者,是名为集"。《杂集论》卷六云:"谓诸烦恼及烦恼增上所生诸业,俱说名集谛,由此集起生死苦故。"

● 灭谛(Nirodhasatya)

灭谛亦称"苦尽谛""爱灭苦灭圣谛"。谓灭尽诸苦之因(烦恼,惑业),即证得永无诸苦的涅槃、解脱、灭,有出寓、远寓、无为、不死等义。《增一阿含经》卷十七云:"欲爱永尽无余,不复更造,是谓苦尽谛。"

苦、集、灭、道

"四谛"即苦、集、灭、道四种真理。谛，意为真理、真谛，为佛教声闻乘基本教义体系。

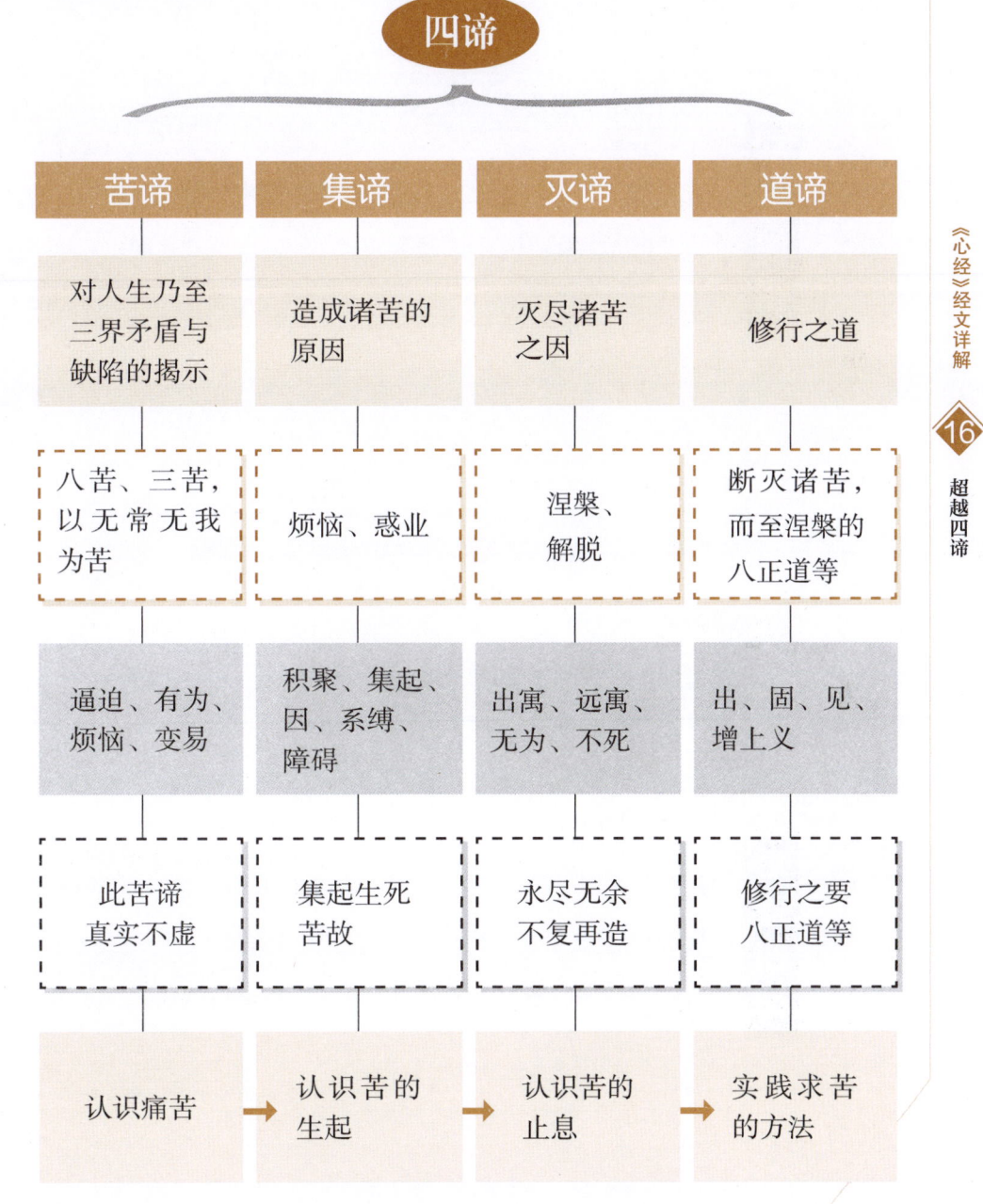

四谛

苦谛	集谛	灭谛	道谛
对人生乃至三界矛盾与缺陷的揭示	造成诸苦的原因	灭尽诸苦之因	修行之道
八苦、三苦，以无常无我为苦	烦恼、惑业	涅槃、解脱	断灭诸苦，而至涅槃的八正道等
逼迫、有为、烦恼、变易	积聚、集起、因、系缚、障碍	出寓、远寓、无为、不死	出、固、见、增上义
此苦谛真实不虚	集起生死苦故	永尽无余不复再造	修行之要八正道等
认识痛苦 →	认识苦的生起 →	认识苦的止息 →	实践求苦的方法

四谛十六行相

苦谛四相

小乘佛学关于观修四谛法时所观义理的要点,每一谛各有四相,合称十六行相,谓四谛应从这十六行相去理解、修习。

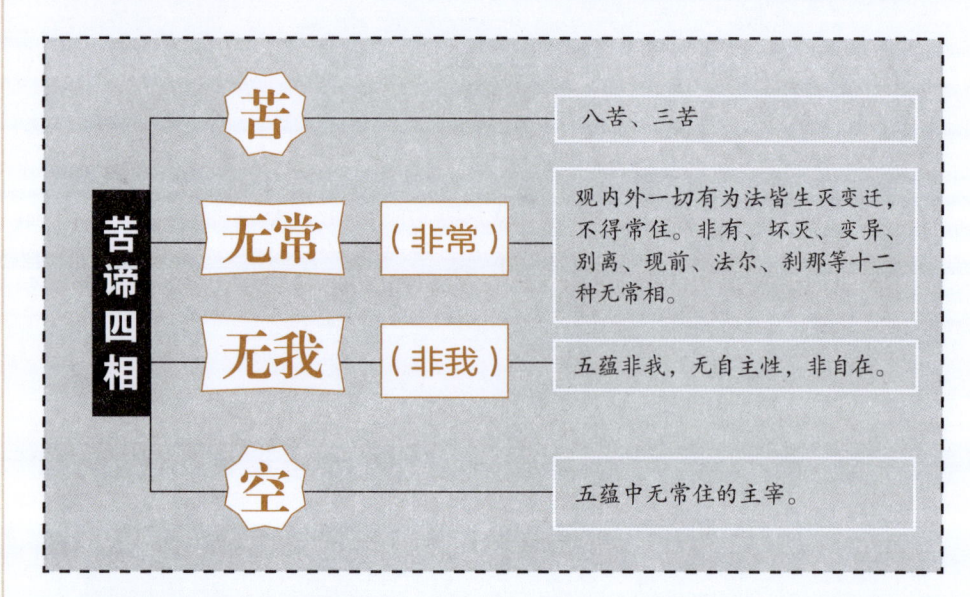

苦谛四相

- 苦 —— 八苦、三苦
- 无常(非常) —— 观内外一切有为法皆生灭变迁,不得常住。非有、坏灭、变异、别离、现前、法尔、刹那等十二种无常相。
- 无我(非我) —— 五蕴非我,无自主性,非自在。
- 空 —— 五蕴中无常住的主宰。

观此四相,是为对治以世间为乐、常、我、净之执。苦的根本义趣,在于无常、无我、空。《杂阿含经》云:"无常者皆是苦,苦者则非我。"

集谛四相

集谛四相

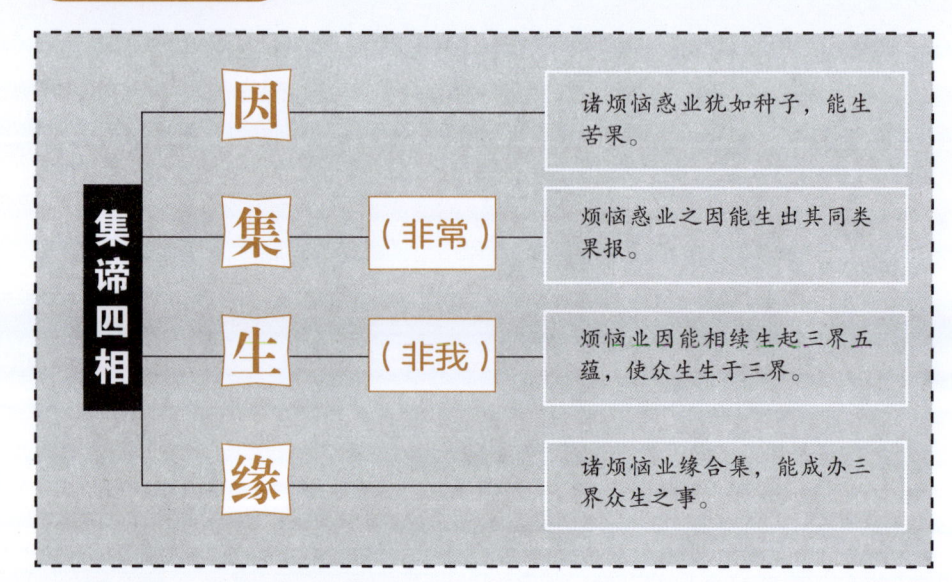

- 因 —— 诸烦恼惑业犹如种子,能生苦果。
- 集(非常) —— 烦恼惑业之因能生出其同类果报。
- 生(非我) —— 烦恼业因能相续生起三界五蕴,使众生生于三界。
- 缘 —— 诸烦恼业缘合集,能成办三界众生之事。

观此四相,是为对治四种贪爱。

灭谛四相

灭谛四相
- 灭 —— 谓灭尽生死因烦恼。
- 静 —— 息灭有为相之生灭造作而得寂静。
- 妙 —— 证得自然净妙常乐的涅槃。
- 离 —— 永离生死苦恼的三界,至最安稳的归宿处。

道谛四相

道谛四相
- 道 —— 八正道等是圣者们证得涅槃所行之路,正真无邪。
- 如 —— 此道符契是本来的真实之理,由如理作意而能断生死因。
- 行 —— 由行此道而能趋向涅槃。
- 出 —— 由行此道而能永远出离三界。

● 道谛（Mdrgasatya）

　　道谛亦称"苦出要谛""苦灭道圣谛"。谓断灭诸苦而达涅槃的修行之道、修行之要，即"八正道"等。道，有出、固、见、增上等义。《增一阿含经》卷十七云："所谓苦出要谛者，谓贤圣八品道（八正道）。"

　　四谛的要领被概括为"知苦，断集，证灭，修道"。"苦、集"是世间因果，"灭、道"是出世间因果。知"苦"便应断"集"，慕"灭"便应修"道"。但如前所述，观十二因缘能脱离生死苦海，却只是缘觉乘圣者的境界与成就，仍是不究竟。所以，《心经》说"无无明，亦无无明尽，乃至无老死，亦无老死尽"，目的便是超越缘觉乘这个层次的修行。同样，观四圣谛的修行法门虽然也可脱离生死苦海，但这种声闻乘的境界也是不够的。而"四谛空"则可超越声闻乘的四谛限制，所以说"无苦、集、灭、道"，因为苦是无自性的，苦的生起是众缘和合而起，自然灭苦与灭苦的方法也是空性的，这即是四谛空的概念。但"无"不是推翻，而是"超越"，这是《心经》空性概念关键中的关键。

四谛之间的因果联系

四谛的要领被概括为"知苦，断集，证灭，修道"。"苦、集"是世间因果，"灭、道"是出世间因果。知"苦"便应断"集"，慕"灭"便应修"道"。

原因与结果

苦谛是结果，集谛是原因。
灭谛是结果，道谛是原因。
苦、集应该舍弃，灭、道应取应行。

世间因果
苦、集二谛说明有漏（烦恼）的世间因果。

世间苦果
苦谛
说明：生死轮回是痛苦的，是不圆满的。

世间苦因
集谛
说明：产生痛苦的原因。

找到聚集原因就可明白苦果

出世间因果
灭、道二谛说明清净的出世间因果。

出世间乐果
灭谛
说明：痛苦的自灭。

出世间乐因
道谛
说明：息灭痛苦的方法。

找到方法就可以灭绝痛苦

四谛中的"道"

道谛是通达之义,也是道路的意思。这种道路是达到寂灭解脱的方法和手段,原始佛教认为道谛是指八正道,而大乘佛教认为是六波罗蜜多。

> 八正道是阿罗汉达到涅槃的方法。

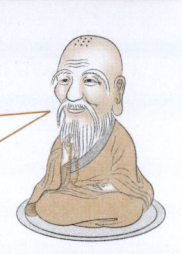

八正道

正见
正确的知见
坚持佛教四谛的真理。

正命
正当的生活与职业
符合佛陀教导的正当生活。

正思维
正确的思考
根据四谛的真理进行思维、分别。

正精进
正当的努力
毫不懈怠地修行佛法,以达到涅槃的理想境地。

正语
正当的言语
说话要符合佛陀的教导,不说妄语、绮语、恶口、两舌等违背佛陀教导的话。

正念
正确的观念
念念不忘四谛真理。

正业
正当的行为
一切行为都要符合佛陀的教导,不做杀生、偷盗、邪淫等恶行。

正定
正确的禅定
专心致志地修习佛教禅定,于内心静观四谛真理,以进入清净无漏的境界。

六波罗蜜多

六波罗蜜多又称六度，即一布施、二持戒、三忍辱、四精进、五禅定、六般若（智慧），运用这六种修行方法可破除我执，断生死此岸，而渡越到涅槃彼岸。六度中如果没有般若波罗蜜多，其他五度是无法达到彼岸的，所以《大智度论》说："般若为导，五度为伴；若无般若，五度如盲。"

布施	（梵文：Dann）能对治吝啬贪爱烦恼，与众生利乐。
持戒	（梵文：Sila）包括出家、在家、大乘、小乘一切戒法和善法，菩萨修一切戒法和善法，能断身口意一切恶业。
忍辱	（梵文：Ksanti）能忍受一切有情、骂、辱、击打及外界一切寒热饥渴等之大行，即能断除嗔怨烦恼。
精进	（梵文：VIrya）精励身心，精修一切大行，能对治懈怠，成就一切善法。
禅定	（梵文：Dhyana）又音译为禅那波罗蜜，止观双运名禅那，亦名静虑、三昧、三摩地、定。思维真理，定止散乱，心一境性，调伏眼耳等诸根，会趣寂静妙境。
般若	（梵文：Prajna）通达诸法体性本空之智，断除烦恼证得真性之慧，能对治愚痴昏昧无知（即无明）。

去除对概念名相的执着
无智亦无得

"无智亦无得"，这里是去除对概念名相的执着。"无智"显现出菩萨对般若最深刻的体验，"无得"破除菩萨对"得"的执着，这是《心经》的最终目的。

"智"作"般若"解，亦即智慧、能知的妙智。"智"为能求的心，"得"为所证的佛果或者所求的境界。

佛果有四种，一声闻、二缘觉、三菩萨、四佛。菩萨修行六度法门，上求法于诸佛，下普化众生，自己修行得利益，又以利益润泽他人。所以能如此，都因为以智慧为第一，有智慧，便能够彻上彻下，自己得真空大智，又能教益众生，使除惑生慧。在凡夫看来，入了菩萨阶次，功行很大，智慧非凡，已经很了不得，但在菩萨本人看来，这不过是还了本来面目，并没有什么智慧可言。其实，什么也没有证得，不过是回归本来寂寥而已。因为真心本来空寂，在般若真体当中，一念圆融，本来没有修习的事，因此也就没有什么可以证得。不见有知的大智，也就没有所证的果德，若是以有所得的心去求，就已经不是真空。知而无知，才是真知；得而无得，才是真得。所以，归结为"无智亦无得"。换言之，人人皆有本觉真心，智慧本然，不假修行。只要不起妄念，不做分别，也就复了本性和真心，就能返观自性本空，除去五蕴、十二处、十八界等智慧之障。障碍一除，本心显露，一切世间的空性、真如性了了分明。

从这个意义上说，修佛其实是复性。既然智慧本来就在心中，修般若也就不必执为实有，否则也就成了迷妄，成了遍计所执了。所以《中观》上说："大乘说空法，为离诸见故，若复见于空，诸佛所不化。"道理大致如下：众生执有为病，证空是除病的药草，有病既除，空也随之消灭，正如病愈而不再用药一样。如果明白这点，说五蕴、十二处、十八界等诸法本性是空也可以理解了。

还可以进一步说，缘觉所修的十二因缘法门，声闻乘所修的四谛道理，二乘菩萨所修的六度万行，都是空，都是假设，都是譬喻。但这是得了大道之后的返观，是回首下看的结果。若众生尚在修行路上，就宣布佛说十二部经原本虚拟，那就是说胡话。修行之人，依法修持，亦步亦趋，待到功夫圆满，机缘成熟，自然真心常住不变，其中既没有丝毫虚妄，也就没有什么解脱无碍，生死惑尽，安乐现前，这就是大乘菩萨亲证后的境界。

本来面目，没有什么智慧可言

"无智亦无得"，是去除对概念名相的执着。"无智"显现出菩萨对般若最深刻的体验，"无得"破除菩萨对"得"的执着，这是《心经》的最终目的。

"智"作"般若"解，亦即智慧、能知的妙智，为能求的心；"得"为所证的佛果或者所求的境界。

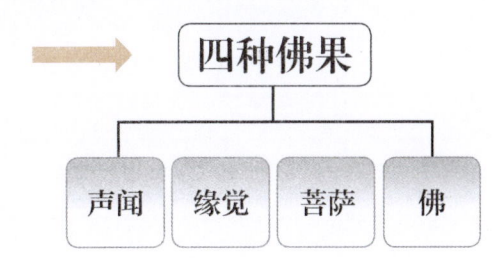

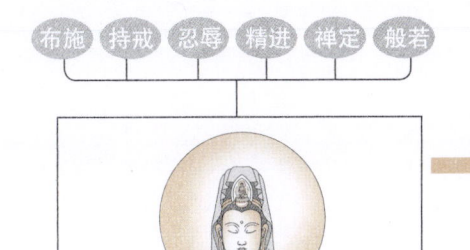

四种佛果：声闻、缘觉、菩萨、佛

布施、持戒、忍辱、精进、禅定、般若

菩萨修行六度法门，自己得真空大智，又能教益众生。

在凡夫看来：入菩萨阶次，功行很大，智慧非凡。

在菩萨本人看来：还了本来面目，没有什么智慧可言，不见有知的大智，也就没有所证的果德。

知而无知，才是真知；得而无得，才是真得。所以，归结为"无智亦无得"。

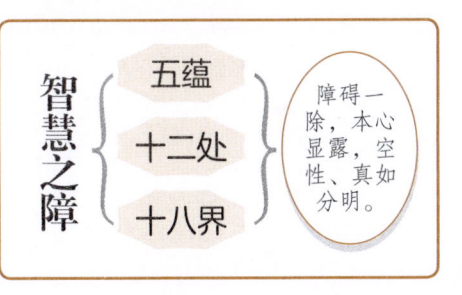

智慧之障：五蕴、十二处、十八界

障碍一除，本心显露，空性、真如分明。

从这个意义上说，修佛其实是复性。既然智慧本来就在心中，修般若也就不必执为实有，否则也就成了迷妄，成了遍计所执。

《心经》经文详解 17 去除对概念名相的执着

无智、无得

无智

"无智"显现的是菩萨对般若最深刻的体验。对大乘菩萨而言，自在解脱，既无四谛（无苦集灭道），当然也无须无漏智，这就是无智的概念。

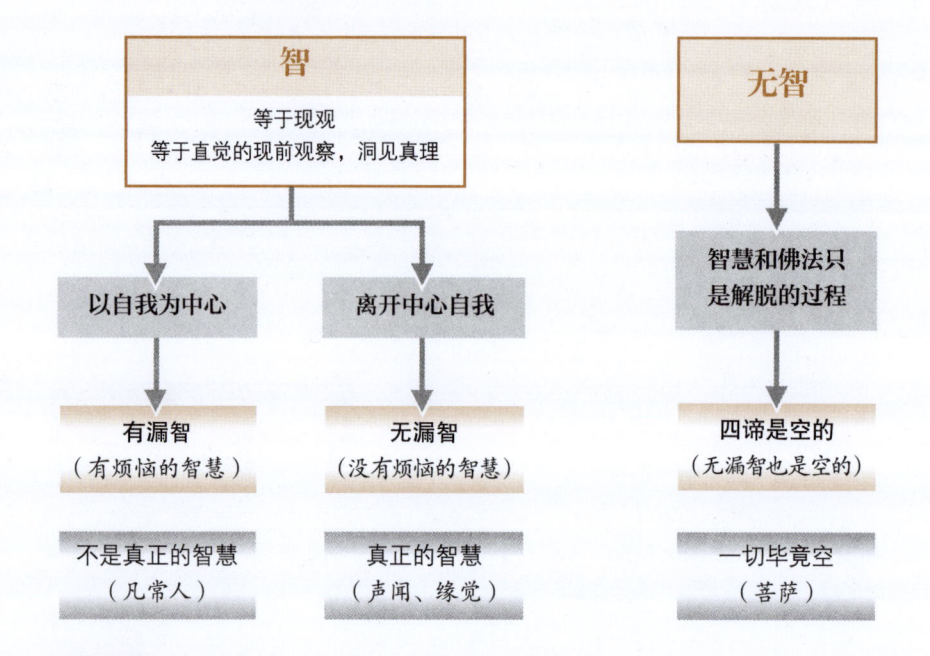

```
           智                                    无智
    等于现观                              
    等于直觉的现前观察，洞见真理          智慧和佛法只
                                          是解脱的过程
    ↓              ↓                            ↓
以自我为中心   离开中心自我                  四谛是空的
    ↓              ↓                      （无漏智也是空的）
  有漏智         无漏智                     
（有烦恼的智慧）（没有烦恼的智慧）            
                                            
不是真正的智慧  真正的智慧                  一切毕竟空
  （凡常人）   （声闻、缘觉）                 （菩萨）
```

无得

"无得"是佛菩萨的体悟境界。就像一个有成就的人，不会自以为很有成就；一个有钱人，认为钱财属于众人。证得佛果的人，觉得获得果位只不过是过程与经验，真正达到自在与解脱的时候，就会发现智与得也可以抛开，这就是"无智亦无得"。

得与无得	对象
财富名利的获得	未接受佛法的凡常人
渴望获得功德与福报	对佛法有初步认识的人
求取佛法、般若智慧与解脱	修行甚深的学佛者
无智无得	大乘菩萨

凡常人、小乘、大乘的智慧比较

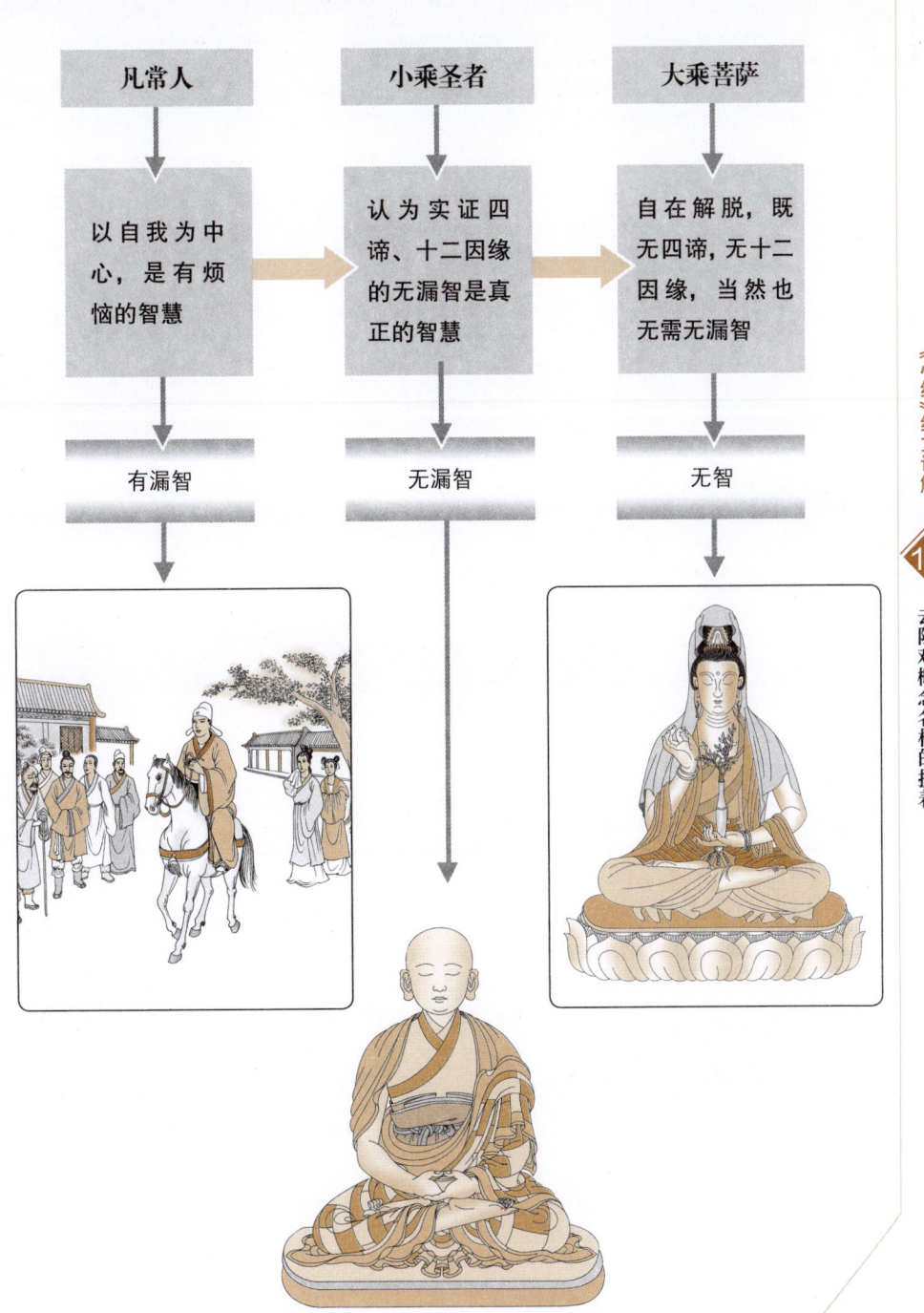

凡常人 → 以自我为中心，是有烦恼的智慧 → 有漏智

小乘圣者 → 认为实证四谛、十二因缘的无漏智是真正的智慧 → 无漏智

大乘菩萨 → 自在解脱，既无四谛，无十二因缘，当然也无需无漏智 → 无智

《心经》经文详解

17 去除对概念名相的执着

169

三兽渡河的比喻

《心经》中"无智亦无得"这句话已经说明了三种不同层次的般若。这三种般若的差异可通过"三兽渡河"的譬喻来说明。河代表空性，河的深浅代表不同层次空性般若的体悟，三兽是象、马、兔，分别象征菩萨乘、缘觉乘与声闻乘三乘的圣者。渡河的过程中，兔浮水上，马及一半，象至底，这个比喻是用来说明证悟空性义理时，随个人的根器大小，体悟有浅深，就如同象、马、兔渡河，有深浅之别。

声闻乘	缘觉乘	大乘菩萨
渡河的方法即是四圣谛	渡河的方法即是十二因缘论	渡河的方法即是六波罗蜜多
小兔全程浮游	马渡河两端踏河底	大象体形庞大可直接勇猛渡河
只能浮在河面，对河的深浅一无所知	虽然无法得知河中央的最深处，但能知两端岸边的深浅	河的此岸与彼岸之间全程的深浅都清清楚楚
断见惑 断思惑 但未能除断习	断见惑 断思惑 能兼断习气但未能净	断见惑 断思惑 也断习气尽

有病既除，空也随之消灭

《中观》上说："大乘说空法，为离诸见故，若复见于空，诸佛所不化。"道理大致如下：众生执有为病，证空是除病的药草，有病既除，空也随之消灭。

人生执有 → 病
证空 → 药草
} 有病既除，空也随之消灭。

就像病愈不再用药一样。

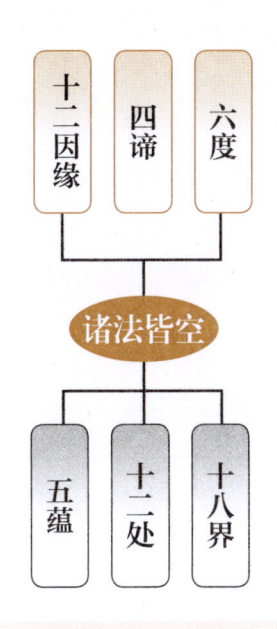

十二因缘、四谛、六度 → 诸法皆空 → 五蕴、十二处、十八界

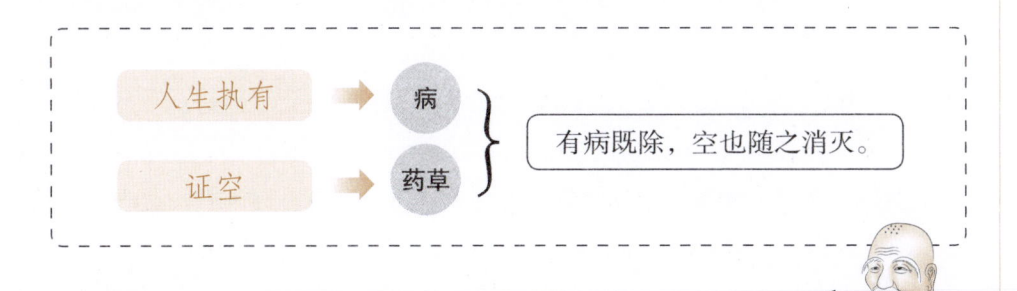

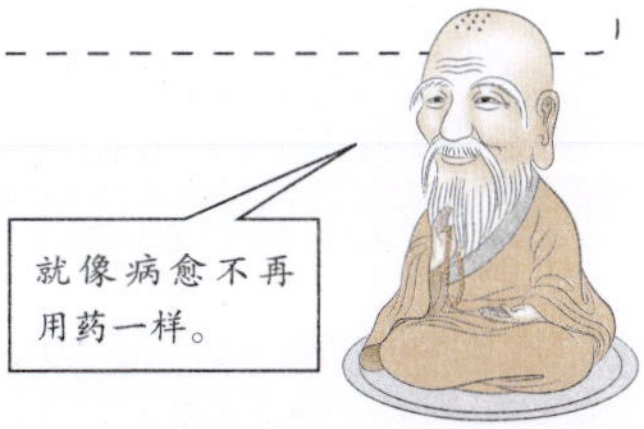

但众生尚在修行路上，就宣布佛说十二部经原本虚拟，那是不对的，依法修持，待到功夫圆满，机缘成熟，自然真心常住不变，生死惑尽，安乐现前，这是大乘菩萨亲证后的境界。

《心经》经文详解

17 去除对概念名相的执着

171

依据般若甚深智慧证得空性

以无所得故，菩提萨埵

"以无所得故，菩提萨埵，依般若波罗蜜多故，心无挂碍"，因为没有什么可以得的缘故，任何菩萨按着般若波罗蜜多的甚深智慧去做，心里将没有什么牵挂和阻碍。

"以"为因为，"故"为原因。"菩提萨埵"，全称为"菩提萨埵摩诃萨"，意为"大菩萨"，梵文应为Mahabodhisattva，直译为"大觉有情""大众生"。"摩诃"意为"大"，"萨"为"萨埵"的略音。"萨埵"，意为"有情"或"众生"。"摩诃萨"指有大心，能救度众生，得脱生死的菩萨。

因为是无所得故，依止般若波罗蜜多，就心无挂碍。若老存有所得心，就走不上般若的道路。要有所得，就有所求了，有所求就有所为，那么都成了有为法了。"一切有为法，如梦幻泡影"，有为法就不是般若了，所以就必须除尽有所得心，方能行至行不到处。这个般若，是大家行所不能到的地方，你要行到，必须把有所得的心除得一干二净才可以。这个地方我们就很清楚了，菩提萨埵是以无所得故，因为无所得故，你就无求无为。

你无求无为，才能依止般若波罗蜜多，"依般若波罗蜜多"的"依"，作"依靠"讲，大菩萨是能依之人，般若波罗蜜是所依之法，其解脱智慧从所依持的修行法门中生出，这样观照眼前的万事万物当体就是空。如梦中物，梦中见老虎真实是有，要咬自己，而其实完全是虚妄，用不着害怕，对于一切都应这样对待。时时处处长久地这样观照熏习，到纯熟时就能够对境无心，妄念不起，这是自然的不起，不是强之使无。若离妄念还有什么牵挂障碍，故经曰："心无挂碍。"

"挂碍"的"挂"即牵挂，"碍"即妨碍。"无挂碍"是自在义。因自在，就没有业缚。因没有业缚，所以才得心无挂碍。

除尽有所得心，行至行不到处

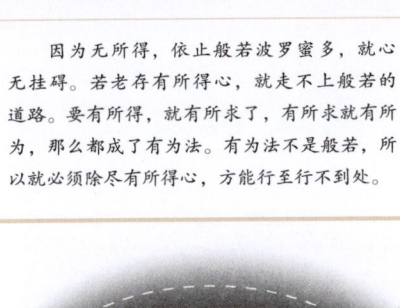

因为无所得，依止般若波罗蜜多，就心无挂碍。若老存有所得心，就走不上般若的道路。要有所得，就有所求了，有所求就有所为，那么都成了有为法。有为法不是般若，所以就必须除尽有所得心，方能行至行不到处。

一切有为法如梦幻泡影

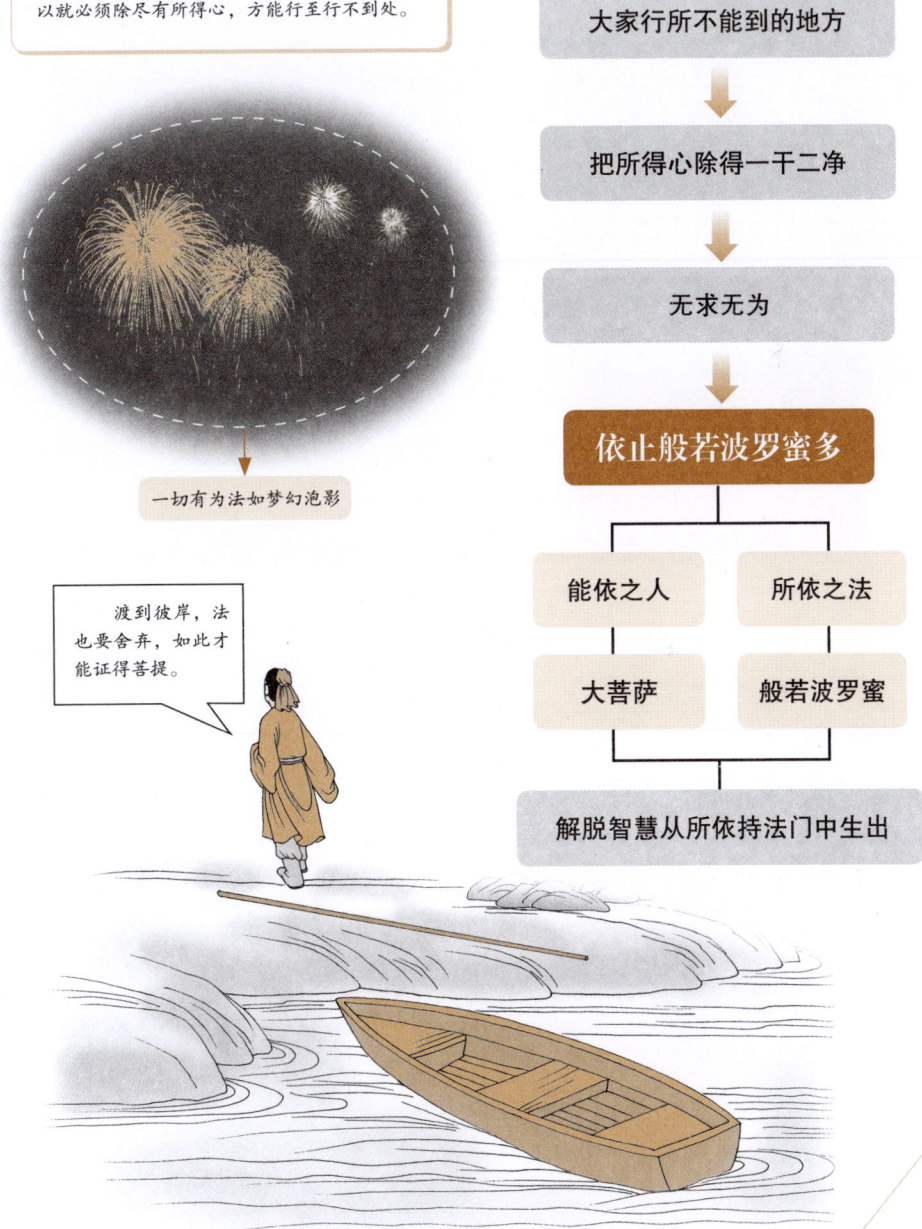

渡到彼岸，法也要舍弃，如此才能证得菩提。

般若

↓

大家行所不能到的地方

↓

把所得心除得一干二净

↓

无求无为

↓

依止般若波罗蜜多

- 能依之人 —— 大菩萨
- 所依之法 —— 般若波罗蜜

解脱智慧从所依持法门中生出

《心经》经文详解

18 依据般若甚深智慧证得空性

《心经》空性智慧的剖析

六不

| 认识空性 | ←对应经文→ | 是诸法空相不生不灭，不垢不净，不增不减 |

超越五蕴	←对应经文→	是故空中无色，无受想行识
超越十二处	←对应经文→	眼耳鼻舌身意 色声香味触法
超越十八界	←对应经文→	无眼界，乃至无意识界

无

超越十二因缘	←对应经文→	无无明,亦无无明尽,乃至无老死,亦无老死尽	超越缘觉乘
超越四谛	←对应经文→	无苦集灭道	超越声闻乘
超越六波罗蜜多	←对应经文→	无智亦无得	超越大乘菩萨道

无得

| 菩萨的境界 | ←对应经文→ | 以无所得故，菩提萨埵，依般若波罗蜜多故，心无挂碍，无挂碍故，无有恐怖，远离颠倒梦想，究竟涅槃。 |

《心经》的重点

1. "六不"是万法的本质

■《心经》阐释空性的重点在于"六不"：是诸法空相，不生不灭，不垢不净，不增不减。这是从宇宙观来看，是一切万法的本质。

2. 一连串的"无"是一连串的"超越、放下"

■ 在"六不"之后，观自在菩萨阐述一连串的"无"，来表达不同层次的空性体悟。

■ 这一连串的"无"超越了五蕴、十二处、十八界与十二因缘以及四谛，最后结束在"无智亦无得"，这句话是转进菩提萨埵境界的关键，也是说明菩提萨埵的功德。

3. 无智无得之后的新境界

■《心经》用"以无所得故"揭开一个新阶段的重点。因为无所得，加上"依般若波罗蜜多"才能有"心无挂碍、无有恐怖、远离颠倒梦想、究竟涅槃"的境界。

■ 这里的"无所得"是指超越法执，这是针对大乘菩萨道的六波罗蜜多来讲，波罗蜜多原本意思是渡船到没有烦恼的彼岸，佛经喜欢将佛法比喻成筏，六波罗蜜多即代表六种渡河的工具。"无智无得"说的是渡过河到了彼岸，就把船舍弃，也就是把佛法舍弃。如此，空性的体悟便超越了六波罗蜜多，由法执走向法空，菩萨也将佛法放下。

■ 这种"无智无得"是菩提萨埵迈向成佛的修行境界。需特别注意，这一连串的经句并非否定声闻乘与缘觉乘，无智无得也不是否定六波罗蜜多这个般若法门，而是点出不同层次的超越，强调的是不可执着于法。

不畏生死，自然没有任何恐怖

无挂碍故，无有恐怖

"无挂碍故，无有恐怖"，没有了挂碍，所以没有恐惧，心里面没有什么好担忧的。

菩萨因为远离了烦恼执障，所以心中清净无碍，不怖畏生死，自然没有任何恐怖了，而人类心中的恐怖是因为愚痴所生起的。当心中有我执，便放不下，于是产生挂碍，随之患得患失。未得到的，一心想追求；已得到的，又担心失去，于是整日患得患失，惊恐害怕，无时无刻不在烦恼之中打转。

世上修行的人，在追求佛法的过程中，因我执、法执而患得患失也是如此。对初学佛法的人而言，因其烦恼未尽，所以仍有挂碍，也就仍有恐怖，恐怖共有五种，称为"五畏"或"五怖畏"。《佛地经论》说"五畏"是：

(1) **恶名畏**：怕给自己带来不好的名誉。

(2) **恶道畏**：担心自己死后会堕入三恶道。

(3) **坏活畏**：怕自己活得不如他人，担心生活成问题，因此，布施不敢尽其所有。

(4) **死畏**：对死的畏惧。

(5) **大众威德畏**：于大众中感到畏怯。

在《心经》里，"恐怖"一词应该解释为对生死的怖畏。一个没有挂碍的人，心中必定安然，随处自在。既无得失，就没有对得或失的怖畏；既无是非，就没有对是非的怖畏；既无高下，就没有对大小评判的怖畏……这样的人，一切都可以放下，一切都不再是问题，因为他已经从生命的隐隐不安以及最深层的恐惧之中彻底脱离了出来，生命不再是一个囚笼或苦聚，生命成为无尽的幸福与喜悦，自然就再也没有任何怖畏。

五怖畏

世上修行的人，在追求佛法的过程中，因我执、法执而患得患失。对初学佛法的人而言，因其烦恼未尽，所以仍有挂碍，也就仍有恐怖，恐怖共有五种，称为"五畏"或"五怖畏"。

① 恶名畏	恶道畏	③ 坏活畏	死畏	⑤ 大众威德畏
害怕沾染恶名，担心遭人鄙视与排斥	害怕死后堕入地狱道、饿鬼道或畜生道	布施不敢尽其所有，担心生活成问题	对死的畏惧	在大众面前或是有威德者面前胆怯，不敢说话

五怖畏

《心经》经文详解

19 不畏生死，自然没有任何恐怖

远离不合理的思想行为
远离颠倒梦想

"远离颠倒梦想",菩萨了悟诸法皆空,自然能远离一切不合理的思想行为和痴心妄想,而消除身与心、自与他、物与我之间对立的种种错误。

"颠倒"是指一切不合理的思想与行为。菩萨了悟诸法皆空,不怖畏生死,无有任何恐怖,自然能远离颠倒梦想。"颠倒"是谬误的认知,包括我执(执着于我)与法执(执着于法)。凡夫因迷于此二执而有四种颠倒:常颠倒、乐颠倒、我颠倒、净颠倒。

● **凡夫四颠倒**

(1)常颠倒——无常认为有常。一切事情都是无常的,偏把无常当作常,这是凡夫的颠倒。本来时时都在转变,转眼间都变化了,人生百岁,便把一百年认为是无穷无尽,拼死在那儿营谋。

(2)乐颠倒——以苦为乐。这个世界一切都是苦,没有享乐,顶多只有一点点的享乐,如很锋利的刀口上有一点儿蜜,舌头一舔,刚尝到甜味的时候,舌头就破了。这是八苦交煎,可是凡夫不觉悟,乐此不疲,在里面终日忙碌,为衣、食、金钱、恋爱战斗,拼得很苦。

(3)我颠倒——以无我为我。一切本来无我,哪里找一个我?从镜子里看看,当年的我不知哪去了。谁都是一样,老朋友一见面都变得头白面皱了,哪个算是我呢?而这个"我",是主宰的意思,而自己焉能主宰?都是业缘牵引,以无我为我。

(4)净颠倒——以不净为净。明明是一些很脏的东西,大家却认为它很干净。人就是一层皮好看,揭掉一层皮,恐怕谁都不愿摸一摸,血肉模糊哪里会干净?哪里会美丽?凡夫觉得美好干净,这是以不净为净。

颠倒梦想

"颠倒"是指一切不合理的思想与行为。菩萨了悟诸法皆空，不怖畏生死，无有任何恐怖，自然能远离颠倒梦想。"颠倒"是谬误的认知，包括我执（执着于我）与法执（执着于法）。

颠倒梦想

颠倒
一切不合理的思想与行为

原因
① 我执是凡夫的颠倒
② 法执是小乘的颠倒

梦想
是妄想，即一切颠倒的念头

原因
① 因为身与心的对立
② 因为自与他的对立
③ 因为物和我的对立

大乘的菩提萨埵

实践

依般若波罗蜜多
去除我执与法执

远离颠倒梦想

往涅槃中前进

凡夫的四颠倒

```
                    凡夫的四颠倒
        ┌──────────┬──────────┬──────────┐
      常颠倒      乐颠倒      我颠倒      净颠倒
        │          │          │          │
    无常当有常   以苦为乐   无我为有我   以不净为净
        │          │          │          │
     人生百岁   一切是苦    本来无我   很脏的东西却
               没有享乐               觉得很干净
        │          │          │          │
     转眼变化   锋利刀口上  哪个算是我  人只是一层
               的一点蜜               皮好看而已
        │          │          │          │
     拼死营谋   八苦交煎    以为       只是未见不
               乐此不疲   自己能主宰   净的事实
```

凡夫的偏颇思想

常颠倒、乐颠倒、我颠倒、净颠倒这四种颠倒是凡夫的四种不合理的行为，是凡夫的偏颇思想。

常颠倒
把世间的无常认为有常

乐颠倒
以世间的苦为乐

我颠倒
以世间的无我当作为我

净颠倒
世间的不净妄认为净

● **声闻乘和缘觉乘四颠倒**

声闻乘与缘觉乘的二乘圣者虽已克服我执,但仍有法执,所以也有四种颠倒。

(1)无常颠倒——执着于涅槃之常而计无常。二乘认为一切都无常,但涅槃是常。

(2)无乐颠倒——执着于涅槃之乐而计无乐。二乘知苦断集,而菩萨境界,慈悲喜舍,是喜。常乐我净是乐,皆大欢喜。到了大乘境界,皆大欢喜。二乘境界不得其乐,却只是执苦。

(3)无我颠倒——执着于涅槃之我而计无我。二乘证入我空,可是菩萨是真我,妙明真心,常乐我净,二乘有我说无我,又是颠倒。

(4)无净颠倒——执着于涅槃之净而计无净。这是二乘的又一颠倒。菩萨则了悟诸法皆空,同时去除我执与法执,达到自由自在的境界。就大乘的角度而言,当尽除我执与法执时,才算是真正地远离颠倒。

"梦想"犹如梦境,一切境界都是由心而生。凡夫的身心世界,因无明而昏迷幻想,执妄为实,宛如颠倒梦境。在此,菩萨依般若波罗蜜多,而了悟空性的道理,修中道行,远离一切颠倒梦想,于是菩萨能消除"身"与"心"、"自"与"他"的对立,以及"物"与"我"之间的种种错误。在拔除苦厄的根本后,菩萨可不因生死而恐怖,而获得"究竟涅槃"。

声闻乘、缘觉乘的四颠倒

声闻乘与缘觉乘的二乘圣者虽已克服我执，但仍有法执，所以也有四颠倒。

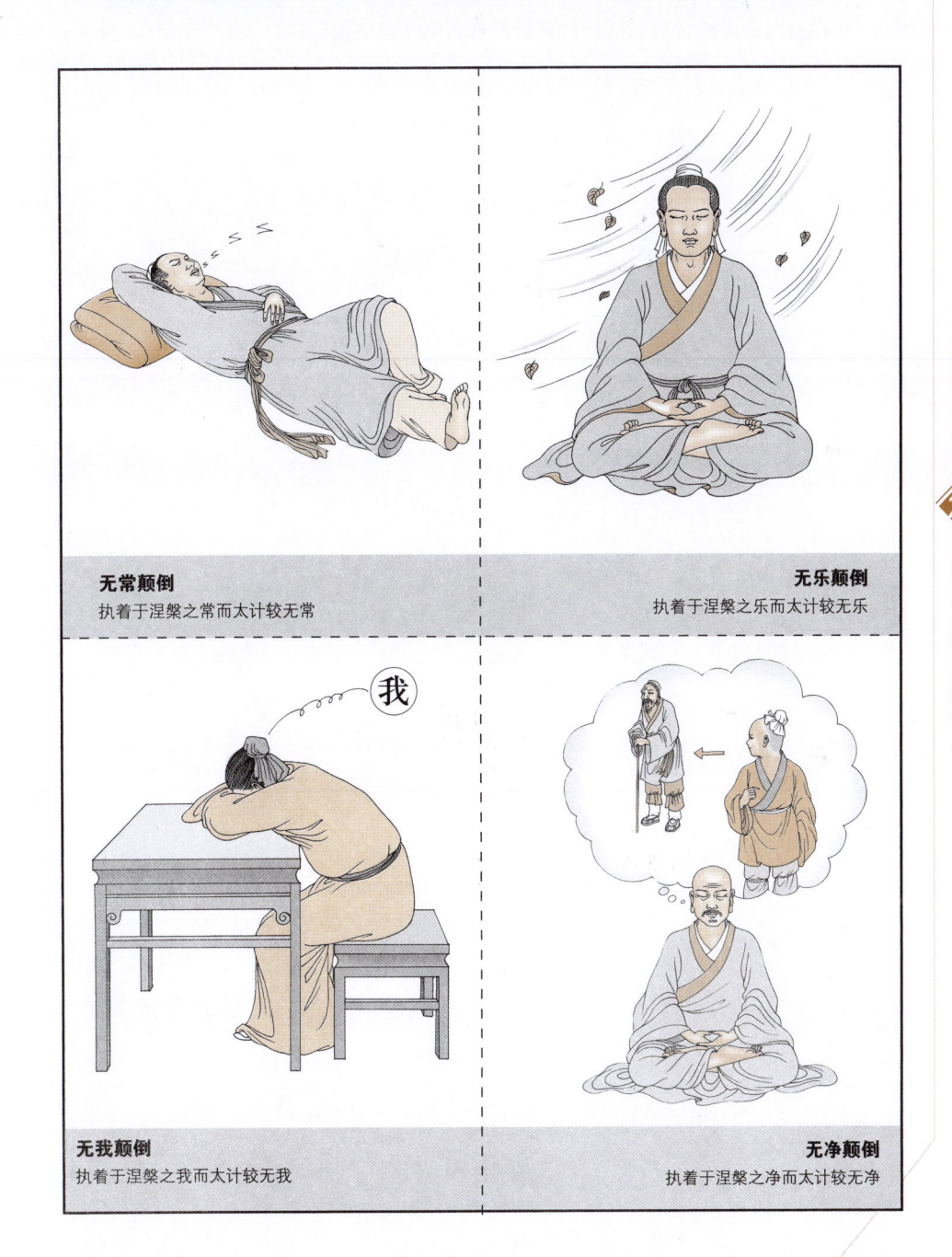

无常颠倒
执着于涅槃之常而太计较无常

无乐颠倒
执着于涅槃之乐而太计较无乐

无我颠倒
执着于涅槃之我而太计较无我

无净颠倒
执着于涅槃之净而太计较无净

避免八种颠倒

菩萨了悟诸法皆空，同时去除我执与法执，达到自由自在的境界。就大乘的角度而言，当尽除我执与法执，才算是真正地远离颠倒。

凡夫偏颇的思想	大乘菩萨中道的认识	二乘固执的见解
对世间的错误认识与颠倒	正确看待生死世间与涅槃境界	对涅槃的错误认识与颠倒
偏 ↓	中道 ↓	偏 ↓
常颠倒	非常、非无常 亦常、亦无常	无常颠倒
乐颠倒	非乐、非无乐	无乐颠倒
我颠倒	非我、非无我	无我颠倒
净颠倒	非净、非不净 亦净、亦不净	无净颠倒

对象	认知	颠倒梦想
凡夫	我执、法执	凡夫四颠倒
声闻乘、缘觉乘	我空、法执	二乘四颠倒
大乘菩萨	我空、法空	中道不颠倒

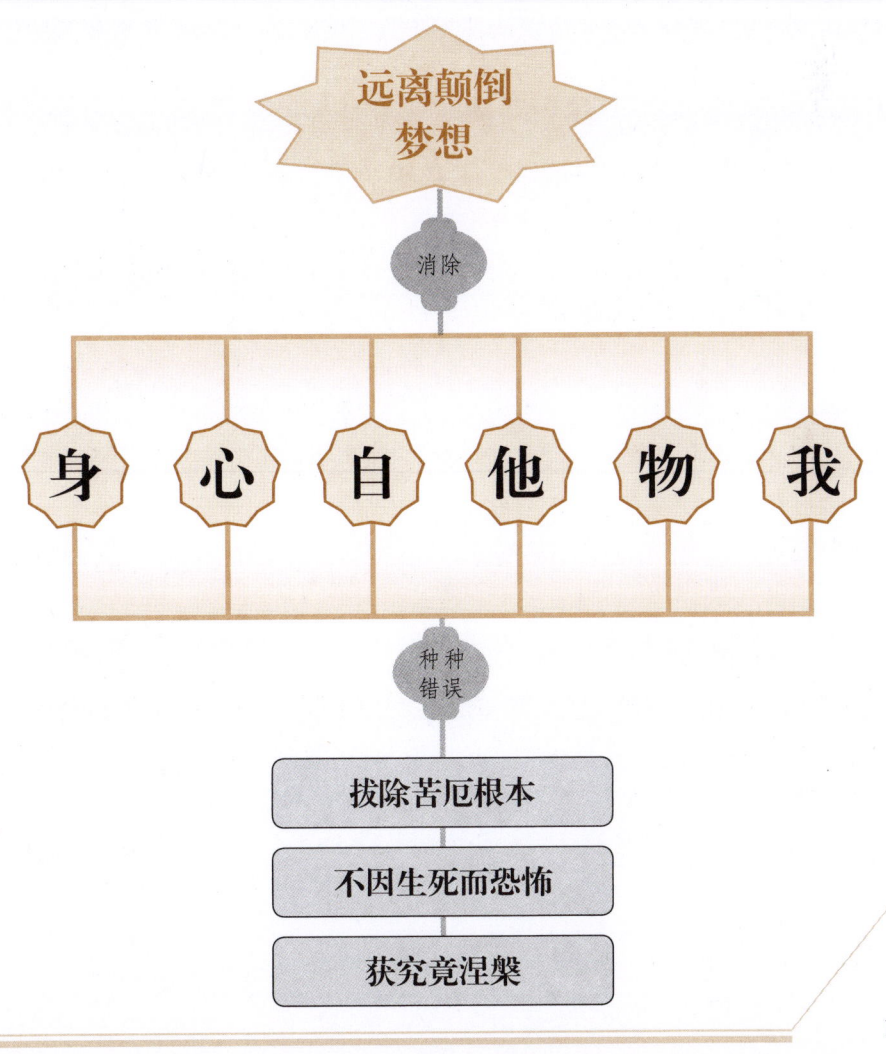

远离颠倒梦想

消除

身　心　自　他　物　我

种种错误

拔除苦厄根本

不因生死而恐怖

获究竟涅槃

一切烦恼都已止息
究竟涅槃

"究竟涅槃"，心不可得，法不可得，心与法一如，俱无所得，是为究竟涅槃，又名大般涅槃。大般涅槃是常寂光净土，常寂光净土是我们的老家，常是法身德，寂是解脱德，光是般若德，三德秘藏，是诸佛行处。菩萨依般若修行，心无挂碍，无有恐怖，远离颠倒梦想，究竟得大涅槃。

究竟涅槃的境界是指一切烦恼都已止息，并能自由自在地穿梭于生死之中救度众生，逐渐迈向最完美的成佛境界。涅槃的意思是"灭""灭尽""寂灭"，也就是灭尽贪、嗔、痴，因为所有的烦恼都已灭尽，所以永不再轮回生死。这是圣者所证悟的不可思议的理想妙境，也是佛教修行者的终极理想，很难用语言、文字来表达。但综合种种概念，涅槃有解脱、永恒的喜悦、不生不灭、寂静等意思。

《大智度论》说："涅槃是第一法无上法，是有两种：一有余涅槃；二无余涅槃。爱等诸烦恼，是有余涅槃；圣人今世所受五众尽，更不复受，是名无余涅槃。"就大乘而论，变易生死的因如果得以断除，则为有余涅槃；变易生死的果如果得以断除，则为无余涅槃。

"究竟涅槃"是大灭度。"大"谓其法身清净圆满，普遍显现于一切方所。因其无处不存，所以为"大法身"。"灭"是解脱，摆脱世间一切事物的妨碍，心中没有欲念，故谓之"灭"。"度"，也即"般若"，为六度之一，即照破众生长夜痴暗的智慧光明。菩萨依照般若法门修行，观照真实，最终达到人空、法空、空空，三障尽除。人空则境空，境因心有，境依人而立，人尚不得，何来依人之境？无人之境本来寂寥，荡然无存，仍然是空；从法空一面说，观境自然不见境，境不妨碍妙智，观心也不见心，惑不碍心，心境两空，于是心中没有任何牵挂滞碍，也就不致生出惊恐，没有死的怖畏。既已断尽恶因缘，心便常定不乱，远离七颠八倒、昏烦扰乱和幻妄，得解脱，得通达，证常乐我净，得究竟涅槃。

涅槃与究竟涅槃

名词解释

涅槃

①原始含义：圆满完美的寂静（perfect stillness）。
②衍生含义：解脱、永恒的喜悦、寂静的灭绝、个体（我）的灭绝、无生无灭、寂静的喜悦。

凡夫俗子	在生死苦海中轮回	受苦受难	不断轮回	承受轮回之苦
阿罗汉	努力脱离生死苦海	自由解脱	涅槃	脱离轮回之苦
菩提萨埵	无畏生死自由自在	救苦救难	究竟涅槃	

大般涅槃

大般涅槃，梵文 Mahaparinirvana，意思是大入灭息，或大灭度、大圆寂入等。意指释迦牟尼佛度世已毕，归于圆寂。这样的境界接近《心经》里所说的究竟涅槃，在慈悲的觉他状态下朝着伟大完美觉知的境界前进，最后达成佛陀的安息状态。

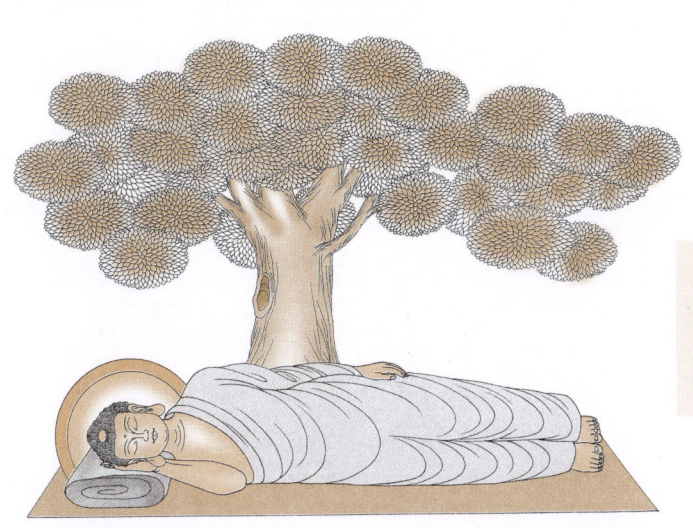

> 究竟涅槃等于大般涅槃，有了"自觉"，还要继续"觉他"，直到成就圆满的觉悟境界。

究竟涅槃的境界

究竟涅槃的境界是指一切烦恼都已止息，并能自由自在地穿梭于生死之中救度众生，逐渐迈向最完美的成佛境界。

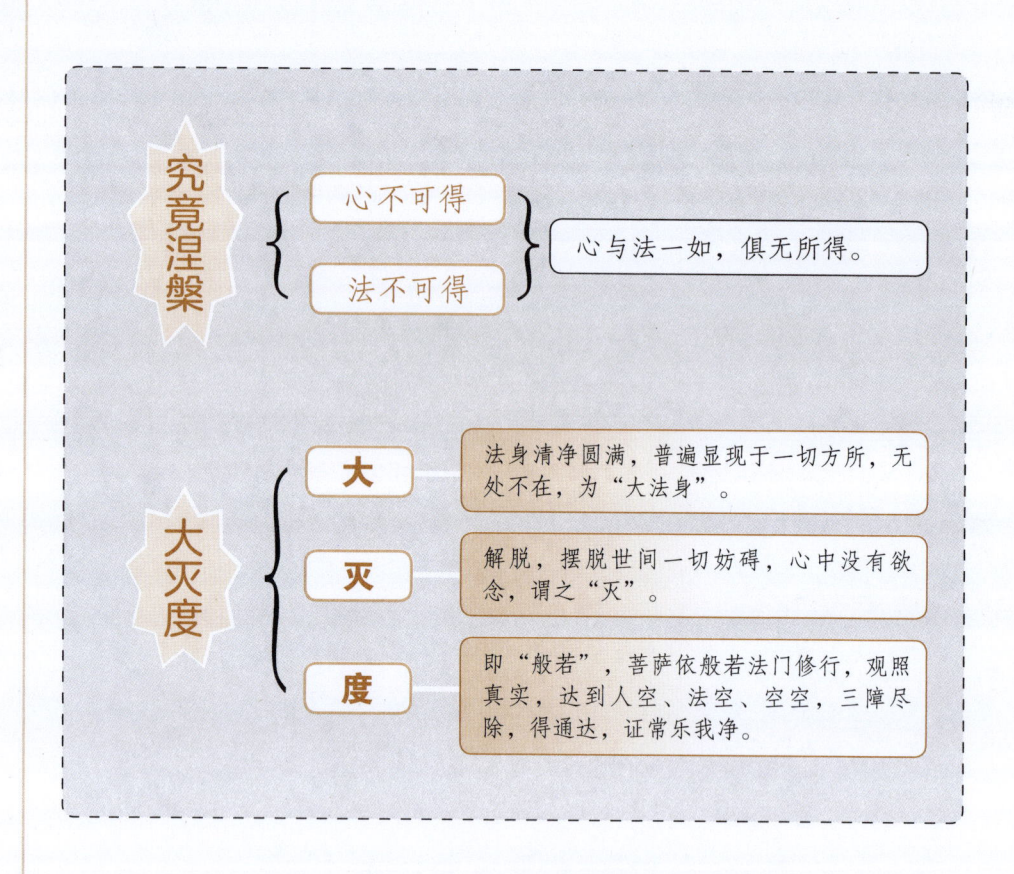

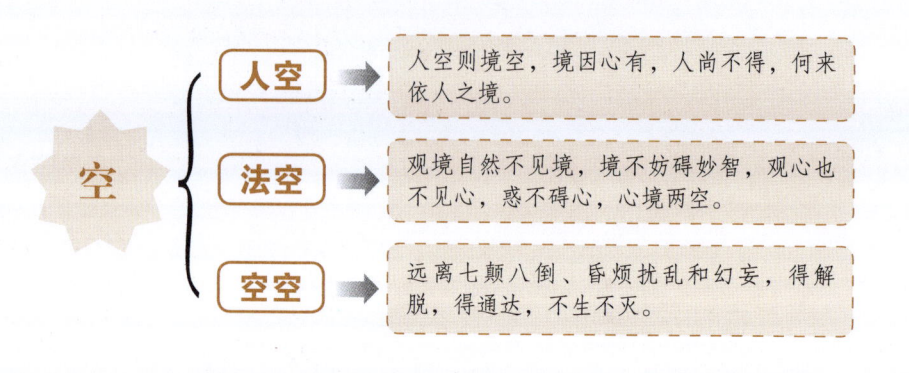

究竟涅槃
- 心不可得
- 法不可得

心与法一如，俱无所得。

大灭度
- 大：法身清净圆满，普遍显现于一切方所，无处不在，为"大法身"。
- 灭：解脱，摆脱世间一切妨碍，心中没有欲念，谓之"灭"。
- 度：即"般若"，菩萨依般若法门修行，观照真实，达到人空、法空、空空，三障尽除，得通达，证常乐我净。

空
- 人空：人空则境空，境因心有，人尚不得，何来依人之境。
- 法空：观境自然不见境，境不妨碍妙智，观心也不见心，惑不碍心，心境两空。
- 空空：远离七颠八倒、昏烦扰乱和幻妄，得解脱，得通达，不生不灭。

四种涅槃

涅槃是佛法里一直讨论的主题，佛教各个教派有不同的演绎和诠释，在唯识宗（法相宗）中就提出了四种涅槃的方法，我们在前面已经提到，下面再做具体介绍。

有余依涅槃	出烦恼障	肉身尚在	小乘圣者
无余依涅槃	出生死障	肉身已死	小乘圣者
无住处涅槃	出烦恼障 出所知障	不住生死 不住涅槃（超越肉身羁绊）	菩萨乘
本来自性清净涅槃	清净不变的 法性真如 为一切有情万物所平等共有，但被客尘烦恼所覆障	任何人不假外求 便可证得	众生皆有

佛陀的一生

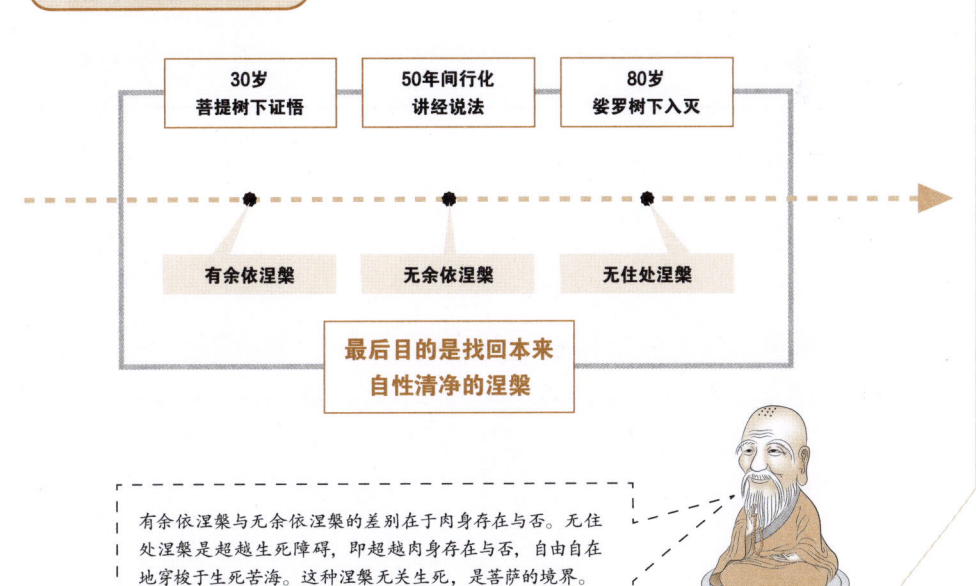

- 30岁 菩提树下证悟 → 有余依涅槃
- 50年间行化 讲经说法 → 无余依涅槃
- 80岁 娑罗树下入灭 → 无住处涅槃

最后目的是找回本来自性清净的涅槃

> 有余依涅槃与无余依涅槃的差别在于肉身存在与否。无住处涅槃是超越生死障碍，即超越肉身存在与否，自由自在地穿梭于生死苦海。这种涅槃无关生死，是菩萨的境界。

《心经》经文详解 21 一切烦恼都已止息

189

出现于三世的一切佛
三世诸佛

"三世诸佛","三世"是指过去、现在、未来;"诸佛"是指十方一切佛。所以"三世诸佛"统指三世、十方一切佛,是三世佛与十方佛融合的概念。

"十方三世"这一佛教用语,相当于今天我们所说的一切时间和空间,也就是佛教所看待的时空宇宙。十方,谓东、南、西、北四方及东南、东北、西南、西北四方,再加上上方和下方,一共十方。"三世"的"世"者,有"迁流""有为"之义,用于因果轮回,它也指个体一生的存在时间,即:过去(前世、前生、前际),现在(现世、现生、中际),未来(来世、来生、后际)的总称。《增一阿含经》卷四十八:"沙门瞿昙恒说三世。云何为三?所谓过去、现在、将来。"又说:"云何过去世?若法生已灭,是名过去世。云何未来世?若法未生未起,是名未来世。云何现在世?若法生已未灭,是名现在世。"

"佛",即佛陀,意为"觉者"或"妙觉",这是出世的圣人的极果。"觉"有三种意义:自觉、觉他(使众生觉悟)、觉行圆满。按佛教的说法,凡夫所缺的是这三种意义,而三乘菩萨所缺的是后两种,只有佛才能做到三种具足。

一般而言,过去佛是指迦叶佛或特指燃灯佛(这位佛曾预言释尊成佛),现在佛是指释迦牟尼佛,未来佛是指弥勒佛。如果不以佛陀在世作为参考,而依据现在来看,释迦牟尼佛已经离开世间,同样被视为是过去佛。于是,佛教又产生过去七佛的名词。如果改以更广泛的时间来看,无限的时空中应该不会只有过去七佛,而是在过去、现在、未来的三大劫中有千佛出现前来教化众生。这里"三大劫"中的"劫"是一段很长的时间单位,每当一尊佛入灭后,就要经过相当漫长的岁月,另一尊佛才会出现于世。一、过去庄严劫,因为有千佛出世,让这段时间的世界更为庄严美好,故名之。二、现在贤劫,又名善劫。三、未来星宿劫,因为在未来的一段时间,千佛其数多如天上之星宿,故作此名。

三世一切佛

三世诸佛

过去佛 / 迦叶诸佛
1. 毗婆尸佛
2. 尸弃佛
3. 毗舍婆佛
4. 拘留孙佛
5. 拘那含牟尼佛
6. 迦叶佛

现在佛
7. 释迦牟尼佛

未来佛
8. 弥勒佛

另有"过去七佛"的说法
1. 毗婆尸佛
2. 尸弃佛
3. 毗舍婆佛
4. 拘留孙佛
5. 拘那含牟尼佛
6. 迦叶佛
7. 释迦牟尼佛

三大劫的千佛

过去庄严劫
1. 毗婆尸佛
2. 尸弃佛
3. 毗舍婆佛

现在贤劫
4. 拘留孙佛
5. 拘那含牟尼佛
6. 迦叶佛
7. 释迦牟尼佛

未来星宿劫
8. 弥勒佛

这张图是唐代僧人释道世在《法苑珠林》里对过去七佛的差异做的说明。他认为前三尊佛毗婆尸佛、尸弃佛与毗舍婆佛属于过去庄严劫之末,在拘留孙佛之后,处于现在贤劫。

《心经》经文详解

22 出现于三世的一切佛

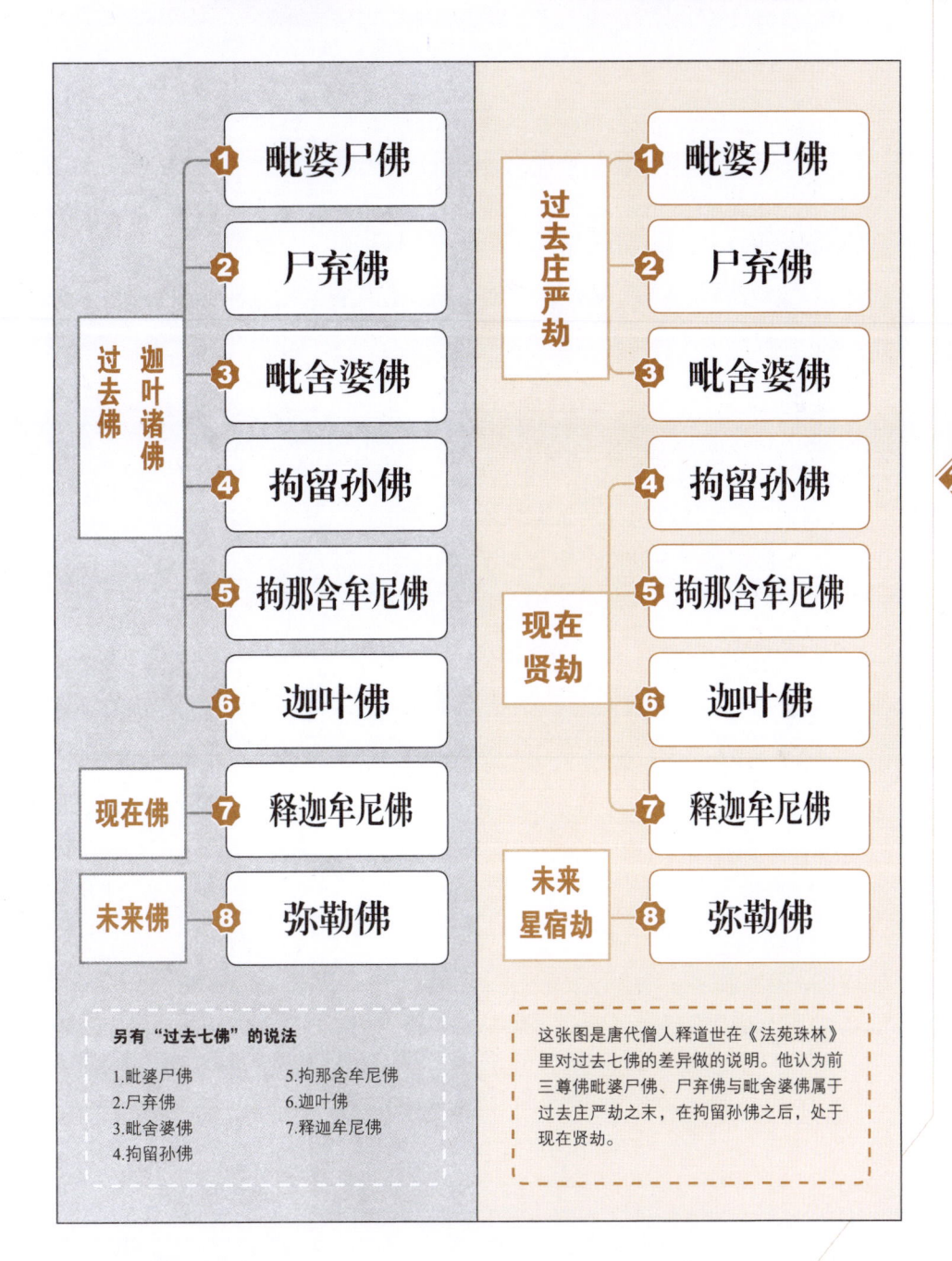

以般若波罗蜜多为前导
依般若波罗蜜多故

"依般若波罗蜜多故",三世一切诸佛的修行,从凡夫的最初发心,到修习六度,最后证得无上的人生真理而成佛,这种种的修行历程无不是以般若波罗蜜多为前导。

"依般若波罗蜜多"是指修行的方法,代表佛行,不但菩萨依此般若而修,三世诸佛莫不依此般若,得成无上正等正觉之果。故云:"三世诸佛,依般若波罗蜜多故,得阿耨多罗三藐三菩提。"

"般若波罗蜜多"是成佛的必备条件,只有依靠这种使人到彼岸的大智慧,三界众生才有可能真正出离轮回不已、三界流浪的生命窘困。如果没有这种大智慧,众生必于生死大海中头出头没,难有出期。为什么是这样呢?因为"般若波罗蜜多"的智慧是让人明白为何有生死轮回,为何有忧悲苦恼的智慧,如果找到了轮回的因,才有可能断轮回的果。而因果律是宇宙的至极真理——虽是入佛门的基础理论,但同时也是甚深幽微之佛家真理。

正所谓"种瓜得瓜,种豆得豆",因为因果律是最客观的宇宙公约,它绝对是公平无误的——种如是因,必得如是果。如果轮回是因为不明白生命实相而导致轮回不已,那么只要明白了生命的实相,消除了因,自然也就止息了轮回,故十方三世诸佛都是由于彻底明白了生命实相而成为佛的。

成佛的必备条件

"依般若波罗蜜多故",三世一切诸佛的修行,从凡夫的最初发心,到修习六度,最后证得无上的人生真理而成佛,这种种的修行历程,无不是以般若波罗蜜多为前导。

"般若波罗蜜多"是成佛的必备条件,只有依靠这种使人到彼岸的大智慧,三界众生才有可能真正出离轮回不已、三界流浪的生命窘困。

般若波罗蜜多

- 菩萨
- 三世诸佛

莫不依此般若

成无上正等正觉之果

种瓜得瓜,种豆得豆

"般若波罗蜜多"是让人明白为何有生死轮回,为何有忧悲苦恼的智慧,只有找到了轮回的因,才有可能断轮回的果。而因果律是宇宙的至极真理,同时也是甚深幽微之佛家真理。

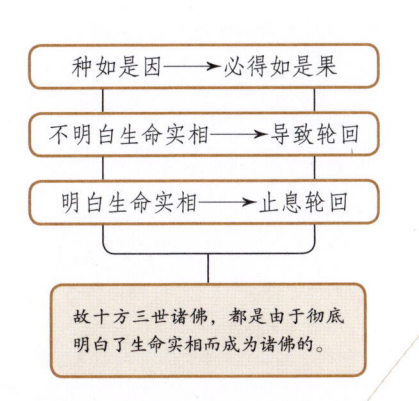

- 种如是因 ⟶ 必得如是果
- 不明白生命实相 ⟶ 导致轮回
- 明白生命实相 ⟶ 止息轮回

故十方三世诸佛,都是由于彻底明白了生命实相而成为诸佛的。

无法超越的完全正觉菩提
得阿耨多罗三藐三菩提

"阿耨多罗三藐三菩提",是梵文 Anutarasamyaksambodhi 的音译。"阿耨多罗"可译作"无上","三藐三菩提"译为"正等正觉",二者合称无上正等正觉,这是所证的至高无上之果。

"阿耨多罗三藐三菩提"——无上正等正觉,是诸佛的解脱境界,只有佛才能够拥有的能力。

"正觉",就是佛智,或称作"一切种智",是十方三世的一切诸佛修行所得的智果。

"无上",指其至高无上,无人可凌其上;"正"者,不偏不邪之义;十法界同为一体,谓之"等",不同于凡夫外道的见解,称"正觉"。

无上正等正觉就是圆极佛果,自在菩提。菩萨虽了然心性平等,自利利他,但尚未圆证究极果,其上尚"正等正觉"有待努力;二乘超凡入圣,明心见性,但不能明了一切众生心性平等,故犹只能自利,而不能觉他,只是"正觉"而已;外道心外取法,修诸多苦行,却不明心性为何物,所以是"邪见";凡夫众生,虽有本觉真心,但妄念未除,故称"不觉"。只有佛陀三智圆明,五眼洞照,始觉与本觉合而为一,能转生死为涅槃,化烦恼为菩提。总之,诸佛也是依赖般若法才得到菩提智果的。

所以般若与菩提本是一法,如《大论》云:"阿耨多罗三藐三菩提,即是般若,但名字异,在菩萨心中为般若,在佛心中名阿耨多罗三藐三菩提。"《大般若经》云:

佛言:(憍尸迦)我还问汝,如来所得一切智,及相好身,于何等法修学而得?天帝释言:于此般若波罗蜜多修学而得。佛言:如是如是。不学般若波罗蜜多,证得无上正等菩提,无有是处。

又《传心法要》云:"即是行诸佛行,便是应无所住而生其心。此是你清净法身,名为阿耨菩提。若不会此意,纵你学得多知,勤苦修行,莫衣木食,不识自心,尽名邪行,定作天魔眷属。如此修行,当复何益!"故知阿耨菩提,不在言说,心行处灭,是由般若而得,非是从外取得,也非始无今有,只是自家自得。

阿耨多罗三藐三菩提

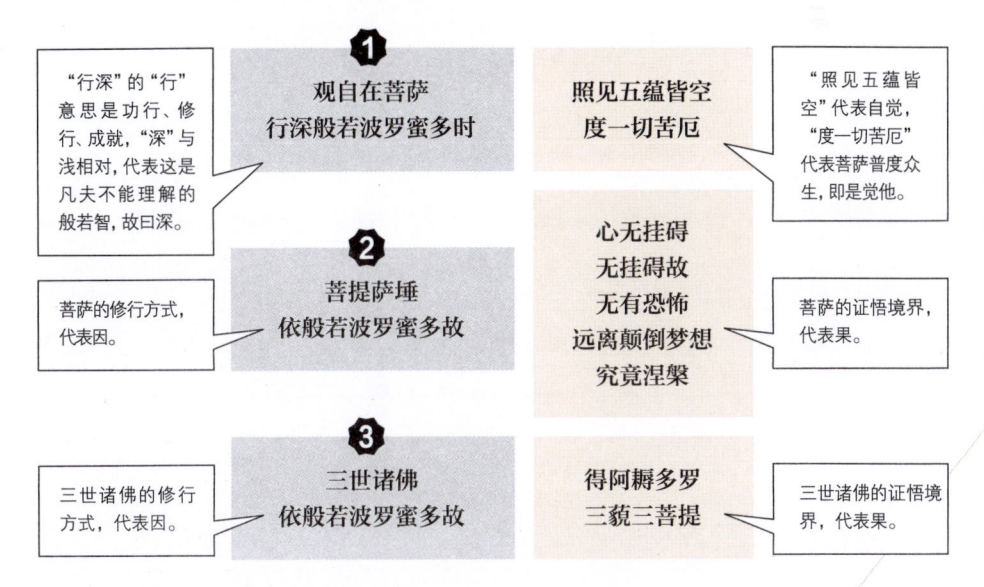

阿耨多罗三藐三菩提是梵语音译，可以拆解成"阿耨多罗""三藐""三菩提"三个词。

```
Anuttara-samyak-sambodhi
阿耨多罗三藐三菩提
```

① Anuttara 阿耨多罗
无上的
无法超越的

② samyak 三藐
完全的、彻底的
正确的、真实的

③ sambodhi 三菩提
正菩提

意译：无上正等正觉（或无上正遍觉）
音译：阿耨多罗三藐三菩提

到目前为止，《心经》总共出现三次"般若波罗蜜多"！

① 观自在菩萨 行深般若波罗蜜多时 — 照见五蕴皆空 度一切苦厄

- "行深"的"行"意思是功行、修行、成就，"深"与浅相对，代表这是凡夫不能理解的般若智，故曰深。
- "照见五蕴皆空"代表自觉，"度一切苦厄"代表菩萨普度众生，即是觉他。

② 菩提萨埵 依般若波罗蜜多故 — 心无挂碍 无挂碍故 无有恐怖 远离颠倒梦想 究竟涅槃

- 菩萨的修行方式，代表因。
- 菩萨的证悟境界，代表果。

③ 三世诸佛 依般若波罗蜜多故 — 得阿耨多罗三藐三菩提

- 三世诸佛的修行方式，代表因。
- 三世诸佛的证悟境界，代表果。

195

诸佛的解脱境界——无上正等正觉

"阿耨多罗三藐三菩提"——无上正等正觉，是诸佛的解脱境界，只有佛才能够拥有的能力。

阿耨多罗三藐三菩提
↓
无上正等正觉
↓
- 至高无上 无人可凌其上
- 不偏不邪 十法界 同为一体
- 不同于凡夫 外道的见解

↓
圆极佛果，自在菩提

总之，诸佛也是依赖般若法才得到菩提智果的。

菩萨	虽了然心性平等，自利利他，但尚未圆证究极之果。
二乘	超凡入圣明心见性，但不能明了众生心性平等，只能自利不能觉他。
外道	心外取法，修诸多苦行，却不明心性为何物，所以"邪见"。
凡夫	虽有本觉真心，但妄念未除，故为"不觉"。
佛陀	三智圆明，五眼洞照，始觉与本觉合而为一，转生死为涅槃，化烦恼为菩提。

阿罗汉、菩萨、佛的不同境界

⓿	❶	❷	❸
凡常人	阿罗汉 体悟四谛	菩提萨埵 依般若波罗蜜多故	三世诸佛 依般若波罗蜜多故
在生死苦海中	脱离生死苦海	无畏生死 自由自在 继续救苦救难	到达最圆满的 觉悟境界
受苦受难 不断轮回	涅槃 自觉	究竟涅槃 自觉、觉他	阿耨多罗三藐三菩提 自觉、觉他、觉满
	（追求智慧）	（追求慈悲智慧）	（完成慈悲与智慧结合）

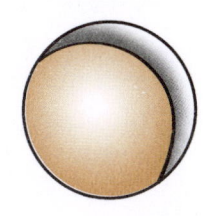

上弦月：阿罗汉
（包括声闻乘和缘觉乘）
（自觉）

十三、十四夜的月亮：菩萨
（自觉、觉他）

十五满月：佛
（自觉、觉他、觉满）

这里以月亮圆缺来比喻阿罗汉、菩萨和佛的觉悟境界。

《心经》经文详解 24 无法超越的完全正觉菩提

赞叹般若有极大的力量
故知般若波罗蜜多是大神咒

"故知般若波罗蜜多是大神咒"，"故知"二字，总结前面说的般若的功用，引起后面所说的般若的利益。也就是说，因为般若波罗蜜多能够了脱生死苦恼，驱除烦恼魔障，所以"是大神咒，是大明咒，是无上咒，是无等等咒"。

　　咒就是语真言实，不二之理。密咒为什么称为密，因为它的奥义不是众生的思维所能了达。般若也正是这样，"众生之心处处能缘，独不能缘于般若"。此两者都是不可思议，所以用咒来形容、赞叹般若。故云《心经》的深般若即是"大神咒"。

　　佛教认为，不断地念咒，就会受到语言的熏习，便是一种熏修，不知不觉中就受到了教化。这里说佛陀以慈悲心说显密法，以法味熏习一切众生，愿他们如同佛一样也得正觉，在潜移默化中超凡入圣。另一方面，又因甚深般若的道理难以显明说尽，唯有密证一途，所以称作"咒"。咒，已经有"神"的意义。

　　《心经》前面的经文是显说，观自在菩萨指出般若即咒，后面的经文是咒，是密说，指示咒即般若。所以本经显密圆融不可思议，既有言说又有离言说。可是无言说中，正说般若妙法；有言说中，正含无边密义。所以此咒正以不翻为妙。

　　因为解释只是把咒中无量的意思说出一两个，反而是有局限了。要体会本经从有说到无说，从显到密，到离开一切思想，离开一切含义，就更殊胜，所以不需要解释。因为它的巧妙就是从有说的文字到无说，从可思议到不可思议，从显到密，如果你把它翻出来，通通变成可以理解的东西了，它的密义就消失了。禅宗往往单提一个无意味的话头，也就是离开你现在这些思想、这些道理，叫你体会你的本来面目、你的本性、你本来的妙明真心，密咒同样也是如此。

咒语=真言=陀罗尼

咒，就是语真言实，不二之理。密咒为什么称为密，因为它的奥义不是众生的思维所能了达。般若也正是如此，"众生之心处处能缘，独不能缘于般若"。此两者都是不可思议，所以用咒来形容、赞叹般若。故云《心经》的深般若即是"大神咒"。

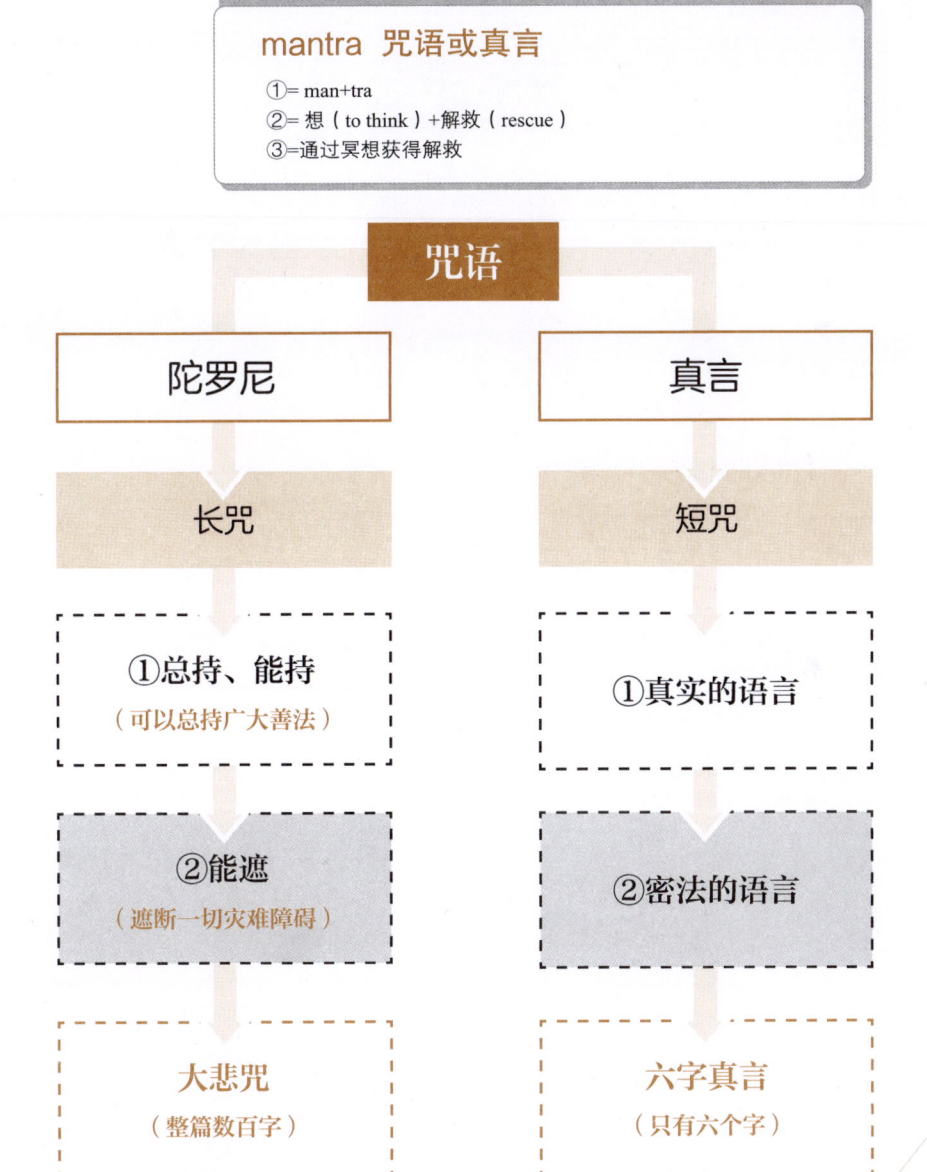

名词解释

mantra 咒语或真言
① = man+tra
② = 想（to think）+解救（rescue）
③ = 通过冥想获得解救

咒语

陀罗尼 — 长咒
- ①总持、能持（可以总持广大善法）
- ②能遮（遮断一切灾难障碍）
- 大悲咒（整篇数百字）

真言 — 短咒
- ①真实的语言
- ②密法的语言
- 六字真言（只有六个字）

在潜移默化中超凡入圣

佛教认为，不断地念咒是一种熏修，不知不觉中就受到了教化。佛陀以慈悲心说显密法，以法味熏习一切众生，愿他们如同佛一样也得正觉，在潜移默化中超凡入圣。另一方面，甚深般若的道理难以显明说尽，唯有密证一途，所以称作"咒"。

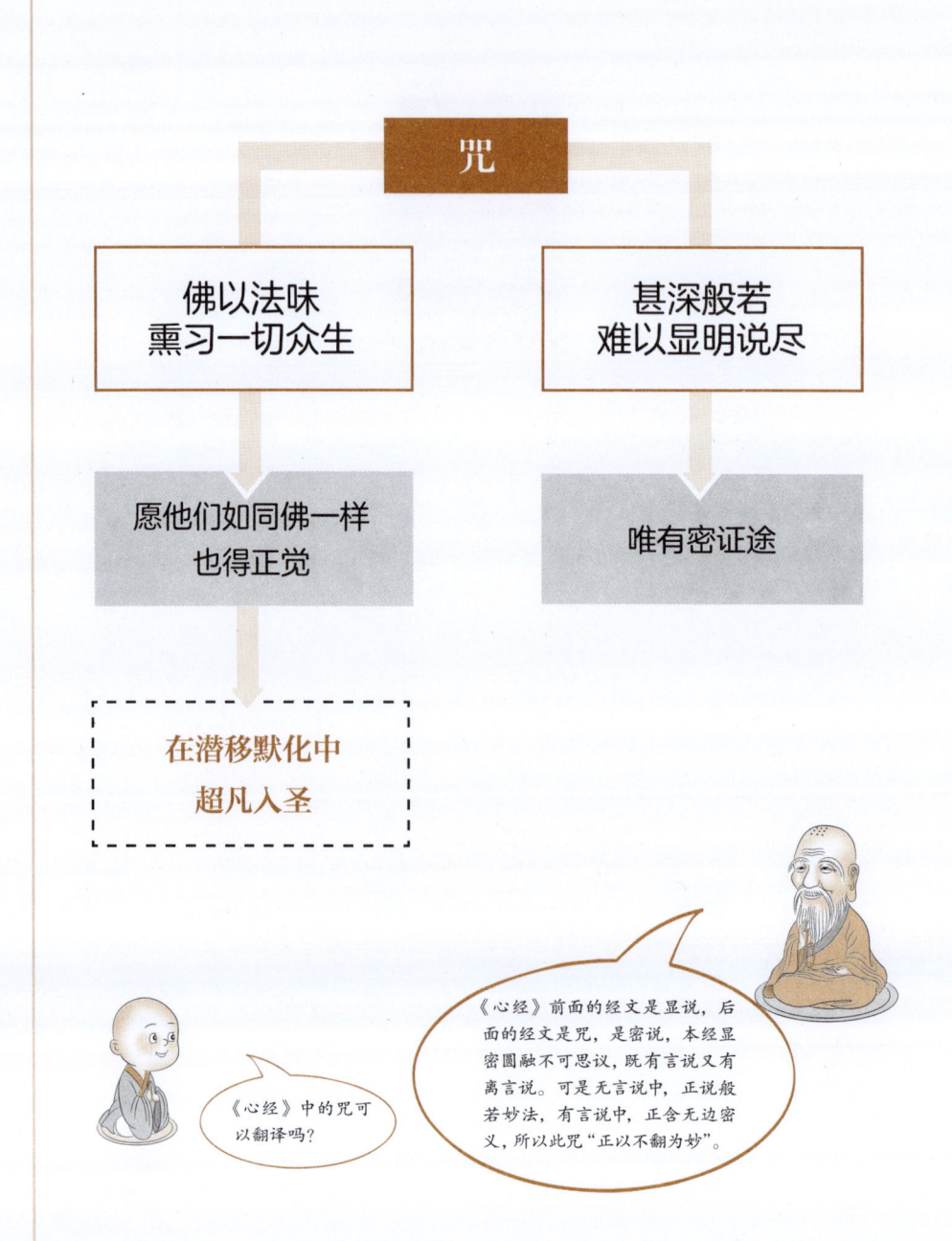

咒

- 佛以法味熏习一切众生 → 愿他们如同佛一样也得正觉 → 在潜移默化中超凡入圣
- 甚深般若难以显明说尽 → 唯有密证途

小和尚：《心经》中的咒可以翻译吗？

老者：《心经》前面的经文是显说，后面的经文是咒，是密说，本经显密圆融不可思议，既有言说又有离言说。可是无言说中，正说般若妙法，有言说中，正含无边密义，所以此咒"正以不翻为妙"。

《心经》原文密显之分

般若心经

前半部 显教教义（谈般若思想）

观自在菩萨行深般若波罗蜜多时照见五蕴皆空度一切苦厄舍利子色不异空空不异色色即是空空即是色受想行识亦复如是舍利子是诸法空相不生不灭不垢不净不增不减是故空中无色无受想行识无眼耳鼻舌身意无色声香味触法无眼界乃至无意识界无无明亦无无明尽乃至无老死亦无老死尽无苦集灭道无智亦无得以无所得故菩提萨埵依般若波罗蜜多故心无罣碍无罣碍故无有恐怖远离颠倒梦想究竟涅槃三世诸佛依般若波罗蜜多故得阿耨多罗三藐三菩提

后半部 密教咒语（重视持咒的力量）

故知般若波罗蜜多是大神咒是大明咒是无上咒是无等等咒能除一切苦真实不虚故说般若波罗蜜多咒即说咒曰揭谛揭谛 波罗揭谛 波罗僧揭谛 菩提萨婆诃

《心经》经文详解　25　赞叹般若有极大的力量

201

图说心经 26

般若波罗蜜多是伟大的神咒
是大明咒，是无上咒，是无等等咒

"是大明咒，是无上咒，是无等等咒"，"大明"赞诵般若波罗蜜多能破一切黑暗愚痴，"无上"比喻般若波罗蜜多为一切法门之最，"无等等"代表般若波罗蜜多是等同佛陀境界的咒语。

般若波罗蜜多实在是太玄妙了，于是《心经》用了"是大神咒，是大明咒，是无上咒，是无等等咒"来称赞它，赞颂般若波罗蜜多是伟大的神咒，是破除黑暗的大明咒，是无法超越其上的无上咒，是无与伦比的咒语。那么"大明咒""无上咒""无等等咒"究竟有哪些不同的含义呢？

● **大明咒**

"大明"是赞诵般若波罗蜜多能破一切黑暗愚痴。"大明咒"的梵语是Mahavidya-mantro，可分解为大（maha）、明（vidya）与咒（mantro，即mantra）。"明"（vidya）是指觉悟的智慧，但也含有"知识"的意思。"大明"与无明相对，可破根本无明，照灭痴暗。

● **无上咒**

"无上咒"的梵语是Anuttara-mantro，它是"无法超越的"（anuttara）与"咒"（mantra）的组合词。anuttara是非常重要的，"阿耨多罗三藐三菩提"中的"阿耨多罗"就是这个字的音译，意思是"无上"。在《心经》里，anuttara一词，玄奘共使用了两种译法，在"阿耨多罗三藐三菩提"中采用音译，但在"无上咒"则改为意译。"无上"用来比喻般若波罗蜜多为一切法门之最，没有任何法门能超越，它能总持无量法门，直趋无上正觉，故说"无上咒"。

● **无等等咒**

涅槃是无等法，非一切可及，而般若如涅槃，所以名为"无等等"（Samasama-mantra）。"无等"的意思就是"无与伦比""无法与之相等"。这是佛陀的境界，因为没有能与佛陀相等的，所以称"无等"。但可以与佛等同的是般若波罗蜜多，所以般若波罗蜜多是无等等咒，代表与"无等"（佛陀境界）相"等"的咒语。

大神咒、大明咒、无上咒、无等等咒

因为般若波罗蜜多实在太玄妙了，因此《心经》用"是大神咒，是大明咒，是无上咒，是无等等咒"来称赞它，赞颂般若波罗蜜多是伟大的神咒，是破除黑暗的大明咒，是无法超越的无上咒，是无与伦比的咒语。

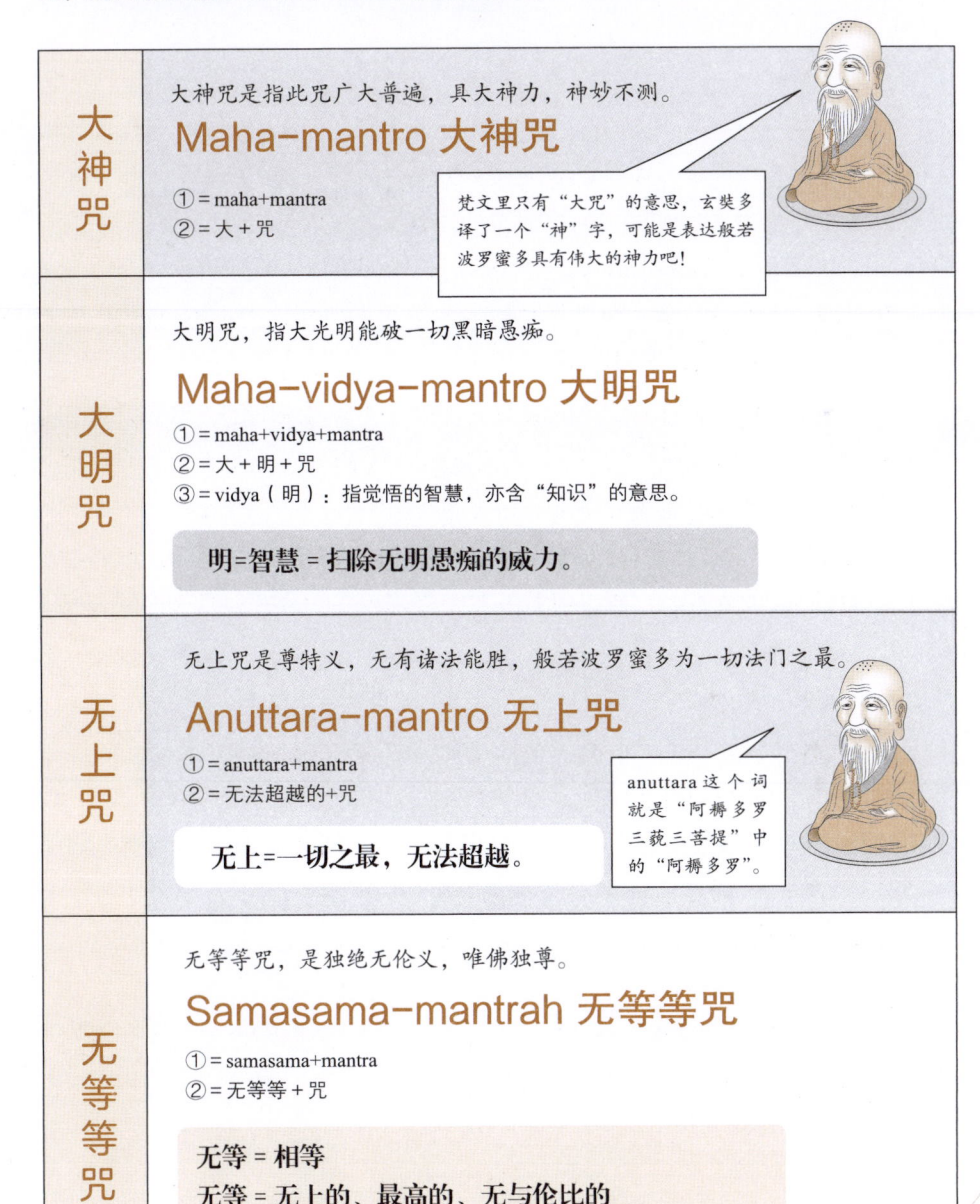

大神咒

大神咒是指此咒广大普遍，具大神力，神妙不测。

Maha-mantro 大神咒

① = maha+mantra
② = 大 + 咒

> 梵文里只有"大咒"的意思，玄奘多译了一个"神"字，可能是表达般若波罗蜜多具有伟大的神力吧！

大明咒

大明咒，指大光明能破一切黑暗愚痴。

Maha-vidya-mantro 大明咒

① = maha+vidya+mantra
② = 大 + 明 + 咒
③ = vidya（明）：指觉悟的智慧，亦含"知识"的意思。

明=智慧 = 扫除无明愚痴的威力。

无上咒

无上咒是尊特义，无有诸法能胜，般若波罗蜜多为一切法门之最。

Anuttara-mantro 无上咒

① = anuttara+mantra
② = 无法超越的+咒

无上=一切之最，无法超越。

> anuttara 这个词就是"阿耨多罗三藐三菩提"中的"阿耨多罗"。

无等等咒

无等等咒，是独绝无伦义，唯佛独尊。

Samasama-mantrah 无等等咒

① = samasama+mantra
② = 无等等 + 咒

无等 = 相等
无等 = 无上的、最高的、无与伦比的
无等等 = 相等于无上的，相等于无与伦比

《心经》经文详解

26 般若波罗蜜多是伟大的神咒

离苦得乐，达到涅槃
能除一切苦，真实不虚

"能除一切苦真实不虚"这一句劝人受持获益，意谓我们修持《般若波罗蜜多心经》，决定可离一切苦，此是事实，所以真实不虚。

"一切苦"，前面说过，世间苦无量无边，出世间苦，不在此论，如《华严经》云："苦有无量相，非声闻缘觉所知，以二乘虽知苦相，不知无量相。"

"真实不虚"，佛之语言，金言药石，绝无荒诞，凡所有说，皆是真实不虚，如《金刚经》云："如来是真语者，实语者，如语者，不诳语者。"此经虽是菩萨所说，亦是真实不虚。

所有的道理在前面已经讲清楚了，没有什么再说的了，这句话就像是佛在发誓一样对后人说："我不会欺骗你们，这个道理一点也不假，只要照这个道理去做，就一定能离苦得乐。"

从古至今，人们读经就是为了离苦得乐。观自在菩萨说通过般若波罗蜜多可以脱离生死苦海，所以般若波罗蜜多不仅是大神咒，是大明咒，是无上咒，是无等等咒，而且"能除一切苦"，达到涅槃的喜乐境界，这是"真实不虚"的。

为什么呢？因为在空性之中，体悟空性的智慧与存在是一致的，同时般若波罗蜜多可以让人类所追求的目标与功德圆满，因此真实不虚。此外，般若波罗蜜多是胜义谛（宇宙究竟真理），在胜义谛的范畴之中，它是无二、无别的。同样地，在世俗谛（世俗中的真理）之中，显现于外的现象与真理之间也是没有分别的，因此代表宇宙最后真理的胜义谛是不虚妄的，"能除一切苦，真实不虚"。

胜义谛是最不虚妄的

般若波罗蜜多是胜义谛（宇宙究竟真理），在胜义谛的范畴之中，它是无二、无别的。谛代表真理。佛教有二谛：世俗谛和胜义谛。世俗谛是凡夫所认知的真理，胜义谛是圣人所认知的真理。

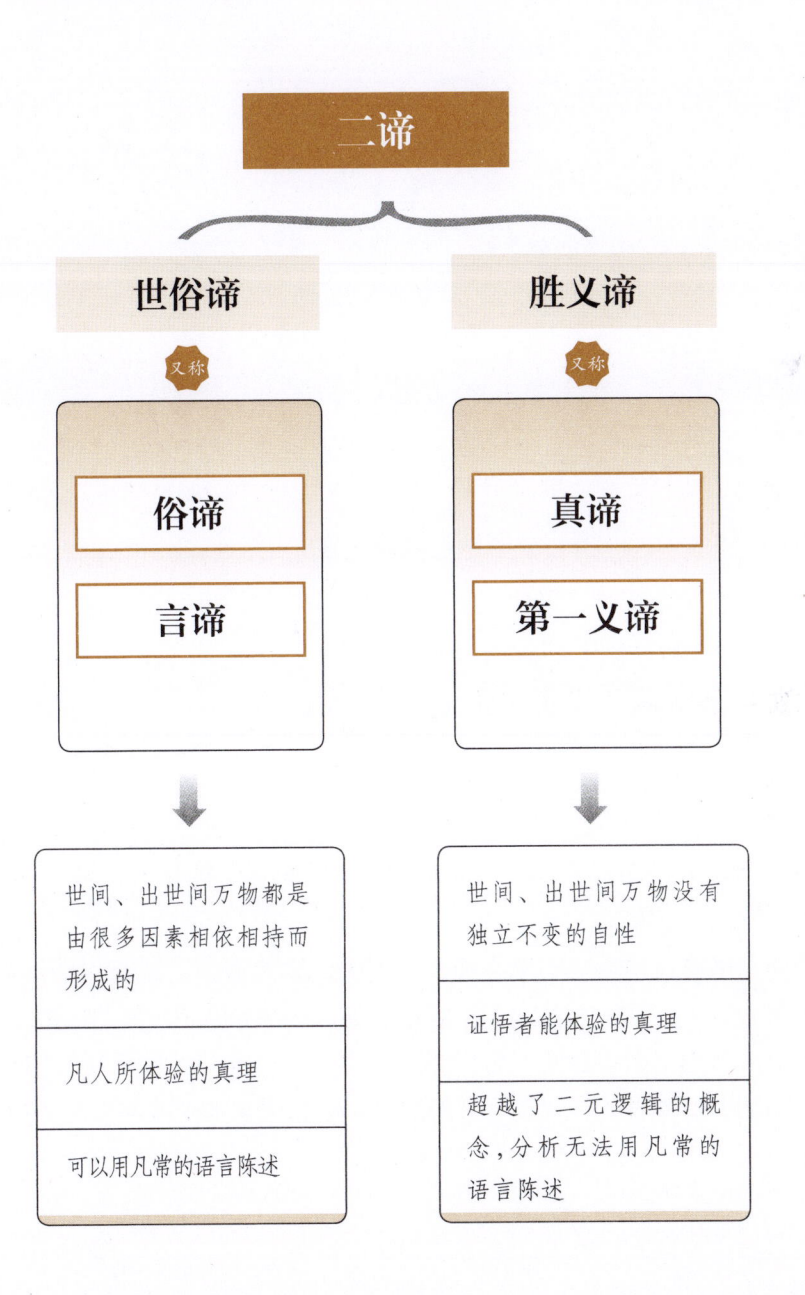

二谛

世俗谛

又称：
- 俗谛
- 言谛

→
- 世间、出世间万物都是由很多因素相依相持而形成的
- 凡人所体验的真理
- 可以用凡常的语言陈述

胜义谛

又称：
- 真谛
- 第一义谛

→
- 世间、出世间万物没有独立不变的自性
- 证悟者能体验的真理
- 超越了二元逻辑的概念，分析无法用凡常的语言陈述

咒语与经文的分水岭

故说般若波罗蜜多咒，即说咒曰

"故说般若波罗蜜多咒，即说咒曰"这一句承前启后。承前，菩萨能行般若波罗蜜多，结果证得无上正等正觉；启后，显示咒语功能神验。般若是显，咒语是密，显与密的功效是一样的。

"即说咒曰"是咒语的起始语，在此之前是显说"般若"，下面是密说"般若"，以咒总结全文。因心地微妙，不可用言语来表达，故以咒表达之。咒是佛菩萨的真言密语，所以一向不翻译，如果至心持诵，便能灭罪生福，速成佛道，是咒语与经文的分水岭。

对于很多般若系经典而言，"大神咒""大明咒""无上咒""无等等咒"等字眼经常可见，但像《心经》这样在经文中出现咒语的却很少见。无论广本或略本的《心经》，在经文的最后皆附上一段咒语"揭谛揭谛，波罗揭谛，波罗僧揭谛，菩提萨婆诃"。从显的层面来看，这段咒语被视为了解般若义理与观念的文字。就密的层面而言，它仅以梵音念诵，无须翻译。"即说咒曰"，以下即是咒语的内容，可按意义与用途分成三小段：

（1）即说咒曰（tadyatha）

（2）咒语内容：揭谛（gate），揭谛（gate），波罗揭谛（paragate），波罗僧揭谛（parasamgate），菩提（bodhi）

（3）结束语：萨婆诃（svaha）

一般认为佛经的咒语宜用梵语音译，不宜译出其意义。只要能一心诵持，即能使心专一而达到定境，引发智慧。问题是这些咒语当时是怎么念的呢？要如何念才正确？

例如"揭谛，揭谛，波罗揭谛，波罗僧揭谛，菩提萨婆诃"，若以现代汉语发音去念，肯定与梵音相去甚远，如此能得到咒语不可思议的力量吗？很多佛教用语流传至今产生许多不同的音译，追根究底是因为不同时代的音韵问题。那古代音韵是什么样的呢？恐怕还要向更多高僧大德讨教才能知道。

分析《心经》咒语

一般咒语的结构可以分成三部分：起始语、咒语内容、结尾语，以《心经》咒语来说明：

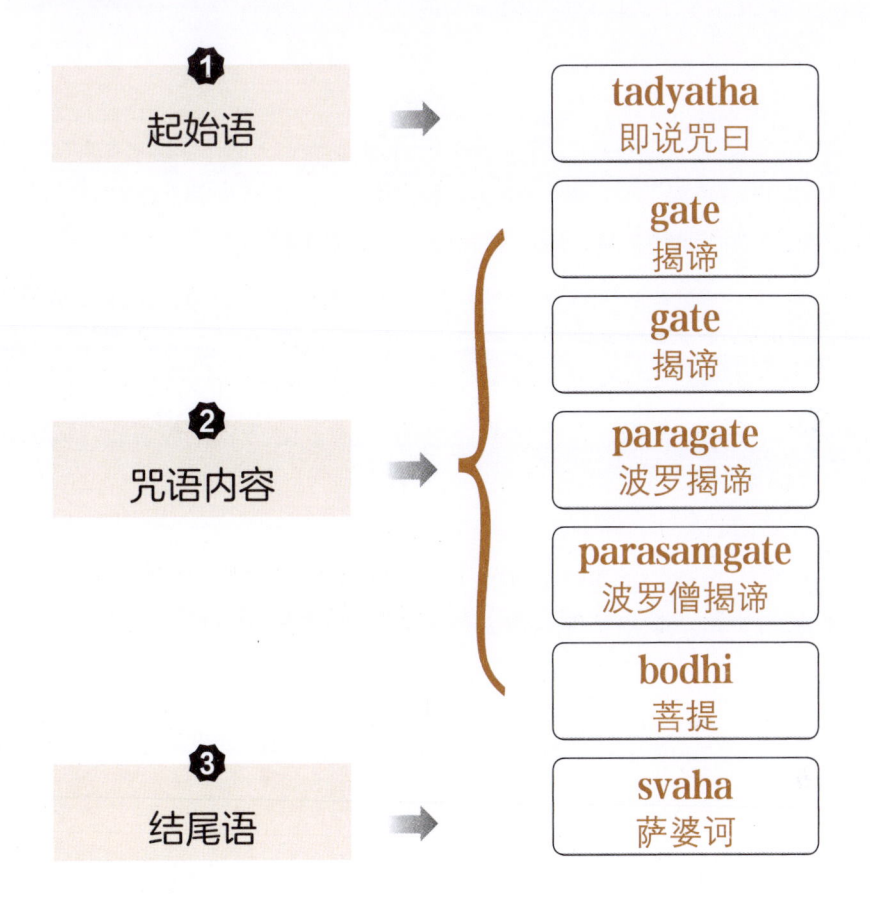

① 起始语 → tadyatha 即说咒曰

② 咒语内容 →
- gate 揭谛
- gate 揭谛
- paragate 波罗揭谛
- parasamgate 波罗僧揭谛
- bodhi 菩提

③ 结尾语 → svaha 萨婆诃

咒语是否可以翻译

- 一般咒语的内容经常是一部分有文字意义，而另一部分无文字意义。
- 对懂梵文的人来说，咒语内容可能全部或部分有意义。
- 对新一代的学习者来说，解释咒语的意义并做结构分析，对咒语的学习与记忆，应该很有帮助，能让人很快学习并背咒语，立即感受持诵咒语的功效。
- 虽然我们能了解与接受前贤咒语不翻译的理由，但时代不同了，通晓梵语的人越来越多，且对现代人不解释意义，反而可能耽误学习。
- 现代一些学者主张，咒语可以解释与翻译。

前往、到达
揭谛揭谛

"揭谛揭谛"的意思是"前往、到达",也有"已完成"之义,所以"揭谛揭谛"可译成"去啊去啊!"

接下来这几句,正说咒语。咒,是密语,不可言说,是诸佛的秘密语言。行者如能持诵,自可消灾弭难,增福增慧,又得诸佛菩萨的福荫。因为咒语多数是诸鬼神的名号,所以行者持念就可得其摄护。

如《法华经疏》云:"说咒之义,诸师或说鬼神王名,称其王名,则部落敬主,故能降伏一切鬼魅。或云咒如军中密号,唱号相应,无所呵问。或云咒者,密默治恶,恶自休息,余无识者。或云咒如军中密令,唯秉帅者知,余皆莫测,喻咒唯佛知,余位莫解。"紫柏老人云:"此密说般若也,既为谓之密,则不佞不敢强论矣。"现在来说,揭是度义,谛是真实不虚义,即度脱一切业障而归真实。重言揭谛,是自度度他义。

第一个"揭谛"(gate)表示规劝与鼓舞,是说在迈向彼岸的准备工作中要先累积资粮,聚集足够资粮方可上路。第二个"揭谛"(gate)的隐含义是准备进入观空的道路之前,修行者要有良好的心理准备。所以,这两个"揭谛"的解释是:前往彼岸这趟旅程的行前准备。

"揭谛揭谛"的意思是"前往、到达",也有"已完成"之义,所以"揭谛揭谛"可译成"去啊去啊!"

揭谛揭谛

揭谛
↓
gate
↓
音译:揭谛
↓
意译:前往、到达、已完成

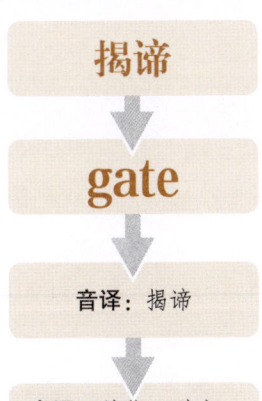

第一个"揭谛"
表示规劝与鼓舞,是说迈向彼岸的准备工作是先要累积资粮。

第二个"揭谛"
隐含义是进入观空的道路之前,修行者有良好的心理准备。

直接无任何媒介地证悟空性
波罗揭谛

"波罗揭谛"指所渡之处所，渡登彼岸。"波罗"的意思是"超越""彼岸"。

"波罗揭谛"（Para-gate），可分为"波罗"（para）与"揭谛"（gate）。"波罗"（para）的意思是"超越""究竟""到彼岸"。"波罗揭谛"的隐含义是"走在观见真理的道路上，直接且无任何媒介地证悟空性"。

"直接且无任何媒介地证悟空性"，这句话的意思是说，不通过文字、语言、逻辑判断，也不通过五根（眼、耳、鼻、舌、身）接触而证悟，完全不借由任何媒介来了解空性。这样的方式也可称为"直观"（intuition），在哲学中，它是指既不靠推理或观察，也不靠理性或经验，而获得知识的能力。

人类认为它是原始的、独立的知识来源，对于一些无法说明的真理与基本道德原则，适合用这种方式解释。

到彼岸去

"波罗揭谛"中,"波罗"的意思是"超越""究竟""到彼岸"。"波罗揭谛"即所渡之处所,渡登彼岸。

波罗揭谛

超越、究竟、到彼岸 **para - gate** 前往、去

音译:波罗揭谛

意译:前往究竟彼岸

第一个"波罗揭谛"
前往究竟彼岸。

第二个"波罗揭谛"
直接且无任何媒介地证悟空性。

一起到彼岸去吧

波罗僧揭谛

"波罗僧揭谛"中"僧",意为"总"或"普",这句话,这句话的意译是"普度自我及他人都到彼岸",也就是一起到彼岸去吧!

波罗僧揭谛(Parasamgate)是由"波罗"(para)、"僧"(sam)与"揭谛"(gate)这三个词组成的。此句比前一句"波罗揭谛"只多出一个"僧"(sam)字,此字的意思是"总"或"普"。因此,"波罗僧揭谛"可意译为"普度自我及他人都到彼岸",也就是"一起向彼岸去吧",隐含义是:在前往彼岸的路上,通过持续禅修,达到甚深熟悉空性的境界。这句话说明熟悉空性境界是通过持续地禅修而来,并非是表面上的阅读与了解经文。这时修行者的体悟不只在"文字般若"的层面,而是在"波罗僧揭谛"的咒语帮助之下进入"观照般若"的状态。观照般若就是禅定时所启发的智慧。

"波罗僧揭谛"这句咒语具备引发般若智能的功能。所以借助"观照般若"的真理体验,最终可亲自证得宇宙根本的实相般若,达到涅槃。

所以"文字般若"如同船筏(工具),"观照般若"就如同划船(前进的过程),而"实相般若"就如同到达的彼岸、终点(目的地)。

一起到彼岸去

"波罗僧揭谛"的意译是"普度自我及他人都到彼岸",也就是"一起到彼岸去吧"。

《波羅僧揭諦》

波罗僧揭谛
↓
parasamgate
↓
音译:波罗僧揭谛
↓
意译:一起到彼岸去吧

一起到彼岸去吧!

通过持续禅修,达到甚深熟悉空性的境界。

比较三种般若

文字般若	方便引导	解悟	如同舟筏(交通工具)
观照般若	体验真理	实行	如同划船(前进的过程)
实相般若	所依所证	性体	如同终点(目的地)

成就圆满的智慧
菩提萨婆诃

"菩提萨婆诃"这一句中,"菩提"意译为觉、圆满的智慧;"萨婆诃"意译为迅速,常用作佛经咒语的结尾,是一种祝福语,即修持般若波罗蜜多,迅速到达彼岸。

这句咒语为密说般若。按以往的说法,《心经》中的全部要义完全包括在这四句咒语中。念诵这四句咒语,其效力等同于诵读此经。

这四句密咒解说起来,与教义一致:

揭谛揭谛——去啊去啊。

波罗揭谛——到彼岸去。

波罗僧揭谛——大众到彼岸去。

菩提萨婆诃——迅速到达彼岸。

速疾的意思是很快地、迅速地成就最后涅槃的境界。在"菩提萨婆诃"的咒语下,修行者可快速地到达彼岸,完成般若思想的最终目的,到达人生的理想境界。

"萨婆诃"在梵语中的源头与火供有关。在古印度经典《梨俱吠陀》与《奥义书》中早有记载,"萨婆诃"原本是手捧供物给诸神的感叹词,意思是"好好地放置",或"好好地将放在火中的供物整理安置",这也是祈祷时对火神使用的神圣词语。在佛经中,"萨婆诃"则有"结语祝福词"与"安住得不退转"的双重含义,意谓依此心咒,速疾得成大觉。只要默诵此密咒,就在不知不觉的状态下超凡入圣,所以此咒即般若。

迅速成就圆满正觉

"菩提萨婆诃","菩提"是觉义,圆满的智慧,"萨婆诃"是迅速义,常用作佛经咒语的结尾,是一种祝福语,即是修持般若波罗蜜多,迅速到达彼岸。

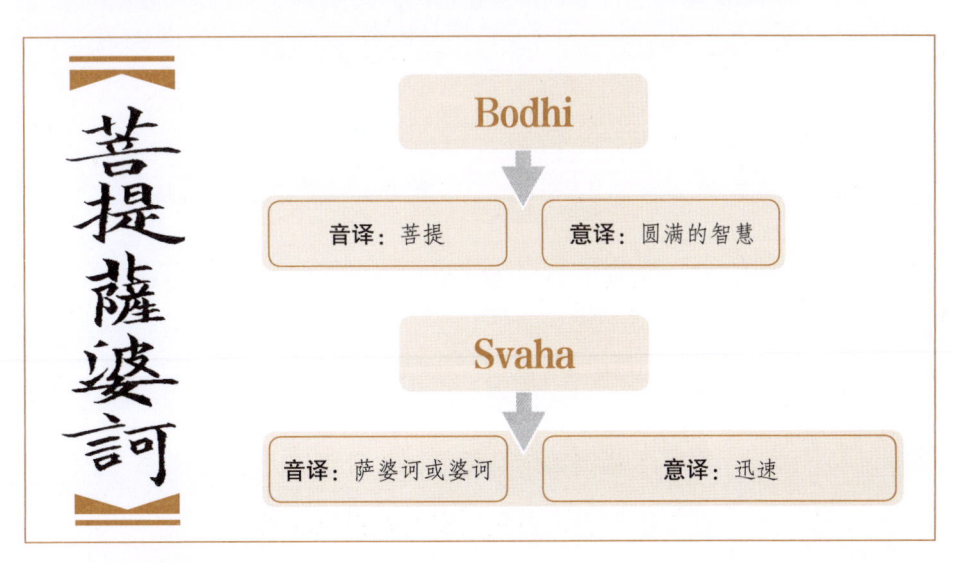

《菩提薩婆訶》

Bodhi
- 音译：菩提
- 意译：圆满的智慧

Svaha
- 音译：萨婆诃或婆诃
- 意译：迅速

依此心咒,可快速到达彼岸,完成般若思想的最终目的。

在不觉不知中超凡入圣,此咒即般若。

"萨婆诃"在梵语中的源头与火供有关。在古印度经典《梨俱吠陀》与《奥义书》中早有记载,原本是手捧供物给诸神的感叹词,意思是"好好地放置",或"好好地将放在火中的供物整理安置",也是祈祷时对火神使用的神圣词语。

《心经》经文详解

32 成就圆满的智慧

了解相关佛法概念，是读懂《心经》的关键。虽然大家都知道佛法博大精深，但对大多数读者来说，这些佛法概念却相当陌生。在这一章，我们将对《心经》中所涉及的佛法概念做详细的解释。

第五章
读《心经》还需了解的佛法概念

本章内容提要

佛是从平凡的人修行而来的
佛、法、僧的来历
涅槃是佛教最高的理想
诸法由因缘而起
因果相续
三界唯心
大乘与小乘的佛法修行
中国佛教的八大宗派

法
一切事物，宇宙万有

"法"字的梵语是 Dharma，音译为达摩，释为"轨持"，轨谓轨范，持谓任持。

《成唯识论述记》卷一解释说："法谓轨持。轨谓轨范，可生物解；持谓任持，不舍自相。"说明事物能够保持它特有的体性与相状，引发人们一定的认识的，便称之为法。应用起来，法的义非常广泛，它可以指一般的规则、法则，或品德、品格；从认识论的角度来说，它可指本性、属性、性质、物质，凡意识所能思及的，都可以说是法。

佛法即佛教的义理、真理，无尽的智慧、觉悟，觉悟了宇宙人生万事万法。佛法无边，所觉的对象无边无际，能觉的对象也没有边际。所以，佛法是使人转迷成悟、转痴成慧、转凡成圣的根本大法。

法相指一切法的相状、性质、差别、概念、含义等。《大乘义章》卷二云："一切世谛有为无为，通名法相。"一般将法相归于俗谛，但也有以法相为"诸法实相"或真如之相者。法相唯识学所说的诸法"三相"（遍计所执、依他起相、圆成实相）包括真俗二谛、相对相与绝对相。

法数亦称"事数""名数"，按数字对佛法词汇分类，如一实相印、二谛、三法印、四谛、五蕴、六度、七菩提分、八正道等。

诸数，数谓法数，即有为法的种种差别名相。《维摩经·弟子品》云："佛身无为，不堕诸数。"

佛法无边

佛法即佛教的义理、真理，无尽的智慧、觉悟，觉悟了宇宙人生的万事万法。佛法确实是无量无边。

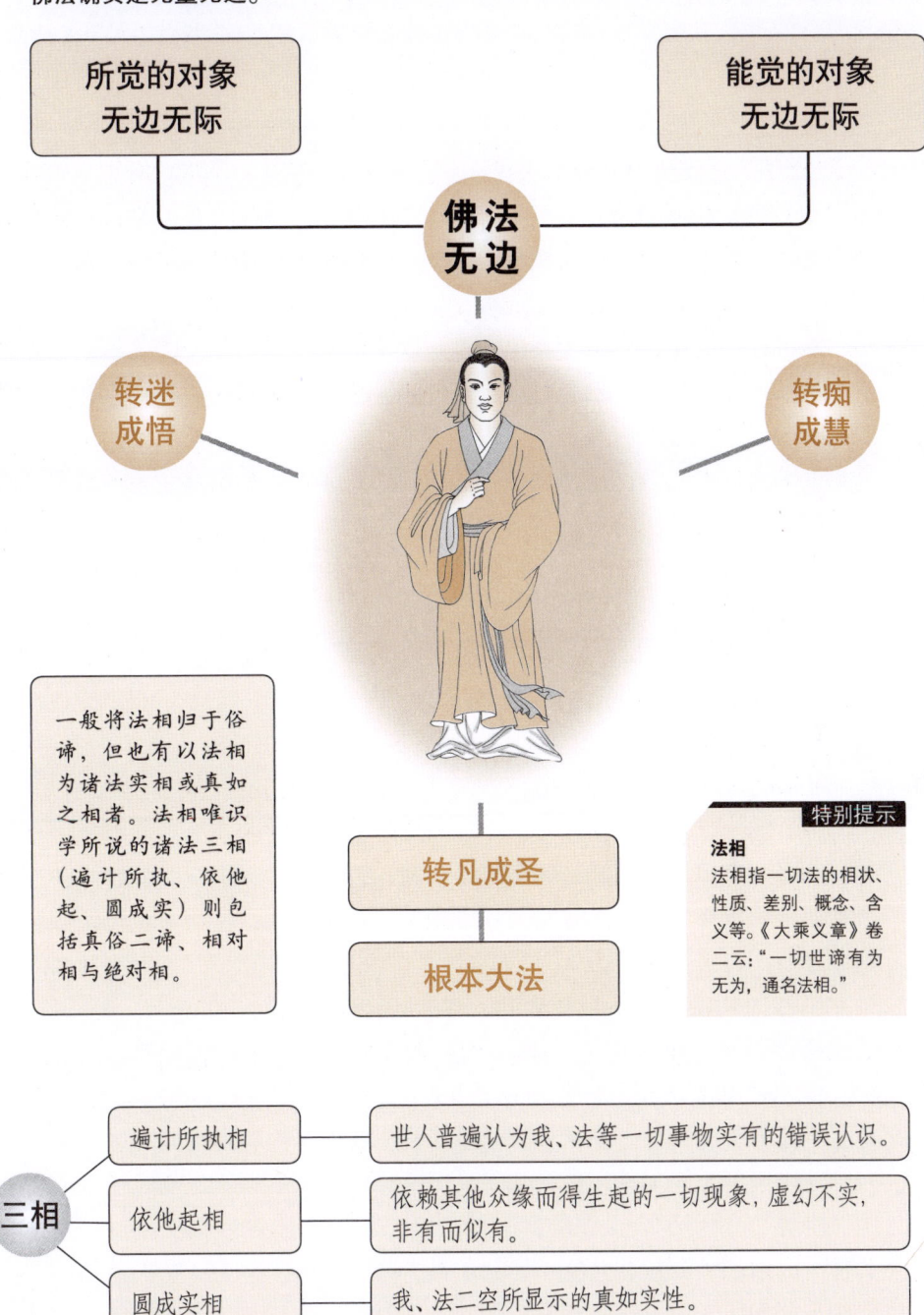

- 所觉的对象无边无际
- 能觉的对象无边无际

→ 佛法无边

- 转迷成悟
- 转痴成慧
- 转凡成圣
- 根本大法

一般将法相归于俗谛，但也有以法相为诸法实相或真如之相者。法相唯识学所说的诸法三相（遍计所执、依他起、圆成实）则包括真俗二谛、相对相与绝对相。

特别提示

法相
法相指一切法的相状、性质、差别、概念、含义等。《大乘义章》卷二云："一切世谛有为无为，通名法相。"

三相
- 遍计所执相 —— 世人普遍认为我、法等一切事物实有的错误认识。
- 依他起相 —— 依赖其他众缘而得生起的一切现象，虚幻不实，非有而似有。
- 圆成实相 —— 我、法二空所显示的真如实性。

佛

自觉、觉他、觉行圆满

"佛",是梵语佛陀(Buddha)一词的略称,古时也写成浮屠或浮图。如果用今天的汉语音译,应当是"布达",佛陀的意思是"觉者"(觉悟的人)或"智者"(大智大慧的人)。

"佛陀"是梵语 Buddha 的音译,意译觉者、智者、觉等,有"觉悟真理者"的意思。佛是具有"自觉、觉他、觉行圆满"的人,是佛教修行的最高果位。"自觉、觉他、觉行圆满"三者,普通人无一具足,声闻、缘觉二乘仅具自觉,菩萨具"自觉、觉他",唯有成佛者同时具备。

对佛证悟的内容,历代经论有种种说法。对佛身、佛土等,各宗派也各有不同的说法,但大乘佛教均以"至佛果"为其终极目的。佛是生命和智慧最完美的极限状态。有智慧的人很多,他们也能够称为佛陀吗?这里所讲的智慧并非一般的智慧,而是彻底圆满地证悟了宇宙人生诸法实相的智慧。一旦成就这种智慧,对宇宙人生就不再有丝毫迷惑,就能彻底摆脱人生的烦恼,佛陀便是证得这种智慧的圣者。在自觉的同时,还必须觉他和觉行圆满,才能称之为佛。

世界上没有一位天生的佛陀,佛都是从平凡的人修行而来,我们人人都可以经过修行成佛,不论贫富贵贱、男女老少乃至一切生灵都具有佛的觉性。这种觉性,众生本自具足,只因为被无明妄想覆盖而无法显现,只要经过修行将我们的佛性开发出来,彻底证悟宇宙人生的真相,我们就不会再迷失。

每位佛陀都有自己的别号,而一切佛陀又有共同的通号。佛的通号有十种:如来、应供、正遍知、明行足、善逝、世间解、无上士、调御丈夫、天人师、佛、世尊。这些名号是根据佛陀的德行施设的,任何一位佛陀都具有这些德行。以"如来"为例,"如来"是"乘如实之道而来",因为如来的行住坐卧和语默动静无不是真理的表现。《金刚经》说:"如来者,无所从来,亦无所去,故名如来。"这句话明确告诉我们,如来出现于世间,虽有来有去,但不住来去之相。世人还喜欢把如来和佛合在一起,称曰"如来佛",这是不伦不类的说法。如来和佛都是通号,我们可称释迦佛或释迦如来;称阿弥陀佛或阿弥陀如来,但"如来佛"这种称呼却不恰当。佛陀还有个名号为"世尊",世尊的含义是受世间人尊重。之所以把佛陀称为"世尊",是因为佛陀的道德、智慧和悲愿都达到了最为圆满的程度,无论是人还是天人都无法与之相比,所以深受尊重和敬仰。

佛是从平凡的人修行而来的

"佛"，是梵语佛陀（Buddha）一词的略称，古时也写成浮屠或浮图，佛陀的意思是"觉者"（觉悟的人）或"智者"（大智大慧的人）。世界上没有一位天生的佛陀，佛都是从平凡的人修行而来。

佛陀具有三觉

1. **自觉**：正觉对一切法的性质相状，无增无减、如实地觉了。声闻、缘觉二乘仅具"自觉"。

2. **觉他**：等觉或遍觉，不仅自觉，而且能平等普遍地觉他，使别人觉悟。菩萨具"自觉、觉他"。

3. **觉行圆满**：圆觉或无上觉，自觉觉他的智慧和功行都已达到最高、最圆满的境地，所以佛也叫无上正等正觉。"自觉、觉他、觉行圆满"同时具备才能称为佛。

每位佛陀都有自己的别号，但一切佛陀又有共同的通号。佛的通号有十种。

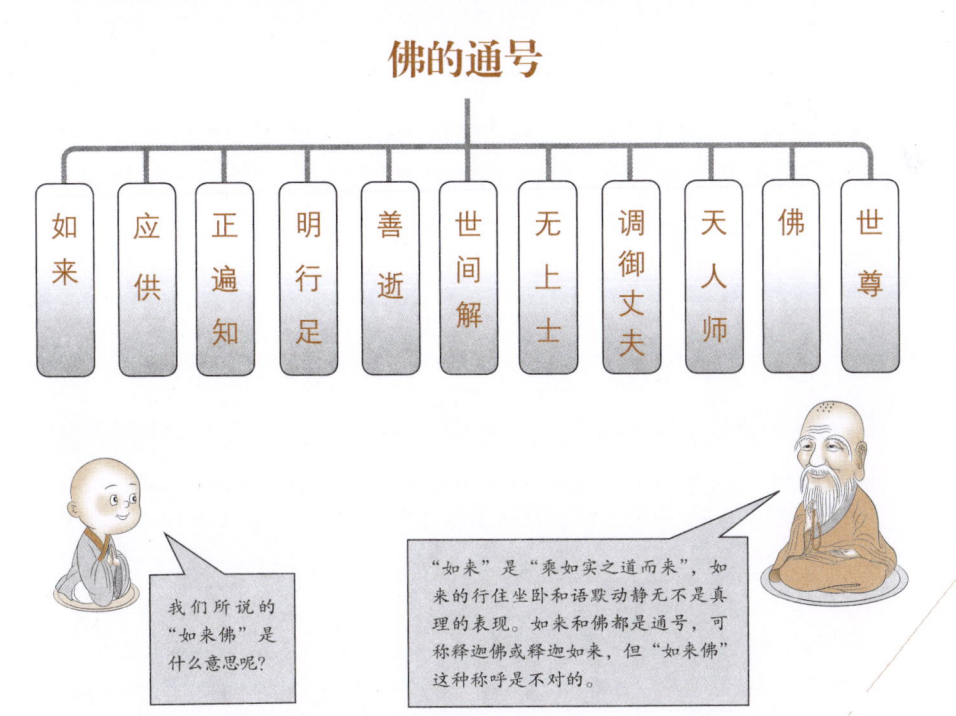

佛的通号

| 如来 | 应供 | 正遍知 | 明行足 | 善逝 | 世间解 | 无上士 | 调御丈夫 | 天人师 | 佛 | 世尊 |

> 我们所说的"如来佛"是什么意思呢？

> "如来"是"乘如实之道而来"，如来的行住坐卧和语默动静无不是真理的表现。如来和佛都是通号，可称释迦佛或释迦如来，但"如来佛"这种称呼是不对的。

佛陀不同于上帝，神教所说的上帝是天生的、唯一的，任何人都不能成为上帝。而佛陀却不是天生的，是由人修行而成的。一切众生都有佛性，都能修行成佛，因为众生无量无边，所以佛陀的数量也非常可观。

《阿弥陀经》曰："东方有阿閦佛、须弥相佛、大须弥佛、须弥光佛、妙因佛、如是等恒河沙数诸佛"，"南方世界有日月灯佛、名闻光佛、大焰肩佛、须弥灯佛、无量精进佛，如是等恒河沙数诸佛；西方世界有无量寿佛、无量相佛、无量幢佛、大光佛、大明佛、宝相佛、净光佛，如是等恒河沙数诸佛；北方世界有焰肩佛、最胜音佛、难沮佛、日生佛、网明佛，如是等恒河沙数诸佛；下方世界有狮子佛、名闻佛、名光佛、达摩佛、法幢佛、持法佛，如是等恒河沙数诸佛；上方世界有梵音佛、宿王佛、香上佛、香光佛、大焰肩佛、杂色宝华严身佛、娑罗树王佛，如是等恒河沙数诸佛。"从所引的这段经文中，可知佛陀数量之多。

恒河是印度著名且神圣的河流，河中有很多白色的细沙，佛陀一生大多在恒河两岸说法，因此说法时常常会引用恒河做比喻。佛陀告诉我们说，已成就的佛陀有恒河沙数之多。过去已有无量众生修行成佛，现在又有无量众生正要修行成佛，未来还有无量众生当修行成佛。既然成佛的众生有这么多，说明成佛并非只有某个人才能办到。人人都有佛性，人人都可以成佛，只要我们能够依佛所说的法去实践，便可体悟真实法性，本具的般若智慧就能开发出来。只要我们发心修道，那么我们也有成佛的一天。

一切众生都有佛性

佛陀不是天生的，而是由人修行而成。一切众生都有佛性，都能修行成佛，众生无量无边，所以佛陀的数量也非常可观。

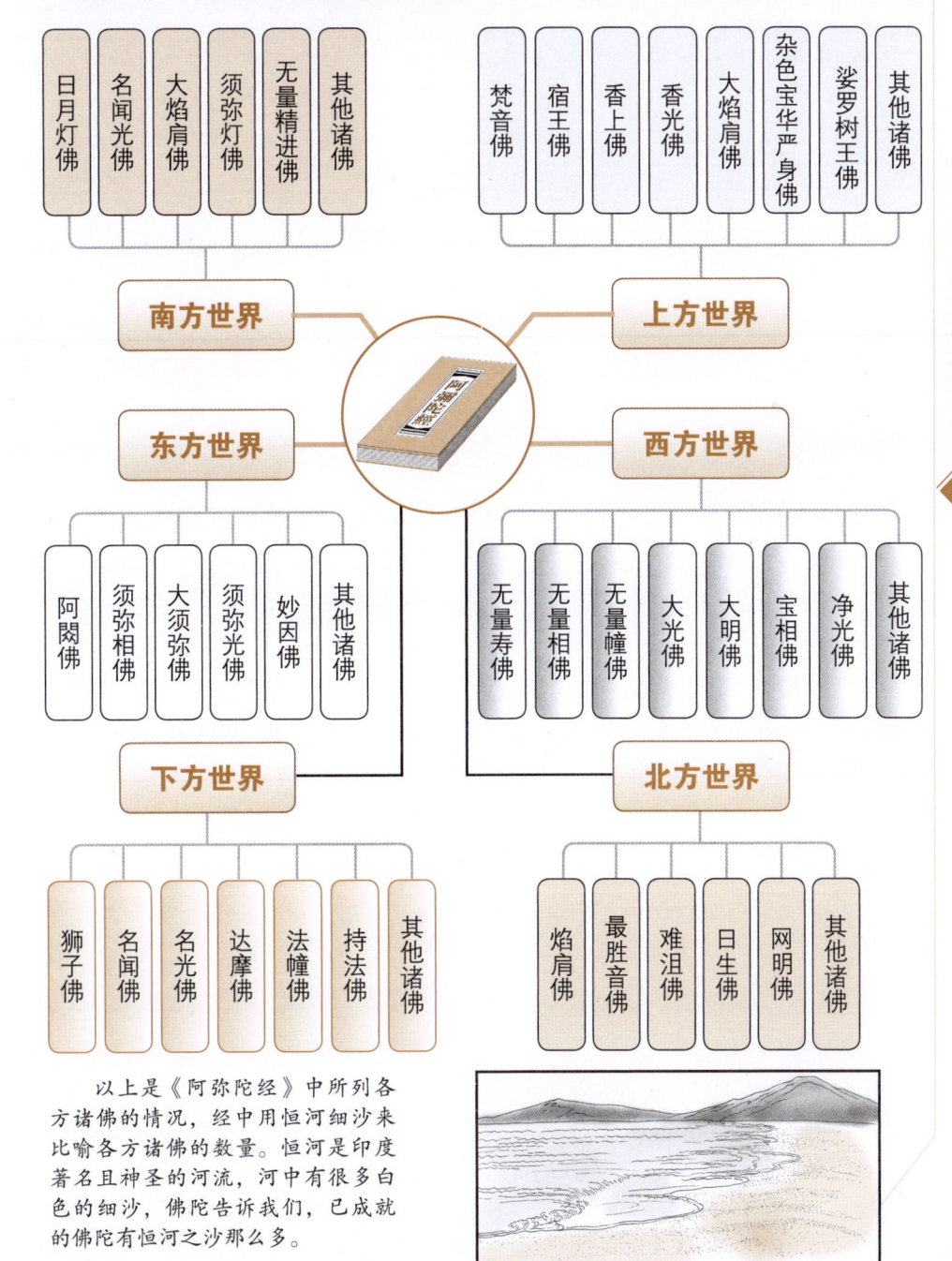

南方世界：日月灯佛、名闻光佛、大焰肩佛、须弥灯佛、无量精进佛、其他诸佛

上方世界：梵音佛、宿王佛、香上佛、香光佛、大焰肩佛、杂色宝华严身佛、娑罗树王佛、其他诸佛

东方世界：阿閦佛、须弥相佛、大须弥佛、须弥光佛、妙因佛、其他诸佛

西方世界：无量寿佛、无量相佛、无量幢佛、大光佛、大明佛、宝相佛、净光佛、其他诸佛

下方世界：狮子佛、名闻佛、名光佛、达摩佛、法幢佛、持法佛、其他诸佛

北方世界：焰肩佛、最胜音佛、难沮佛、日生佛、网明佛、其他诸佛

以上是《阿弥陀经》中所列各方诸佛的情况，经中用恒河细沙来比喻各方诸佛的数量。恒河是印度著名且神圣的河流，河中有很多白色的细沙，佛陀告诉我们，已成就的佛陀有恒河之沙那么多。

读《心经》还需了解的佛法概念　2　佛

223

三宝
佛、法、僧

"三宝"是指佛、法、僧。佛陀是佛宝，佛所说的法是法宝，佛的出家弟子——僧侣（Sangha）是僧宝。

为什么佛、法、僧被称为三宝呢？三宝的来历是什么呢？当初佛初转法轮，在菩提树下成正觉以后，三七日间，唯自受用解脱的妙乐。自念所证法理，寂静微妙，甚深难见，非寻思境界，唯智者所觉。众生深执我见，爱乐烦恼，虽然为他们说法，恐亦不能了解，徒劳无益，不如默住。后经大梵天王劝请说法，于是世尊前往波罗捺斯城外的鹿野苑，为先来这里修苦行的五个侍者：阿若憍陈如、阿说示、跋提、十力迦叶、摩诃罗拘利说苦、集、灭、道四谛法门。五人听法以后，终成阿罗汉，于是世间开始有了三宝：大圣佛陀是佛宝，四谛法轮是法宝，五位罗汉是僧宝。

《宝性论》中，用世间珍宝的六种譬喻来说明将佛、法、僧称为宝的意义。

（一）稀有义。如世间宝物，贫穷的人不能得到。三宝也是这样，没有善根的众生，即使经过千百万劫都不能遇到。（二）离尘义。如世间的珍宝，没有任何瑕秽。三宝也是这样，绝离一切有漏的尘染，最明净，故名为宝。（三）势力义。如世间珍宝，能除贫困、医治病毒等，有大势力。三宝也是这样，具有不可思议的神通威力，故名为宝。（四）庄严义。如世间珍宝，可以令世间庄严，令世间美妙。三宝也是这样，具有无量的无漏功德，能令世间庄严，故名为宝。（五）最胜义。如世间宝璧，在一切物中最为殊胜。三宝也是这样，是出世间的无漏法，殊胜无上，故名为宝。（六）不改义。如世间的真金，烧打磨等，本质不能改变。三宝也是这样，是无漏法故，不为世间的嗔、讥、苦、乐、利、衰、毁、誉八风所倾动，恒常不变，故名为宝。

《大乘本生心地观位》以坚牢、无垢、与乐、难遇、能破、威德、满愿、庄严、最妙、不变十义说明佛、法、僧得名为宝的意义，结语说："佛、法、僧宝，具足无量神通变化，利乐有情，暂无休息，以是义故，诸佛法僧，说名为宝。"

三宝的来历

"三宝"是指佛、法、僧。为什么佛、法、僧被称为三宝呢？三宝的来历是什么呢？

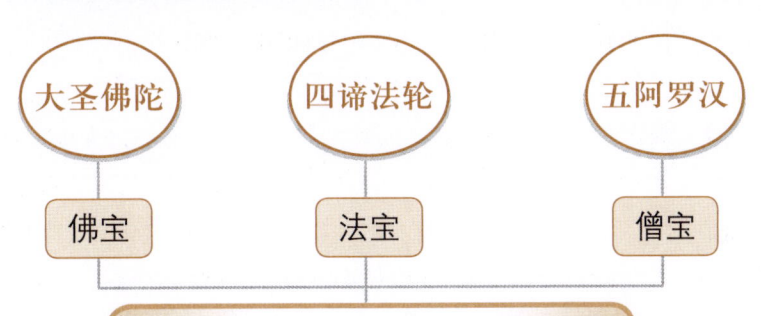

当初佛在菩提树下成正觉以后，经大梵天王劝请才往波捺斯城外的鹿野苑，为修苦行的五个侍者阿若憍陈如、阿说示、跋提、十力迦叶、摩诃罗拘利说四谛法门。五人听法后，漏尽意解，终成阿罗汉，于是世间开始有了三宝。

读《心经》还需了解的佛法概念 ③ 三宝

大圣佛陀	四谛法轮	五阿罗汉
佛宝	法宝	僧宝

指示众生断恶修善，离苦得乐，解脱系缚，得大自在导首，极为尊贵，称之为宝。

三宝的意义

稀有义
没有善根的众生，百千万劫不能值遇。

离尘义
绝离一切有漏尘染，最为明净。

势力义
具有不可思议的神通威力。

庄严义
无量无漏功德，可世间庄严。

最胜义
出世间的无漏法，殊胜无上。

不改义
不为世间的嗔、讥、苦、乐、利、衰、毁、誉八风所倾动，恒常不变。

涅槃

不生不灭、永恒安乐的境界

涅槃是佛教用语，又译作泥日、泥洹、涅槃那，意译为灭、灭度、寂灭、安乐、无为、不生、解脱、圆寂。

涅槃原意是火的熄灭或风的吹散状态，佛教产生以前就有这个概念。佛教用以作为修习所要达到的最高理想境界，含义有多种：息除烦恼业因，灭掉生死苦果，生死因果都灭，而人得度，故称灭或灭度；众生流转生死，皆由烦恼业因，若息灭了烦恼业因，则生死苦果自息，名为寂灭或解脱；永不再受三界生死轮回，故名不生；惑无不尽，德无不圆，故又称圆寂；达到安乐无为、解脱自在的境界，称为涅槃。

《大乘起信论》称："以无明灭故，心无有起；以无起故，境界随灭；以因缘俱灭故，心相皆尽，名得涅槃。"佛教大小乘对涅槃有不同的说法。一般分有余涅槃和无余涅槃两种。一个修行者证得阿罗汉果，这时业报之因已尽，但还有业报身心的存在，故称有余涅槃，及至身心果报也不存在，称无余涅槃。据《肇论》介绍：小乘以"灰身灭智，捐形绝虑"为涅槃，是为有余涅槃；《中论》等则以"诸法实相"为涅槃，是为无余涅槃。大乘还分性净涅槃和方便净涅槃两种。本有的法身，名性净涅槃，即真如法性，亦称性德涅槃；假六度缘修，本有法身显现，名方便净涅槃，亦称修得涅槃。

法相宗综合了大小乘涅槃学说的四种涅槃：①自性清净涅槃。虽有客尘烦恼，而自性清净，湛如虚空；②有余依涅槃。断尽烦恼障所显之真如；③无余依涅槃。生出死苦之真如；④无住处涅槃。断所知障所显之真如，此依佛的三身而说，有法身故不住生死，有应化身故不住涅槃，名为无住处涅槃。大乘佛教认为涅槃具有常乐我净四种德性或常、恒、安、清凉、不老、不死、无垢、快乐八种德性。

涅槃是佛教最高的理想，因此列为三法印之一，称为"涅槃寂静"。涅槃是人生最至极的归宿，但是涅槃的境界并不一定等到死亡才能证得，当初佛陀在菩提树下金刚座上夜睹明星，证悟宇宙人生的真理，成就正等正觉，这种正等正觉就是涅槃。

佛教最高的理想——涅槃

涅槃是佛教用语，原意是火的熄灭或风的吹散状态，佛教产生以前就有这个概念。佛教用以作为修习所要达到的最高理想境界。

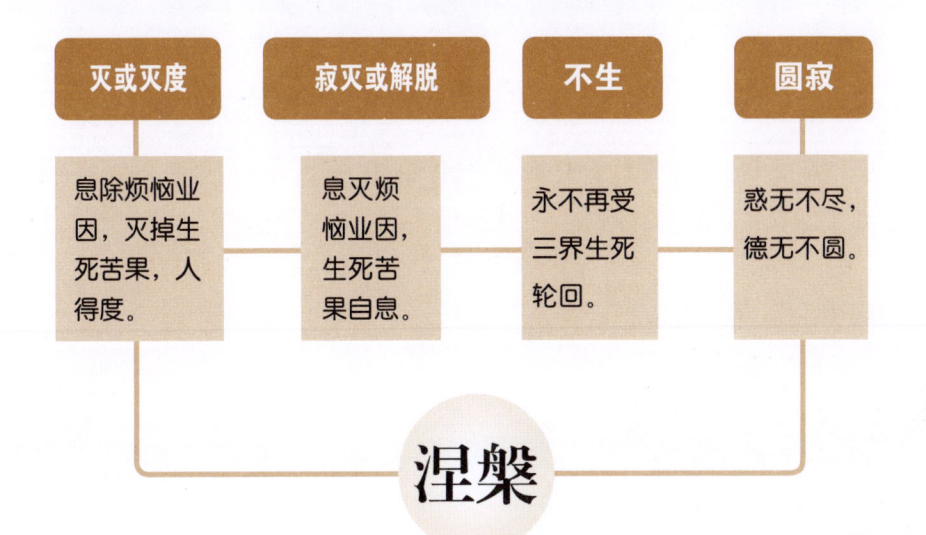

灭或灭度	寂灭或解脱	不生	圆寂
息除烦恼业因，灭掉生死苦果，人得度。	息灭烦恼业因，生死苦果自息。	永不再受三界生死轮回。	惑无不尽，德无不圆。

涅槃

安乐无为、解脱自在的境界

佛所说的涅槃是死亡吗？

涅槃是佛教最高的理想，是人生最至极的归宿，但涅槃的境界并不一定等到死亡才能证得，当初佛陀在菩提树下证悟宇宙人生真理，成就正等正觉，这种正等正觉就是涅槃。

佛教大小乘对涅槃有不同的说法。法相宗综合了大小乘涅槃学说中的四种涅槃。

法相宗的四种涅槃

① 自性清净涅槃：虽有客尘烦恼，而自性清净，湛如虚空。

② 有余依涅槃：断尽烦恼障所显之真如。

③ 无余依涅槃：生出死苦之真如。

④ 无住处涅槃：断所知障所显之真如，有法身故不住生死，有应化身故不住涅槃。

缘起

诸法由因缘而起

缘起（Pratityasamutpada）即"诸法由因缘而起"。简单地说，就是一切事物或一切现象的生起，都是相待（相对）的互存关系和条件，离开互存关系和条件，就不能生起任何一个事物或现象。

在《杂阿含经》中，释迦牟尼曾经给缘起下了一个定义："此有故彼有，此生故彼生，此无故彼无，此灭故彼灭。"在《中阿含经》中，释迦牟尼又说："若见缘起便见法，若见法便见缘起。"在《分别缘起初胜法门经》中，说缘起有11个意义：

（1）无作者义。

（2）有因生义。

（3）离有情义。

（4）依他起义。

（5）无动作义。

（6）性无常义。

（7）刹那灭义。

（8）因果相续无间绝义。

（9）种种因果品类别义。

（10）因果更互相符顺义。

（11）因果决定无杂乱义。

此缘起之理为释迦牟尼悟道成佛之所证悟，为佛教之基本原理。佛教以缘起解释世界、生命及各种现象产生之根源，由此建立起佛教特殊的人生观和世界观。

所以，缘起论是佛法的代表，是佛教与世界上其他宗教或古今任何哲学流派相区别的根本特征。它以"法印"为基础，以"十二因缘""四谛""八正道"为中心思想。所有佛教之教法均以缘起论为依准。不管是原始佛教、部派佛教还是大乘佛教，任何时代或任何地域之佛教宗派，均以缘起论为其根本教理。随着佛教的发展，以缘起论为根本，又逐渐发展出业感缘起、赖耶缘起、真如缘起、法界缘起、六大缘起等一系列缘起论系统教说。

佛教以缘起解释世界

缘起（Pratityasamutpada）即"诸法由因缘而起"。简单地说，就是一切事物或一切现象的生起，都是相待（相对）的互存关系和条件，离开互存关系和条件，就不能生起任何一个事物或现象。

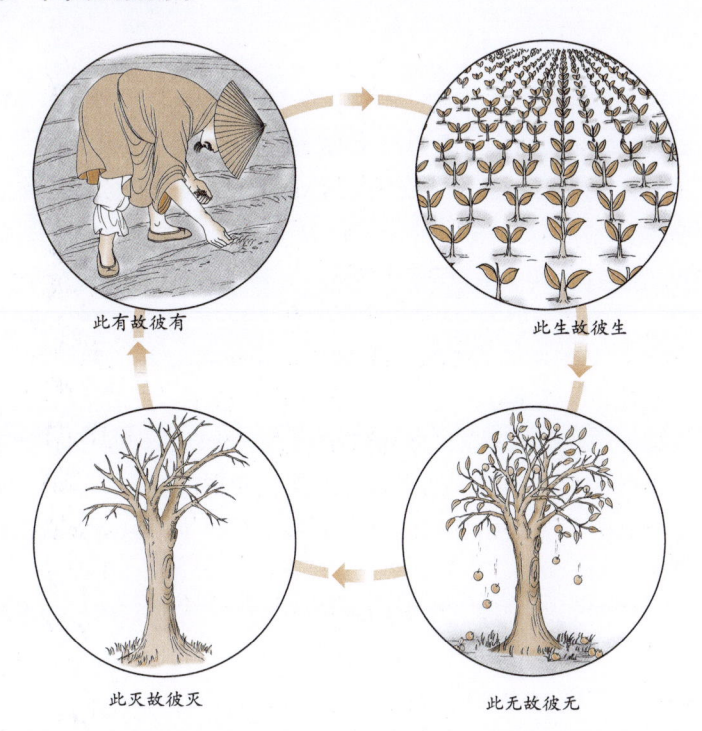

此有故彼有

此生故彼生

此灭故彼灭

此无故彼无

上面的四句话是《杂阿含经》中释迦牟尼曾经给缘起下的定义。《分别缘起初胜法门经》又说缘起有11个意义。

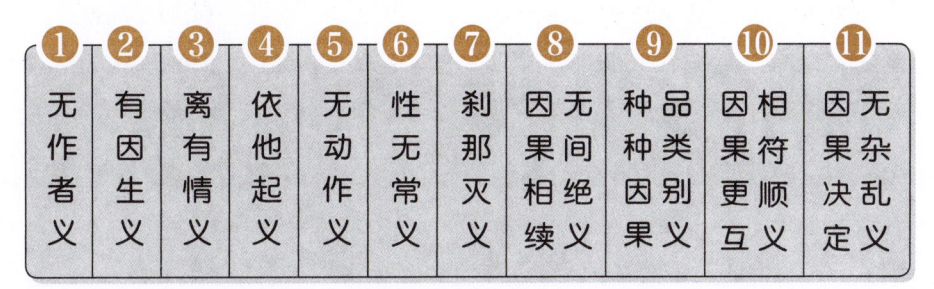

❶	❷	❸	❹	❺	❻	❼	❽	❾	❿	⓫
无作者义	有因生义	离有情义	依他起义	无动作义	性无常义	刹那灭义	因果相续无间绝义	种种因品类别果义	因果更顺相符互义	因果决定无杂乱义

缘起的理论为释迦牟尼悟道成佛时所证悟，为佛教之基本原理。佛教以缘起解释世界、生命及各种现象产生之根源，由此建立起佛教特殊的人生观和世界观。所以，缘起论是佛法的代表，是佛教与世界上其他宗教或古今任何哲学流派相区别的根本特征。

十二缘起

探求人生痛苦的根源

> 佛教认为人生痛苦的根源是十二因缘，无明缘行，行缘识，识缘名色，名色缘六处，六处缘触，触缘受，受缘爱，爱缘取，取缘有，有缘生，生缘老死。此十二环节辗转感果，称为因，互为条件，称为缘，合称十二因缘。

十二缘起也叫十二因缘、十二有支，包括无明、行、识、名色、六处（六入）、触、受、爱、取、有、生、老死十二个环节。

十二缘起的这种结构，在佛教原始经典中是为探求有情众生生死苦恼的缘起而设立的。无明（对佛教真理不能自觉）为缘引起行（善恶行业），行为缘引识（识别作用），识为缘引起名色（身心），名色为缘引起六处（眼、耳、鼻、舌、身、意六根），六处为缘引起触（反应），触为缘引起受（感觉），受为缘引起爱（妄执），爱为缘引起取（追求执着），取为缘引起有（存在），有为缘引起生，生为缘引起老死。以此次序构成了"此有故彼有，此生故彼生，此无故彼无，此灭故彼灭"的相依相对的因果关系，即所谓"十二因缘"。

后来的小乘佛教把十二因缘同因果轮回理论相配，认为：众生由过去的业而受现世的果报，由现世的业而受未来的果报，就是说众生涉三世轮回的次第缘起。

依分位缘起说，过去世无始的烦恼，叫作无明。依过去世烦恼而做善恶行业，叫作行。无明和行，称为过去二因。由这过去二因，心识开始活动，在受胎的一刹那成为有情的分位，这就是识。受胎开始的第二刹那以后，六根尚未完备的有情分位，叫作名色。在胎内六根具足，即将出胎，叫作六处。出胎以后至三岁，只有接触的感觉，尚未识别苦乐，叫作触。五岁以后到十五岁，对事物渐能识别苦乐，是为受。以上从识到受，称为现在五果。十七岁以后，爱欲渐盛，叫作爱。三十岁以后，贪欲旺盛，叫作取。依爱取得的烦恼，造种种的业，定来世的果，这就叫作有。以上爱、取、有，称为现在三因。依这现在世的三因而于未来出世的分位，叫作生。自生至死，叫作老死。生和老死，称为未来二果。这样，过去世、现在世、未来世的，加上两重的因果，合称为三世两重因果。任何一个有情生命体在没有获得解脱前，都依此因果律而"生生于老死，轮回周无穷"。

十二缘起和因果观在不同的佛教宗派中有不同的演绎和观法，但基本都可归结为：人生现象的真正原动力和人生痛苦的总根源是无明，即对人生实相的盲目无知，如果能正确认识人生的实相，认识十二因缘的实相，就能灭尽无明，没有了无明也就没有了行，直至没有了老死，一切痛苦也就没有了。这也就是所谓的超脱生死获得解脱的涅槃境界。

十二缘起

所谓十二缘起，就是无明、行、识、名色、六处、触、受、爱、取、有、生、老死。这十二个环节一环套一环，顺逆都互相缘生缘灭，故又称十二因缘。

十二缘起	无明缘行	因为无知，由此产生行，即盲目冲动，亦即意志活动。
	行缘识	有意志活动，因而产生心识，识即精神活动。
	识缘名色	由于心识活动而形成精神和物质的胎质。
	名色缘六处	胎质逐渐成熟，而生六处眼、耳、鼻、舌、身、意等感官和认识器官。
	六处缘触	胎儿出生后，六种感觉和认识器官与外界接触。
	触缘受	由于身心逐渐发育，六根与六境接触而产生相应的或苦或乐的感受。
	受缘爱	在不断感受的基础上产生分别心，有了爱恶之情。
	爱缘取	正因为有了贪爱，开始对外界执着追求。
	取缘有	由于执着，造下了种种业。
	有缘生	这种业产生未来果报，使人死后重新投胎导致来世的再生。
	生缘	依爱、取形成的惑业，成为业力，使苦果不能止息，继续发生。
	老死	有了生则必然招致老、死。

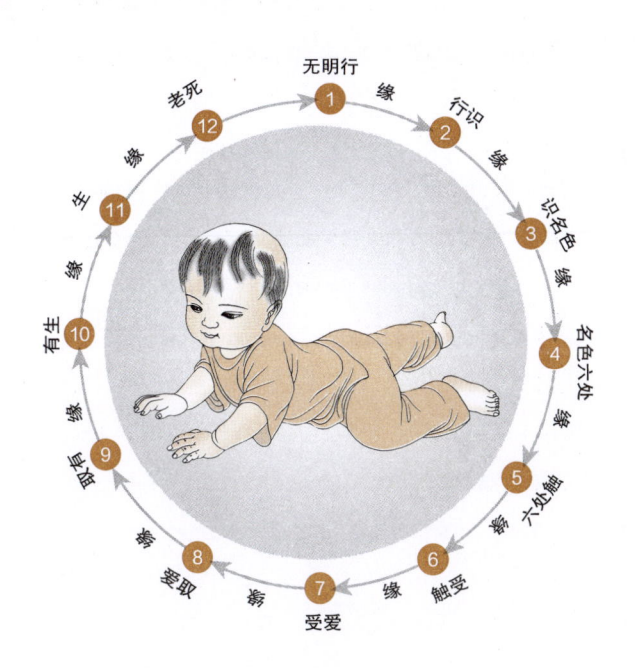

这十二因缘就是有情众生的流转生死的前因后果，它的流转并不是直线式，而是一个轮转。

心性
心识本来所具的不变不改体性

心性为梵文 Cittata 的意译,亦称"心实相""心真如""心实性""心体",谓众生心识本来所具的不变不改的体性,或未被烦恼、无明遮蔽时的本来面目。"自性清净心""本心""真心""净菩提心""阿摩罗识"等,皆异名同体,亦即从心的角度所见真如、法性,故与真如、法性实际上为同一体性。

《大方广如来秘密藏经》云:"心之实性即是一切法之实性。"《占察善恶业报经》云:"所言一实境界者,谓众生心体。"《大日经疏》卷一云:"彼言诸法实相者,即是此经言心之实相,心实相者即是菩提。"心性论被诸乘诸宗佛学作为枢要,大乘性宗尤以心性为佛法精髓。

诸乘大多说心性本空不生,故亦不灭。关于心性争论较多的是心性本净与否的问题。小乘上座部、化地部等说"心性本净,客尘所染",只要去掉烦恼便可恢复本净。大众部也说心性本净,但仅指未来的可能净性。有部不主张心性本净,认为凡夫之心本来杂染不净,去掉杂染心才可清净。大乘多说心性本净,或谓烦恼不能污染心体,如虚空不可玷污,故心性本净(《大集经》等),或说因心性空故本净(《般若经》)。《成唯识论》卷二则说:"然契经说心性净者,谓心空理所显真如,真如是心真实性故,或说心体非烦恼故,名性本净;非有漏心性是无漏,故名本净。"大乘性宗多说烦恼,无明自性空故,性亦清净。大乘性宗还说心性有本觉、本明义。《海意菩萨所问净印法法门经》云:"心之自性本来明澈。"《楞严经》云:"本觉明妙。"禅宗称心性"昭灵不昧",具三身四智。密乘无上部称心性乐、明、无念,无念即法身,乐即极身,明即化身,或说心性具空、明、大悲周遍三德,分别为法、极、化三身。总之,谓心性具足佛的一切功德,心性即佛,唯依此性成佛,可谓大乘性宗、密乘的核心思想。

心性本净的争论

心性为梵文 Cittata 的意译，谓众生心识本来所具的不变不改的体性，或未被烦恼、无明遮蔽时的本来面目。

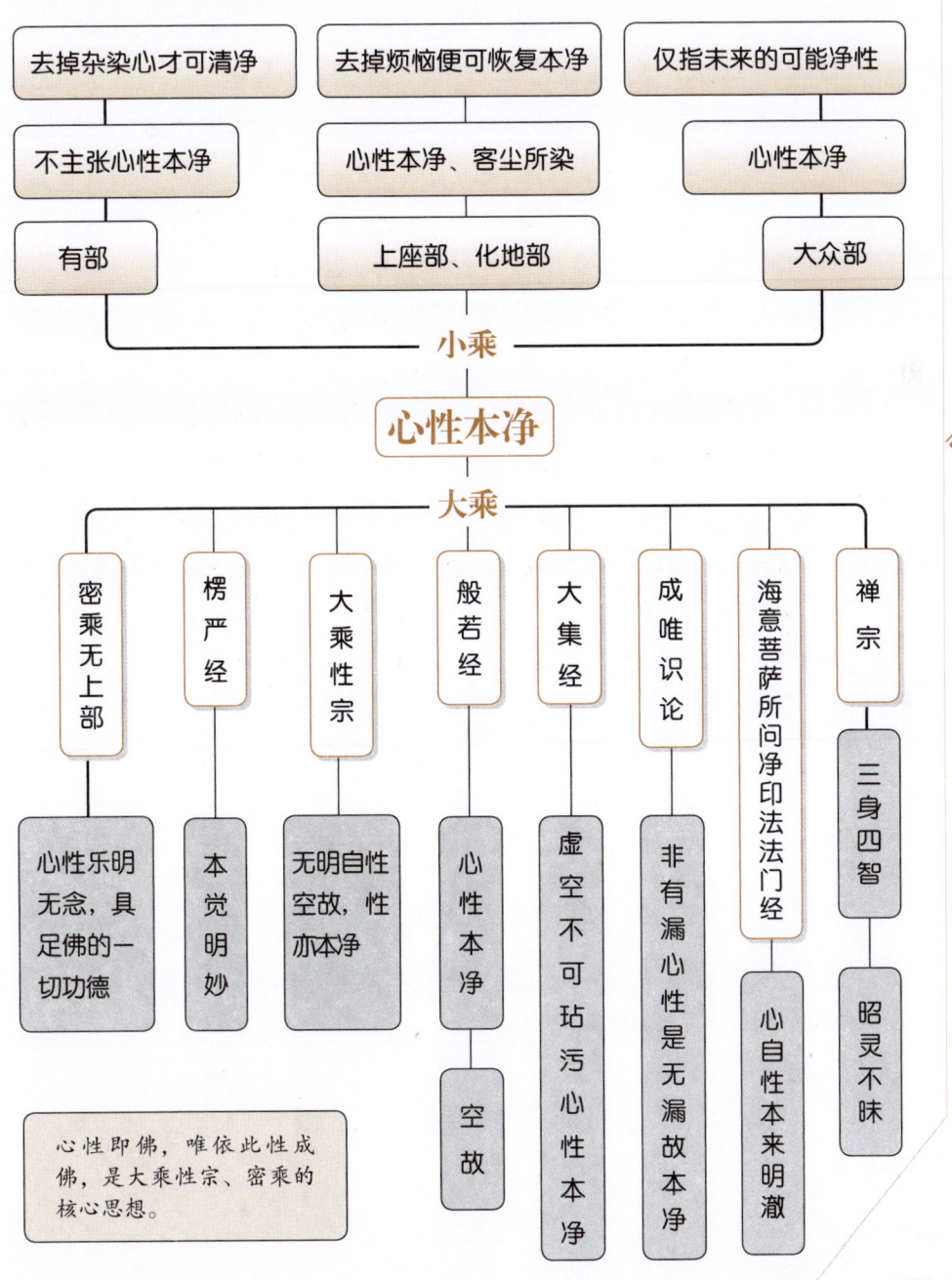

小乘

- 去掉杂染心才可清净 → 不主张心性本净 → 有部
- 去掉烦恼便可恢复本净 → 心性本净、客尘所染 → 上座部、化地部
- 仅指未来的可能净性 → 心性本净 → 大众部

心性本净

大乘

- **密乘无上部**：心性乐明无念，具足佛的一切功德
- **楞严经**：本觉明妙
- **大乘性宗**：无明自性空故，性亦本净
- **般若经**：心性本净 / 空故
- **大集经**：虚空不可玷污心性本净
- **成唯识论**：非有漏心性是无漏故本净
- **海意菩萨所问净印法法门经**：心自性本来明澈
- **禅宗**：三身四智 / 昭灵不昧

> 心性即佛，唯依此性成佛，是大乘性宗、密乘的核心思想。

无我
没有众生所执为实常的自我

无我（Angtman），亦译成"非我""非身"。三法印之一，意谓世间一切现象皆无独立实常的自体，即没有"自我"（灵魂）的存在，与无自性、性空基本同义。

原始佛教在《相应部经典》中着重论述了佛教的无我论，如"无常是苦，是苦者皆无我"，"此形非自作，亦非他作，乃由因缘而生，因缘灭则灭"，认为世界上一切事物都不会自生，而是种种要素的集合体，不是固定不变的、单一的独立体，而是种种要素刹那依缘而生灭的。他们认为房子是砖瓦木石的结合体，人是由五蕴（色、受、想、行、识）组成的，在这样的集合体中，没有常住不变的"我"，故谓无我。

无我分为两类。

①**人无我（人空）**。认为人是由五蕴假和合而成，没有常恒自在的主体——我（灵魂）。

②**法无我（法空）**。认为一切法都由种种因缘和合而生，不断变迁，没有常恒的主宰者。小乘佛教一般主张人无我，大乘佛教则认为一切皆空，法的自性也是空的，一切法的存在都是如幻如化。因此一切事物和现象，按其本性来说都是空的，它们表现出来的，只不过是一些假象，即所谓"性空幻有"。

诸法无我

原始佛教在《相应部经典》中着重论述了佛教的无我论，如"无常是苦，是苦者皆无我"，认为世界上一切事物都不会自生，而是种种要素的集合体，不是固定不变的、单一的独立体，而是种种要素依缘而生灭。

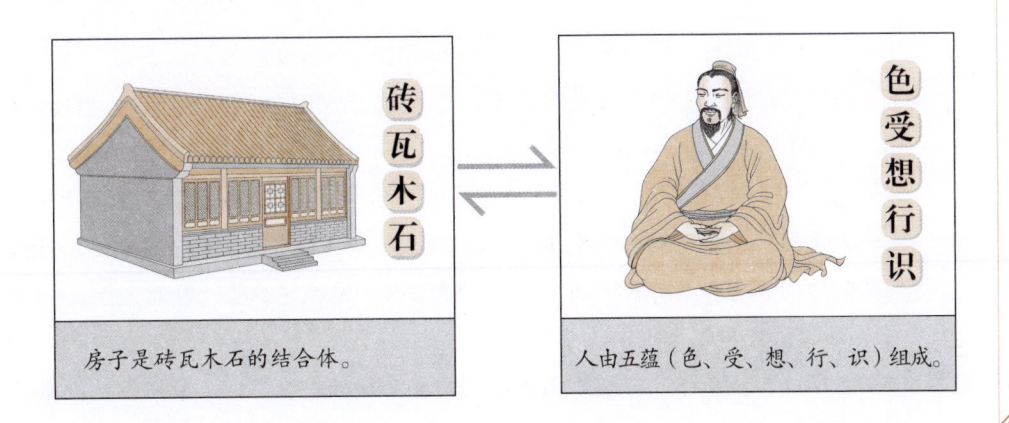

砖瓦木石 ⇌ 色受想行识

房子是砖瓦木石的结合体。

人由五蕴（色、受、想、行、识）组成。

世间万物，看上去是由不同成分、不同材料组成的，但佛教认为一切事物和现象，按其本性来说都是空的，也就是"诸法无我"。

> 佛教的无我学说，主要是为反对婆罗门教的"有我论"提出的，婆罗门教主张"梵我一如"，原始佛教则提出"诸行无常""诸法无我""涅槃寂静"三个命题，被称为三法印。

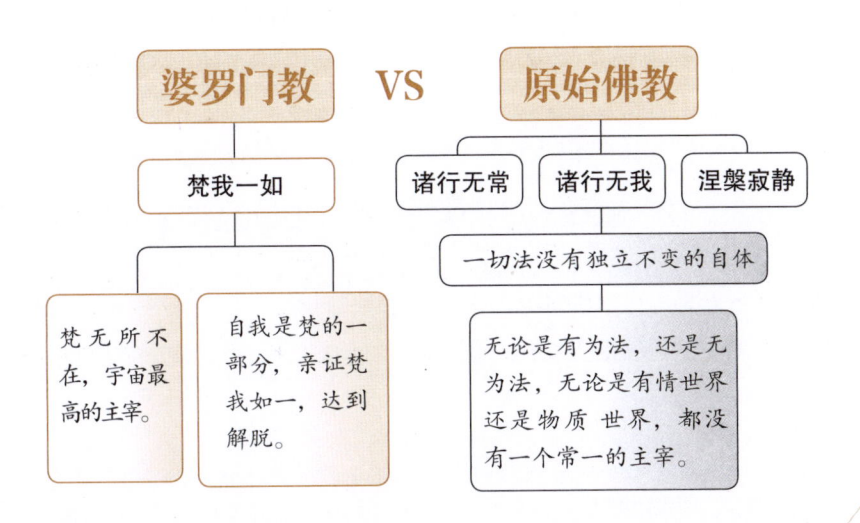

婆罗门教 VS **原始佛教**

婆罗门教：梵我一如
- 梵无所不在，宇宙最高的主宰。
- 自我是梵的一部分，亲证梵我如一，达到解脱。

原始佛教：诸行无常、诸行无我、涅槃寂静
- 一切法没有独立不变的自体
- 无论是有为法，还是无为法，无论是有情世界还是物质世界，都没有一个常一的主宰。

无常

没有恒常的存在

无常，梵文 Anitya，三法印之一，为常住相反。一切有为法皆由因缘而生，依生、住、异、灭四相，于刹那间生灭，而为本无今有、今有后无，故总称为无常。简言之，即变化不止的意思。

佛陀于入灭之际，即告诫弟子："诸行无常，是生灭法；生灭灭已，寂灭为乐。"世间一切有为法都是因缘和合而生起，因缘所生的诸法，空无自性，随着缘聚而生，缘散而灭，所以不但有情世间的众生有生、老、病、死的现象，山河大地有成、住、坏、空的演变，人的心念有生、住、异、灭的变化，自然界的时序更是春、夏、秋、冬，或冷、暖、寒、暑更替不已。也就是说，一切法在时间上是刹那不住，念念生灭，过去的已灭，未来的未生，现在的即生即灭，正如《金刚经》所说："过去心不可得，现在心不可得，未来心不可得。"因为世间一切万法无一是常住不变的，因此说"无常"。

无常是宇宙人生一切现象的真理。依物理学来说，宇宙世间一切事物没有一样是静止的，既然是动的，就是"无常"。因此《八大人觉经》说："觉悟世间无常，国土危脆。"《阿含经》也说："积聚终销散，崇高必堕落，合会要当离，有生无不死。"《万善同归集》更是形容："无常迅速，念念迁移，石火风灯，逝波残照，露华电影，不足为喻。"这些都是说明人生无常的道理：三世迁流不住，所以无常；诸法因缘所生，所以无常。

无常依其变化的速度，分为"念念无常"与"一期无常"两种。在世间所有事物中，变化速度最快的，莫过于人的心念，心念的生灭，刹那不住，比闪电还要迅速，因此《宝雨经》形容"心念如流水，生灭不暂滞；如电，刹那不停"。

除了心念是"念念无常"之外，其实人的生老病死、物的生住异灭、世界的成住坏空等，莫不是由刹那的渐变，累积成一期的突变。因此，世间一切现象，乃至万事万物，可以说都只是时间性的存在而已。因为不论精神、物质，凡一切现象无一不刹那生灭变化，而且是不断地变化，因此无常是世间实相，是永远不变的真理。

诸行无常

无常是宇宙人生一切现象的真理。依物理学来说,宇宙世间一切事物没有一样是静止的,既然是动的,就是"无常"。

原始佛教可以说是源于佛陀对诸行无常的体悟。当初佛陀就是因为感悟人生无常才舍弃荣华,出家修道。成道后,又以苦、空、无常的人生真相开示众生。

无常依其变化的速度,分为"念念无常"与"一期无常"两种。

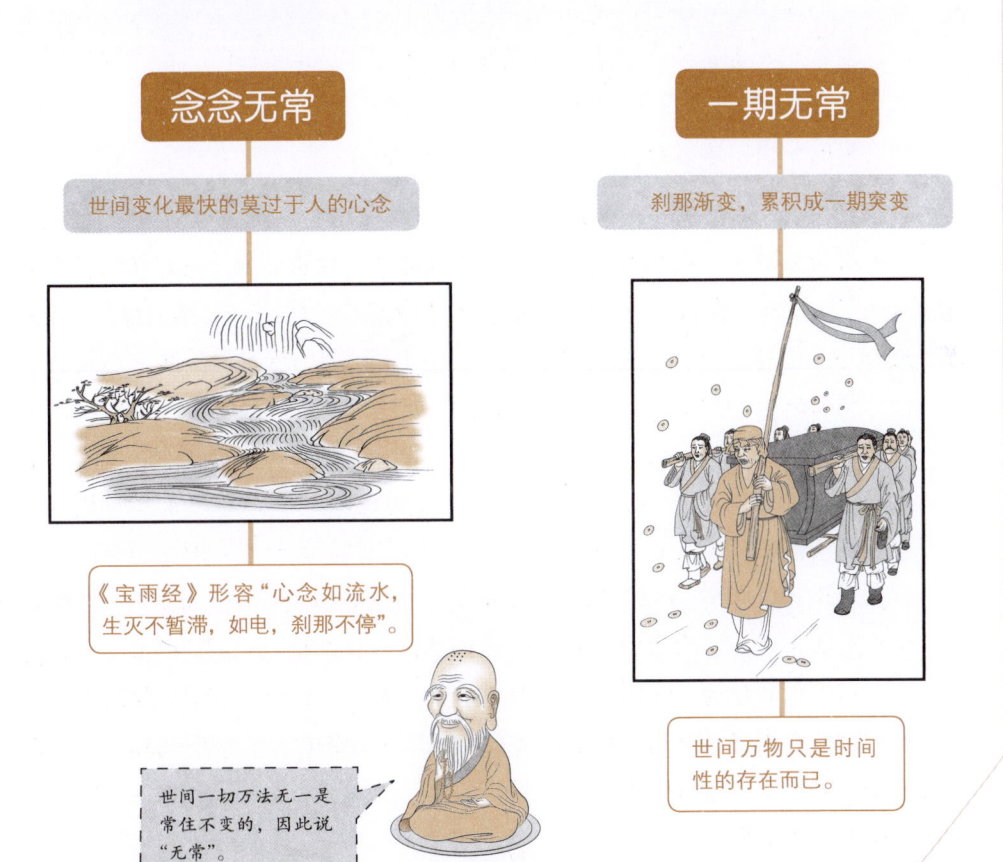

念念无常

世间变化最快的莫过于人的心念

《宝雨经》形容"心念如流水,生灭不暂滞,如电,刹那不停"。

世间一切万法无一是常住不变的,因此说"无常"。

一期无常

刹那渐变,累积成一期突变

世间万物只是时间性的存在而已。

因果相续

因因果果，没有间断

所谓因果相续，是因缘所生的一切法生灭无常而又相续不断，如流水一般，前前逝去，后后生起，因因果果，没有间断。

因果，因谓能造作、产生一定后果的原因，果谓由一定原因产生的结果，是对存在和行为的互相关系，尤其是前后关系的一种认识。因果合用，表示诸法之间的因果关系，为佛法的一个基本理论。佛教认为世间法、出世间法都不出因果。

因果的品类有种种无量的差别。种种品类差别的因果关系固然错综复杂，但其间又有井然的法则，一丝不乱。一类的因产生一类的果，如善因得善果，因与果相符，果与因相顺；一类的因不能生另一类的果，如种瓜只能得瓜，不能得豆。佛教认为因果的法则是注定的，虽三世（过去、现在、未来）诸佛也不能加以改变的。这就是"因果相续无间绝义""种种因果品类别义""因果更互相符顺义"和"因果决定无杂乱义"的简单解释。关于因、缘、果的分析，佛教有六因、四缘、五果等说法。

● 六因

六因为诸法生起的六种原因。据《俱舍论》卷六记载：①能作因（无障因），谓有为法生时，能参与扶助、不为障害的一切因，可推及于一切法，或分为与力（对其出生起有力作用）、不障（无力）两种。②俱有因（共生因、共有因），指两个以上的因互为依存条件，"相扶体立"，互不能离，如三枝芦苇互相支撑始能直立。③同类因（自分因、自种因），谓能生同一类果的因，如善因生善果，恶因生恶果。④相应因，指心与心所法必相应而起，心所法必因心而生。⑤遍行因（遍因），专指遍行于一切烦恼中而能引生三界生死的根本原因，如无明、疑、邪见等。⑥异熟因（报因），指能招致和形成来世善恶果报（异熟果）的恶业和有漏善业。又《楞严经》说当有因、相续因、相因、作因、显示因、待因六因。当有因谓能生后果的因；相续因谓由心识缘境、所生种、子等；相因谓心识生灭相续则不间断；作因谓作为；显示因谓显现境事，如灯照色；待因谓修道断无明妄想之因，则无妄无生的境界显现。

因、缘、果（1）

因果，因谓能造作、产生一定后果的原因，果谓由一定原因产生的结果，是对存在和行为的互相关系，尤其是前后关系的一种认识。因果合用，表示诸法之间的因果关系，为佛法的一个基本理论。

因与果相符，果与因相顺，一类的因不能生另一类的果，如种瓜只能得瓜，不能得豆。佛教认为因果的法则是注定的，虽三世（过去、现在、未来）诸佛也不能加以改变。

六因

六因

能作因（无障因）
谓有为法生时，能参与扶助、不为障害的一切因，可推及一切法。
- 与力：对其出生起有力作用
- 不障：无力

俱有因（共生因）（共有因）
两个以上的因互为依存。
相扶体立，互不能离。

同类因（自分因）（自种因）
能生同一类果的因。
善因生善果，恶因生恶果。

相应因
心与心所法必相应而起。
心所法必因心而生。

遍行因（遍因）
遍行于一切烦恼中而能引生三界生死的根本原因。
无明、疑、邪见。

异熟因（报因）
能招致和形成来世善恶果报（异熟果）的恶业和有漏善业。

在《楞严经》中又有另外六因的说法，分为当有因、相续因、相因，作因、显示因、待因。

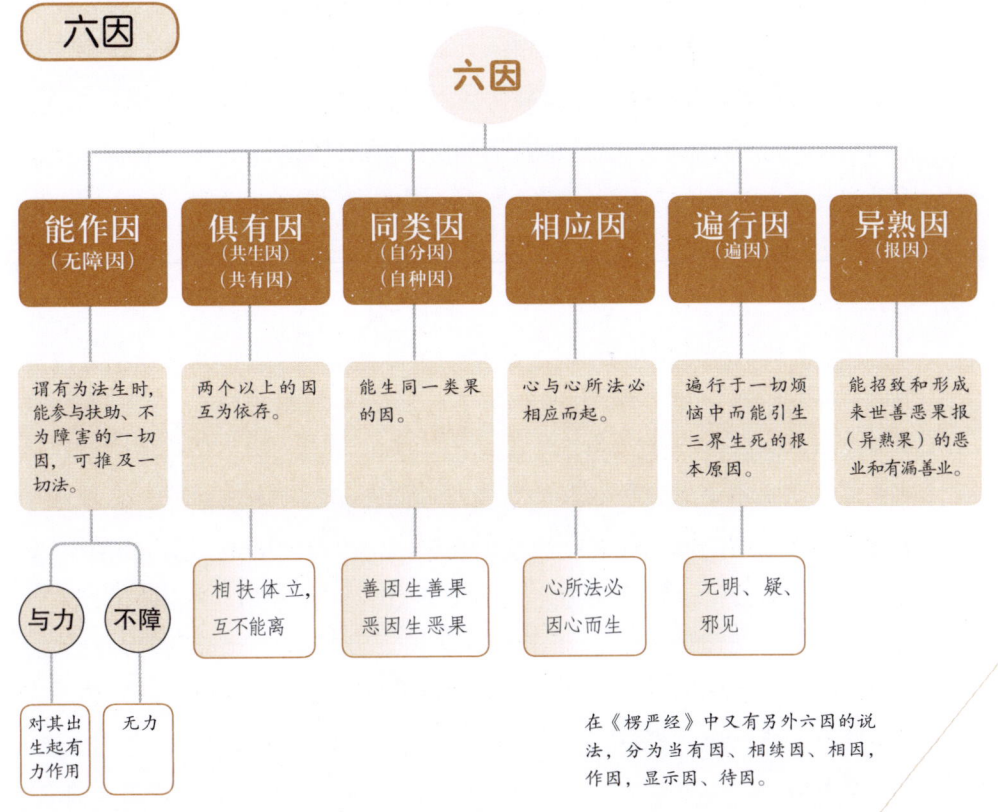

● 四缘

因缘、等无间缘、所缘缘、增上缘，合称四缘。①因缘，这里所讲的因缘，是说因即是缘，名为因缘。因缘就是起主要作用的因，如竹器以竹为主要条件，竹就是竹器的因缘。②等无间缘，也称次第缘。佛教认为主观思维的开展，前前后后的种类是相互关联着的，前行的思维大体规定了后起思维的种类，前后等同，称为"等"。如果前后思维中间没有其他障碍，前者引导着后者就一贯而下、不会中断，称为"无间"。如此前念心直接为后念心的生缘，称为"等无间缘"。前念心导引后念心产生，所以又称"次第缘"。③所缘缘，指诸心所攀缘的境界，即认识的对象。佛教认为，心是能缘，能缘的缘是缘虑、思虑的意思，外境是所缘。由有所缘，才引起能缘。能思虑的心必须仗托外境才能产生思虑，如观花爱其芳馨，赏月赞其皎洁，可见外界客观本身即是所缘，即为所起的心作缘，故称为所缘缘。④增上缘，指任何一个事物对其他一切事物的影响和作用。分为两类，一是有力增上缘，即对其他事物的生长能起帮助作用的条件。如阳光、空气、雨水、肥料、人工、农具等，对于农作物来说都是增上缘；二是无力增上缘，即对其他事物的生长不起妨碍作用的条件。佛教认为宇宙间任何一个事物无不具有增上缘的功能，只是不能影响自己，也就是不能作为自身的增上缘。再者，一切由因缘和合而生的有为法不能影响无为法，不能作为影响无为法的增上缘，因为佛教认为无为法是不受缘影响的。

● 五果

五果为诸因所生的五种果。《俱舍论》等说六因四缘生五果，据《成唯识论》卷八记载，五果为：①异熟果（报果），由异熟因所生，谓一生业行所造成的来世成熟的果报。②等流果（依果），为同类因、遍行因所生，指善恶等因相续而生的同类果报，"等流"谓同类相续。③离系果（解脱果），指由依佛法修习的因所生解脱烦恼生死系缚的出世间果报。④士用果（士夫果），为俱有因、相应因所生，指成办事业、现前有实际功用的果报，士谓士夫（人），用谓作用，士用指人的造作。⑤增上果，谓除前四种以外的一切果报，为能作因所生，增上意为增进助长。又《瑜伽师地论》卷九等说善恶业能给予众生五种果：①异熟果；②等流果；③增上果；④现法果；⑤他增上果。

因、缘、果（2）

四缘

因缘 — 因即是缘，名为因缘。

竹器以竹为条件，竹是竹器的因缘。

等无间缘 — 前后思维等同，称为"等"。前者引导后者一贯而下不中断，称为"无间"。

前念心直接为后念心的生缘，前念心导引后念心产生。

所缘缘 — 外界客观本身即是所缘，即为所起的心作缘。

如观花爱其芳馨，赏月赞其皎洁，故称所缘缘。

增上缘 — 指任何一个事物对其他一切事物的影响和作用。

├─ 有力增上缘
└─ 无力增上缘

对其他事物的生长不起妨碍作用而起帮助作用的条件。

五果

五果为诸因所生的五种果，《俱舍论》等说六因四缘生五果。

《瑜伽师地论》则说五种果为：①异熟果；②等流果；③增上果；④现法果；⑤他增上果。

> 宇宙间任何一个事物无不具有增上缘的功能，只是不能影响自己，也就是不能作为自身的增上缘。

异熟果
异熟果（报果），由异熟因所生，一生业行所造成的来世成熟的果报。

等流果
等流果（依果），指善恶等因相续而生的同类果报。

离系果
离系果（解脱果），指由依佛法修习的因所生解脱烦恼生死系缚的出世间果报。

士用果
士用果（士夫果），指成办事业、现前有实际功用的果报。

增上果
增上果，除前四种以外的一切果报，为能作因所生，增上意为增进助长。

读《心经》还需了解的佛法概念

10 因果相续

241

有漏皆苦

佛教对苦的缘起的解释

"有漏皆苦"，亦称四法印。有漏，梵文 Bhavasrava 的意译，与无漏相对，指具有烦恼，与有烦恼的心相应的一切法。"漏"就是烦恼。

佛教认为众生不明白一切法缘生缘灭、无常无我的道理，而在无常的法上贪爱追求，在无我的法上执着为"我"，或为"我所有"，这叫作惑，惑使人烦恼，所以惑又叫作烦恼。

烦恼的种类很多，贪（贪欲）、嗔（嗔恨）、痴（不知无常无我之理等等）是三毒，加上慢（傲慢）、疑（犹疑）、恶见（不正确的见解，如常见、断见等）为六根本烦恼。

由于烦恼而造种种业（Kamma），业就是行为（身业）、言语（口业）、思想（意业）的活动。烦恼和业引生未来或为天人、阿修罗、人，或为地狱、饿鬼、畜生的身心，于是又起烦恼，又造业，又生身心，这样的生死轮回（Samsara）没有休歇。所以，生死轮回是苦的。

以人生而论，一般来说有八苦：生苦（婴儿出胎时苦）、老苦、病苦、死苦、爱别离苦（与所爱的分离）、怨憎会苦（与所怨憎的聚会）、所求不得苦、五取蕴苦（五取蕴即五蕴，取就是烦恼，人的色、受、想、行、识以烦恼为因而生，又能生烦恼，所以叫取蕴。五蕴刹那迁流变坏，为生老病死等苦所集，所以是苦）。总之，佛说世间有无量的苦，苦不是孤立的自己生起来的，也不是造物主给予的，也不是偶然的，而是有因缘的。上面所说的因惑而造业，因业而有生死苦，就是佛教对苦的缘起的解释。

有漏皆苦

"有漏皆苦",亦称四法印。有漏,与无漏相对,指有烦恼,与有烦恼的心相应的一切法,"漏"就是烦恼。

六根本烦恼

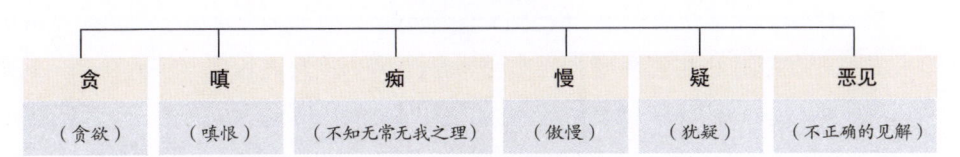

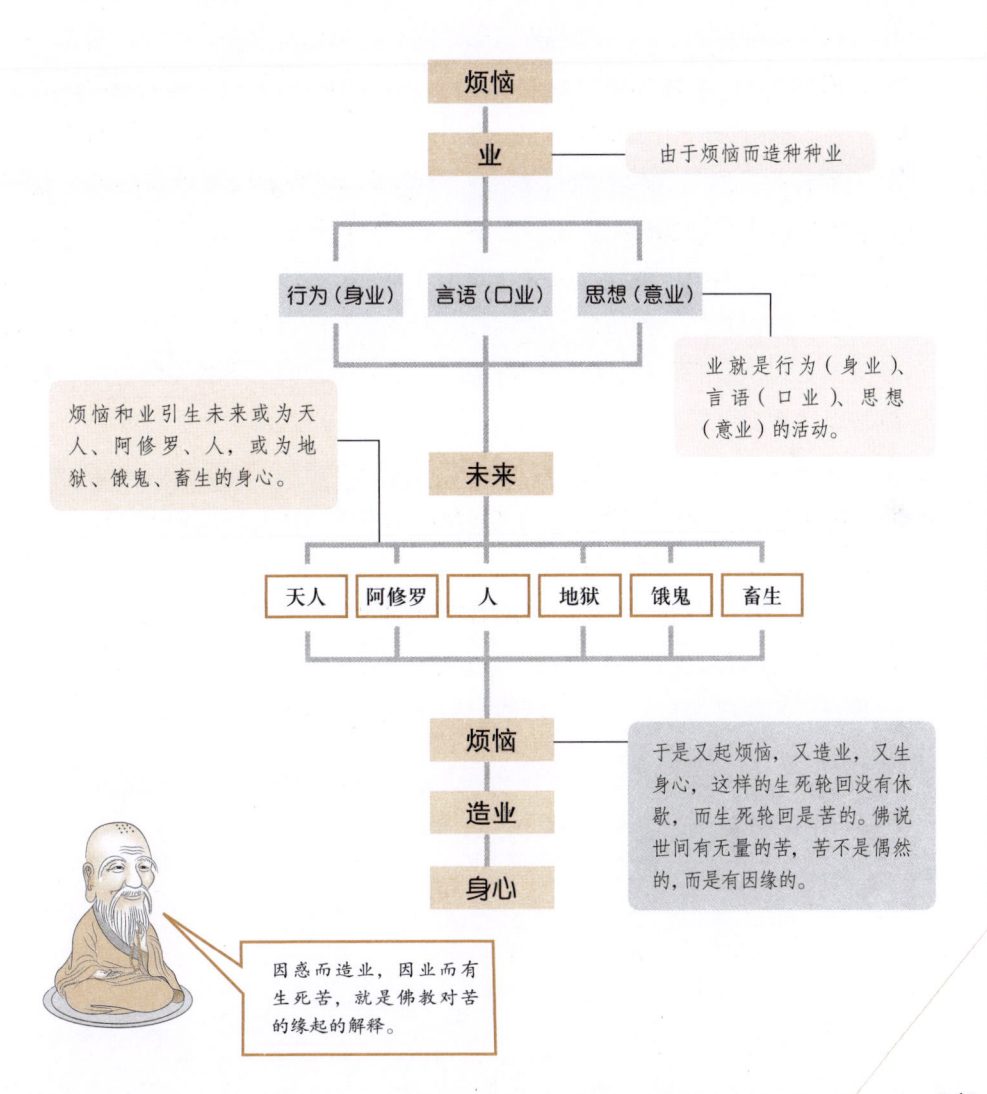

贪	嗔	痴	慢	疑	恶见
(贪欲)	(嗔恨)	(不知无常无我之理)	(傲慢)	(犹疑)	(不正确的见解)

```
烦恼
 ↓
 业 ——— 由于烦恼而造种种业
 ↓
┌──────┬──────┐
行为(身业) 言语(口业) 思想(意业)
                    业就是行为(身业)、
                    言语(口业)、思想
                    (意业)的活动。
 ↓
未来
 ↓
┌────┬────┬────┬────┬────┐
天人 阿修罗 人 地狱 饿鬼 畜生

烦恼和业引生未来或为天
人、阿修罗、人,或为地
狱、饿鬼、畜生的身心。

 ↓
烦恼 ——— 于是又起烦恼,又造业,又生
 ↓      身心,这样的生死轮回没有休
造业     歇,而生死轮回是苦的。佛说
 ↓      世间有无量的苦,苦不是偶然
身心     的,而是有因缘的。
```

因惑而造业,因业而有生死苦,就是佛教对苦的缘起的解释。

读《心经》还需了解的佛法概念　11　有漏皆苦

243

三界唯心
一切现象不离"心"

宇宙人生的一切现象，在我们的心里不过是八识所变现的假象而已。其实，万物成、住、坏、空不断异动，心念生、住、异、灭刹那生死以及那些常住不变的宇宙，统统都在我们的心里！

　　三界唯心也称三界唯识，它是佛法中一个重要的教理。佛教认为人有两颗心：一颗真心，一颗妄心。人常常把自己的心脏与大脑称为心，但那只是一个器官而已，佛教认为它并不是真"心"。那人的真心在哪儿呢？如果我们认真地体会就会发现，那些使人感动的行为和思想都是人用真心对待的结果，那些可恶的东西却是由妄心在做主。在人的行为与思想的表象中，人在观察他人的行为时，大多数人能将真心与妄心区分开来，因为我们每个人都有一颗真心，通常我们称为"良心"的那颗心，是比较接近真心的。我们在做人处世中常说凭良心，做了善事，心里觉得很好受，做了错事觉得很难过，知道错了不应该做。在未做之前也许心告诉你不应该做，可是你受了诱惑，不听心的阻拦，做后使心很难过。但良心其实也是不太可靠的，我们的心受到妄想执着所熏染，已经变得不那么可靠了，只有等到无明破除、转识成智以后才会可靠。

　　所以"三界唯心"就是说三界都是由我们的心所创造的。《楞严经》里，阿难尊者七处认心皆不可得。在身内、身外，在身体的神经系统里，在内外明暗之间，在思想里，在身心中，在无着的地方都不是，但心犹如空气，是无形的，有形的都是我们能看得见的物质，但在人的行为中，我们能认识到心的存在。其实佛经告诉我们三界唯心，还有什么东西不是心呢？真心是心，妄心也是心，世上一切的一切都是心，其实心就是我们自己，就是"真我"。

三界唯心

三界唯识，意谓一切现象不离众生心识，经验世界的实质是心识的变现。

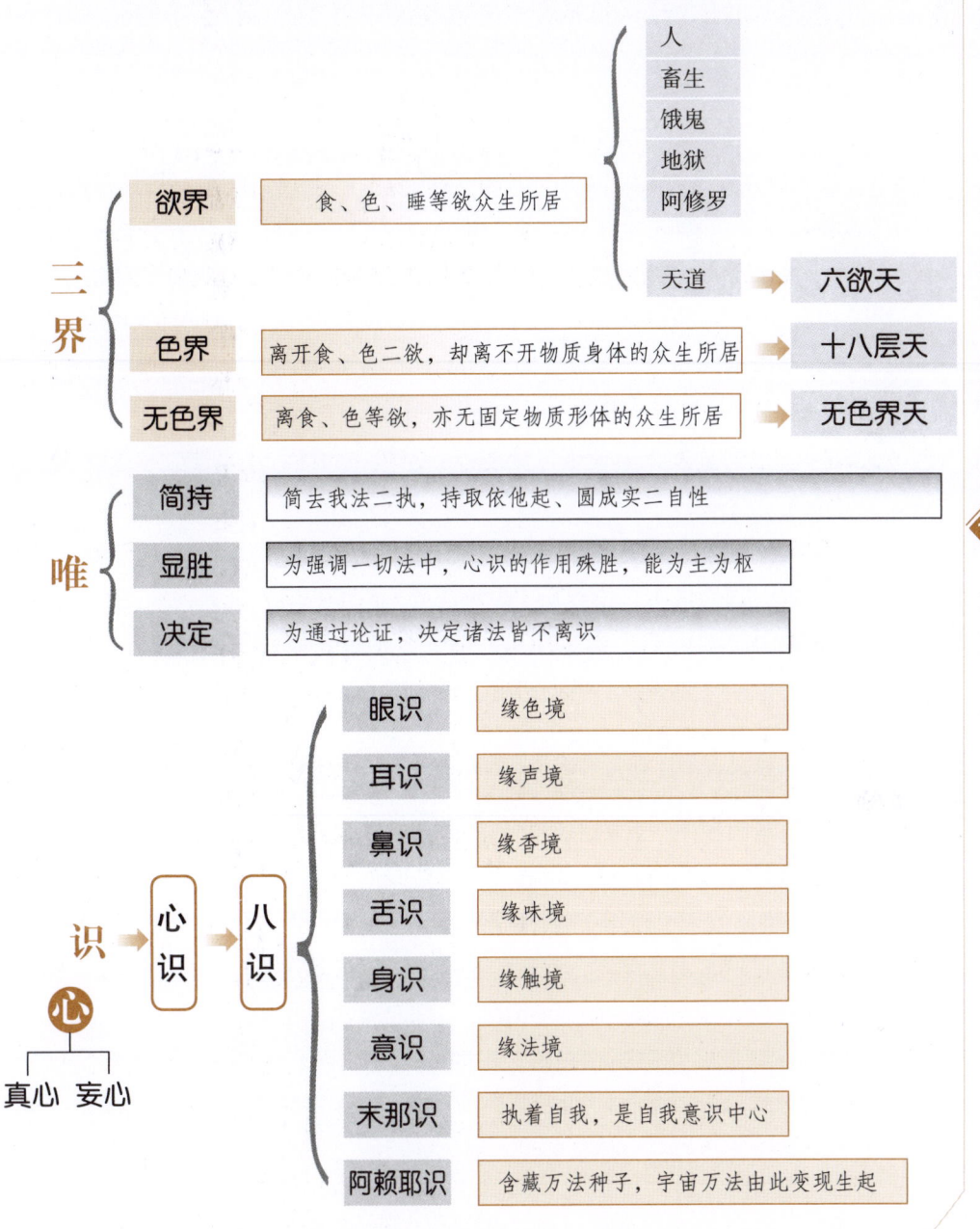

三界
- 欲界：食、色、睡等欲众生所居
  - 人
  - 畜生
  - 饿鬼
  - 地狱
  - 阿修罗
  - 天道 → 六欲天
- 色界：离开食、色二欲，却离不开物质身体的众生所居 → 十八层天
- 无色界：离食、色等欲，亦无固定物质形体的众生所居 → 无色界天

唯
- 简持：简去我法二执，持取依他起、圆成实二自性
- 显胜：为强调一切法中，心识的作用殊胜，能为主为枢
- 决定：为通过论证，决定诸法皆不离识

识
- 心
  - 真心
  - 妄心
- 心识 → 八识
  - 眼识：缘色境
  - 耳识：缘声境
  - 鼻识：缘香境
  - 舌识：缘味境
  - 身识：缘触境
  - 意识：缘法境
  - 末那识：执着自我，是自我意识中心
  - 阿赖耶识：含藏万法种子，宇宙万法由此变现生起

> "三界唯心"，其实是指我们的心被贪、嗔、痴等烦恼污染后，就好像自己给自己筑了一道围墙，使得我们不能看清楚墙外事物的本来面目，因而创造了一个与本体世界不一致的世界。

发菩提心
上求佛道，下度众生的誓愿

发菩提心是发起求佛道、度众生的誓愿，为修行大乘道的因。菩提心，具称"阿耨多罗三藐三菩提心""无上菩提心"，指上求佛道、下度众生的誓愿。

《大智度论》中说："菩萨初发心，缘无上道，我当作佛，是名菩提心。"《瑜伽师地论》谓初发菩提心者，即入大乘菩萨之行列。《发菩提心经论》说："依思惟诸佛、观身过患、慈愍众生、求最胜果四缘修观而发菩提心。"

"菩提心"的"菩提"二字，是古印度的梵语，译成汉文的意义为"觉"，是成佛的意思，菩提心即成佛的心。发菩提心，就是发"阿耨多罗三藐三菩提心"，简称"菩提心"，或云"大乘心"，或云"普贤心"，再简云"发心"，也就是发无上正等正觉之心。简单一句话，就是要发"上求佛道、下化众生"之心。

《华严经》中说："菩提心者，则为一切诸佛种子，能生一切诸佛法故。菩提心者，则为良田，长养众生白净法故。菩提心者，则为大地，能持一切诸世间故。菩提心者，则为净水，洗濯一切烦恼垢故。菩提心者，则为大风，一切世间无障碍故。菩提心者，则为盛火，能烧一切邪见爱故。菩提心者，则为净日，普照一切众生类故。菩提心者，则为明月，诸白净法悉圆满故。"故知菩提心乃一切正愿之始、菩提之根本、大悲及菩萨学之所依。

在佛法的修学中，大乘菩萨最初必须发起大菩提心，诸佛菩萨悲智的品行也是靠菩提心来成就的。佛法中一切法门的修学都是建立在发菩提心的基础上，任何一个法门都不能离开菩提心，一切法门所讲的正见都是为菩提心服务。只有发起大菩提心，佛法的正见才会有着落之处。离开菩提心，佛法的修学就会变得空洞和抽象。不论哪一部经典都立足于菩提心，而每一位菩萨的修行都是以发菩提心开始，不同的只在于愿力的体现。如阿弥陀佛的四十八大愿，药师琉璃光如来的十二大愿，观世音菩萨和地藏王菩萨诸大愿等等，诸佛菩萨的愿力都是菩提心的体现。

菩提心

"菩提心"中的"菩提"二字，是古印度的梵语，译成汉文的意义为"觉"，是成佛的意思，菩提心即成佛的心。发菩提心，就是发"阿耨多罗三藐三菩提心"，也就是发无上正等正觉之心，就是要发"上求佛道、下度众生"之心。

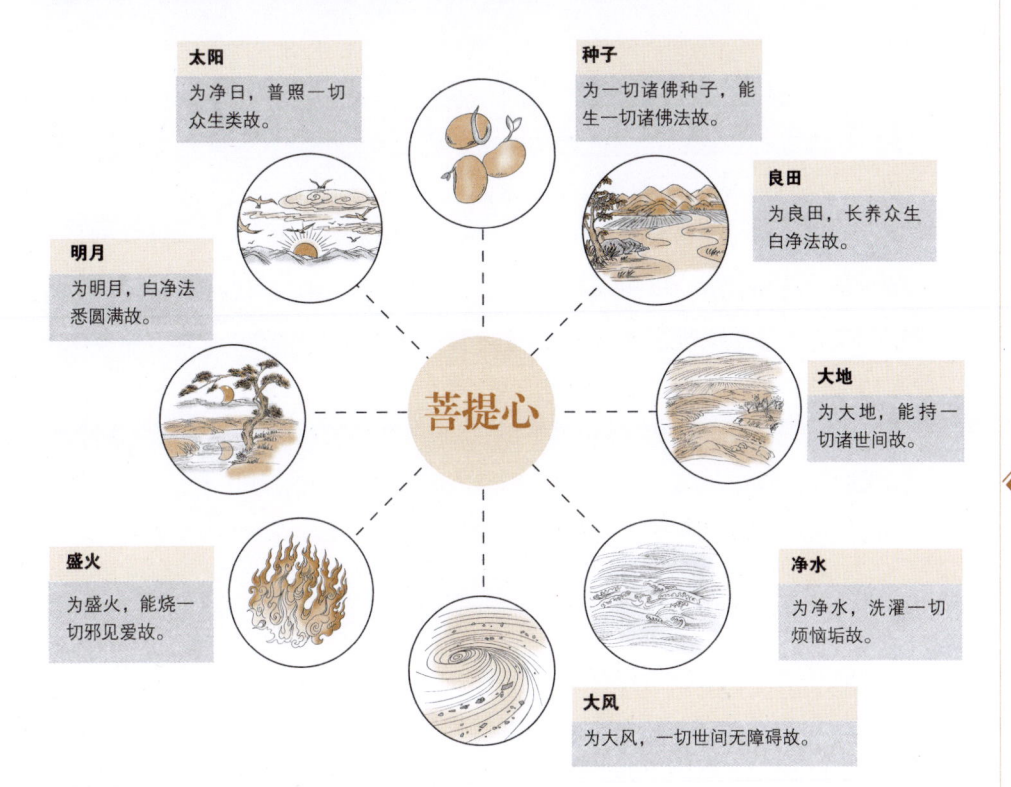

太阳
为净日，普照一切众生类故。

种子
为一切诸佛种子，能生一切诸佛法故。

良田
为良田，长养众生白净法故。

明月
为明月，白净法悉圆满故。

菩提心

大地
为大地，能持一切诸世间故。

盛火
为盛火，能烧一切邪见爱故。

净水
为净水，洗濯一切烦恼垢故。

大风
为大风，一切世间无障碍故。

这是《华严经》中对菩提心的比喻。菩提心为一切正愿之始、菩提之根本、大悲及菩萨学之所依。

阿弥陀佛　　药师佛　　观世音菩萨　　地藏王菩萨

每一位菩萨的修行都是以发菩提心开始，如阿弥陀佛的四十八大愿，药师琉璃光如来的十二大愿，观世音菩萨和地藏王菩萨诸大愿等，诸佛菩萨的愿力则是菩提心的体现。

大乘

着重有利于大众的行为

大乘（Mahayan），音译摩诃衍那、摩诃衍，意谓运载众生至涅槃彼岸的大型乘载，亦名菩萨乘、佛乘等。

乘（Yana），音译"衍那""野那"，意为运载、运度，谓能乘之而到达目的地，指佛教有关修行之道的教义体系。有二乘、三乘、一乘、五乘、九乘等说法，又分为小乘、大乘、密乘等不同法门，通常称为显、密佛法。

大乘佛教传统说法又谓大乘法，为释迦牟尼对一部分有大乘根机者，尤其是在家信徒所说法。释迦灭度后几百年间"大隐小彰"，仅小乘兴盛，后在适宜时机方得盛行。南传上座部佛教一般不承认大乘为佛说，学术界多认为大乘乃部派佛教发展的产物。大乘宣扬修六度万行等度化一切众生，以期成就佛果，庄严佛土，其愿、行、果皆较仅求个人解脱的小乘为宏大，故名大乘。据义净《南海寄归内法传》等，印度僧尼都在小乘部派中出家，有的学修大乘法，并无专门的大乘教团。大乘为北传佛教的主流，分为多个宗派。

小乘，梵文 Hinayana，音译希那衍那，意为运载众生至涅槃彼岸的小型乘载，指佛典中所说的声闻乘和缘觉乘二乘，乃大乘佛教对主要尊奉《阿含经》的部派佛教、南传佛教的贬称。学术界沿用之，而无褒贬义。

大小乘的区别，主要在于大乘着重利他（有利于大众的行为），小乘着重自己解脱。大乘有不同的经典，在教义上有所发挥和发展。这里可以列举几个特点：首先大乘在灭谛上进一步说"无住涅槃"。从理论上说，十二因缘灭，灭的只是不合缘生缘灭真理的无明烦恼，而不是缘生缘灭的法。"涅槃与世间，无有少分别。"所以到了佛的圆满觉悟的境界，就能不住生死、不住涅槃，就能在因缘生灭的世界中，永无休歇地做"庄严国土，利乐有情"的事，而随时随处安住在涅槃的境界。

其次，根据缘起的道理，说明一法以一切法为缘而生起，同时又是生起一切法之缘，所以任何人与一切众生都有同体的关系，好像海里面一个小水泡和整个大海水是同体的关系一样。所以说"一切众生是我父母"，又说"视众生如一子"（独子），这样兴起慈悲心（慈是同情人之喜乐，悲是同情人之忧苦），"无有疲厌"地"为众生供给使"。大乘佛教特别发扬这种菩萨行的人生观，并且特别鼓励"六度"和"四摄"的行为。

大乘与小乘的佛法修行

大乘

大乘（Mahayan），音译摩诃衍那、摩诃衍，意谓运载众生至涅槃彼岸的大型乘载，亦名菩萨乘、佛乘等。

乘（Yana），音译"衍那""野那"。意为运载、运度，谓能乘之而到达目的地，指佛教有关修行之道的教义体系。

大乘佛教传统说法又谓大乘法，为释迦牟尼对一部分有大乘根机者，尤其是在家信徒所说法，宣扬修六度万行等度化一切众生，以期成就佛果，庄严佛土，其愿、行、果皆较仅求个人解脱的小乘为宏大，故名大乘。

←—— 大乘佛教典籍中的庄严佛土

小乘

小乘，梵文 Hinayana，音译希那衍那，意为运载众生至涅槃彼岸的小型乘载，指佛典中所说的声闻乘和缘觉乘二乘。

大乘佛教修行与小乘佛教修行有什么区别呢？

大小乘的分别，主要在于大乘着重利他（有利于大众的行为），小乘着重自己解脱。

五乘教法
佛教修行的五种教义体系

所谓五乘教法，是指人乘、天乘、声闻乘、缘觉乘、菩萨乘。佛陀为教化众生，依众生根机不同，将佛法分为五种，依此五种法门而运载众生从生死此岸渡至涅槃彼岸。

● 人乘

人以三皈五戒为乘，得以出离三途四趣而生人道。三皈，是指归投依靠佛（导师）、法（真理）、僧（亲教师）等三宝，借着三宝功德威力的加持、摄护，能超越无边的生死苦轮，远离一切的怖畏，解脱一切的忧悲苦恼。五戒是指不杀生、不偷盗、不邪淫、不妄语、不饮酒。

● 天乘

以上品十善及四禅八定为乘，运载众生越过四洲而达天界。十善是指身业修持不杀生、不偷盗、不邪淫；口业修持不妄语、不两舌、不绮语、不恶口；意业修持不贪、不嗔、不邪见，合称十善业道。同时，修持禅定学，即色界天的四种禅定和无色界天的四无色定，合称为四禅八定。

● 声闻乘

以四谛法门为乘，运载众生越于三界，至有余涅槃而成阿罗汉。四圣谛指苦、集、灭、道。谛，是真理的意思。四谛是四种宇宙人生真实不虚的实相，只有圣者才能深切体悟而决定无疑。

● 缘觉乘

以十二因缘法门为乘，运载众生越于三界，至无余涅槃而成辟支佛。世间一切法皆为缘起，缘起的定义是："此有故彼有，此生故彼生；此无故彼无，此灭故彼灭。"这是说明一切法的存在，有彼此相依相待的关系，都是从因缘而起的。有情众生生死流转皆不出此缘起法。

● 菩萨乘

以悲智六度法门为乘，运载众生，总超三界三乘之境至无上菩提大涅槃彼岸。六度为布施、持戒、忍辱、精进、禅定、般若。

人天乘的佛教，重于积集世间福行的增上心，以现世乐后世亦乐为满足，是佛教的共世间法；声闻乘、缘觉乘的佛教，重于出世解脱的出离心，以涅槃解脱乐为最终的目的；菩萨乘的佛教，重于利他济世的菩提心，以悲智究竟乐为修行的极致，而六度万行乃为利他济世的具体实践。

五乘教法

所谓五乘，是指人乘、天乘、声闻乘、缘觉乘、菩萨乘。五乘佛法，是佛陀为了教化众生，依众生根机的不同，而将之运载至理想世界的五种法门。

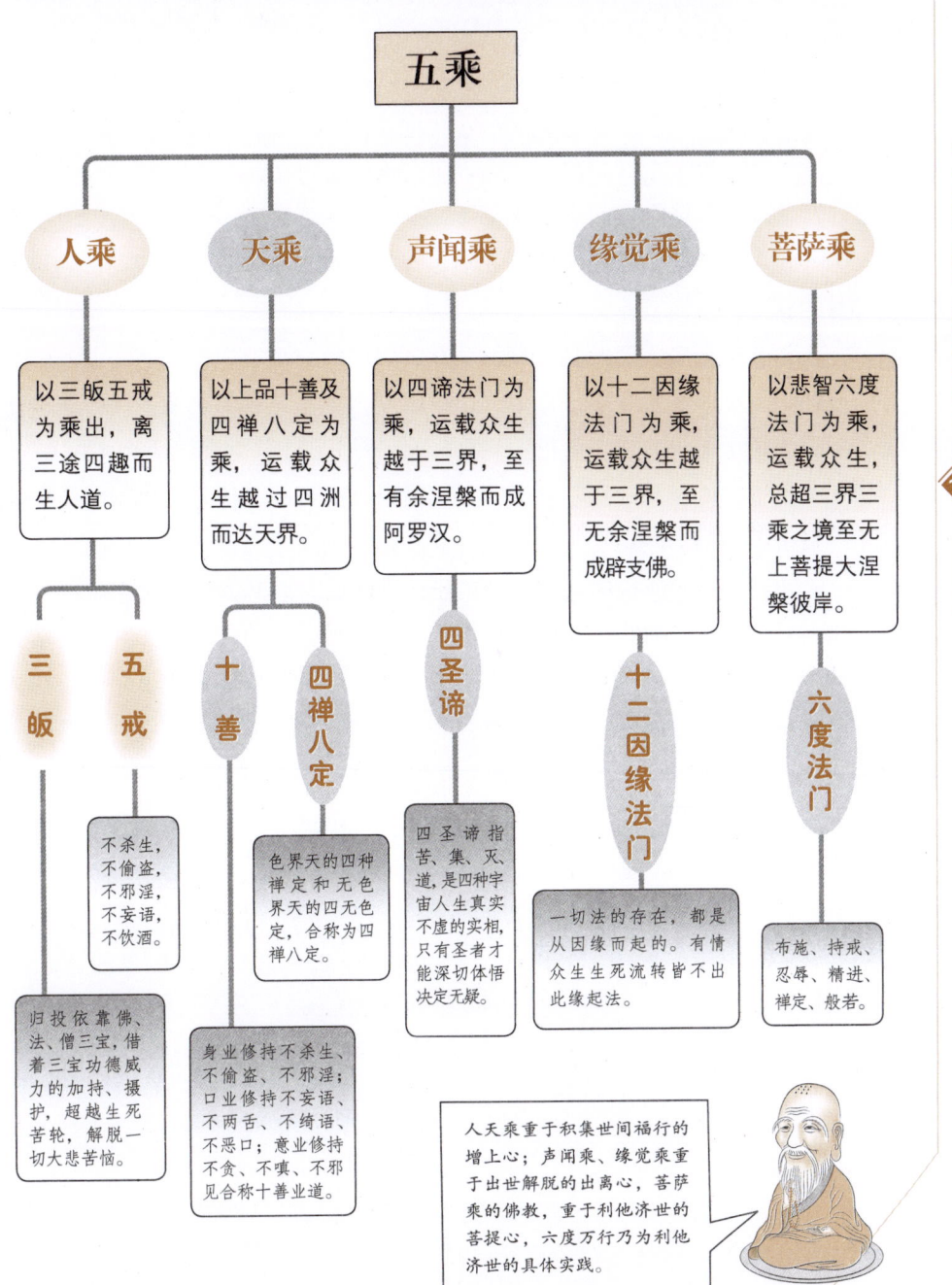

```
              五乘
   ┌──────┬──────┼──────┬──────┐
  人乘   天乘  声闻乘  缘觉乘  菩萨乘
```

人乘：以三皈五戒为乘出，离三途四趣而生人道。

天乘：以上品十善及四禅八定为乘，运载众生越过四洲而达天界。

声闻乘：以四谛法门为乘，运载众生越于三界，至有余涅槃而成阿罗汉。

缘觉乘：以十二因缘法门为乘，运载众生越于三界，至无余涅槃而成辟支佛。

菩萨乘：以悲智六度法门为乘，运载众生，总超三界三乘之境至无上菩提大涅槃彼岸。

三皈
归投依靠佛、法、僧三宝，借着三宝功德威力的加持、摄护，超越生死苦轮，解脱一切大悲苦恼。

五戒
不杀生，不偷盗，不邪淫，不妄语，不饮酒。

十善
身业修持不杀生、不偷盗、不邪淫；口业修持不妄语、不两舌、不绮语、不恶口；意业修持不贪、不嗔、不邪见合称十善业道。

四禅八定
色界天的四种禅定和无色界天的四无色定，合称为四禅八定。

四圣谛
四圣谛指苦、集、灭、道，是四种宇宙人生真实不虚的实相，只有圣者才能深切体悟决定无疑。

十二因缘法门
一切法的存在，都是从因缘而起的。有情众生生死流转皆不出此缘起法。

六度法门
布施、持戒、忍辱、精进、禅定、般若。

人天乘重于积集世间福行的增上心；声闻乘、缘觉乘重于出世解脱的出离心，菩萨乘的佛教，重于利他济世的菩提心，六度万行乃为利他济世的具体实践。

菩萨

将自己和众生一起解脱出来

菩萨是菩提萨埵（Bodhisatta）的简称。菩提译为"觉"，萨埵译为"有情"，菩萨，便是觉有情，有情是指有情爱与情性的生物，并且也能觉悟一切众生的痛苦，同情一切众生的痛苦，进而解救一切众生的痛苦，要将自己和一切众生一齐从愚痴中解脱出来，而得到彻底的觉悟（自觉、觉他）——这种人便叫作菩萨。

菩萨的本义和民间的观念不大相同，菩萨是信佛、学佛之后发愿自度度人乃至舍己救人的人。所以，泥塑木雕的土地、城隍、牛鬼蛇神，绝对不能称为菩萨。

菩萨是众生成佛的必经身份，众生要成佛，必须先发大愿心，最主要的有四条，称为四宏誓愿："众生无边誓愿度，烦恼无尽誓愿断，法门无量誓愿学，佛道无上誓愿成。"可见，要成为一个名副其实的菩萨并不容易。

不过，从最初的发心发愿，直到成佛，都可称为菩萨，所以有凡夫菩萨与贤圣菩萨的不同。

通常佛经中所说的菩萨，是指圣位菩萨，菩萨共分五十二个阶位，只有十二个阶位是圣人，那就是从初地到十地，加上等觉、妙觉。其实，妙觉菩萨就是佛，等觉菩萨是即将成佛的大菩萨。中国人最熟悉的观世音菩萨、大势至菩萨、文殊菩萨、普贤菩萨、弥勒菩萨、地藏菩萨等，便是等觉位的大菩萨。

大乘经典特别称道文殊师利的大智、普贤的大行、观世音的大悲、地藏的大愿，所以这四大菩萨特别受到教徒的崇敬。我国五台山被认为是文殊师利的道场，峨眉山是普贤的道场，普陀山是观世音的道场，九华山是地藏的道场，称为四大名山。由此可以看出四大菩萨在我国佛教徒心目中的重要地位。

众生成佛的必经身份——菩萨

菩萨是菩提萨埵（Bodhisatta）的简称。菩提译为"觉"，萨埵译为"有情"，菩萨，便是觉有情。有情是指有情爱与情性的生物，意为追求大觉，并能令众生觉悟者，泛指菩提心，修大乘道者。

菩萨是众生成佛的必经身份，众生要成佛，必须先发大愿心，最主要的有四条，称为四宏誓愿。

从最初的发心发愿，直到成佛都可称为菩萨，所以有凡夫菩萨与贤圣菩萨之说，佛经中所说的菩萨都是指后者，贤圣菩萨，也就是圣位菩萨。

众生無邊誓願度
煩惱無盡誓願斷
法門無量誓願學
佛道無上誓願成

大乘经典特别称道文殊师利的大智、普贤的大行、观世音的大悲，地藏的大愿，所以这四大菩萨特别受到教徒的崇敬，在我国佛教徒心目中占据着非常重要的地位。

文殊师利菩萨　　普贤菩萨

观世音菩萨　　地藏菩萨

四摄
摄引众生归向佛道的四个条件

四摄，梵文 Catumneranavaotu，译称"四摄法""四摄事"，为菩萨摄引众生归向佛道的四种方法，也是大乘道的重要内容。

"四摄"的"摄"字有导引、摄受之义。"四摄"即布施、爱语、利行、同事，是菩萨摄受众生时所应坚持的四种方法。

● **布施**

有三种布施：①财施，以金银、财宝、饮食、衣服、医药等物惠施众生，这叫外财施；以体力、脑力施舍他人，这叫内财施。②法施，顺应人们的请求，将佛法道理讲给他们听；将佛经印制利送给人看，或将自己礼诵修持的功德回向众生，这都是法施。③无畏施对疾病者施予医药；对迷路者指明方向；对冤仇者调解道歉；对受灾者解救危难等等，凡促使世界和平、社会安宁的，都叫无畏施。

● **爱语**

《心地观经》说："一切男子是我父，一切女子是我母。"既是父母，自然亲爱。《华严经》说："菩萨若能随顺众生，则为随顺供养诸佛"，"若令众生生欢喜者，则令一切如来欢喜。"古德说："今生人见欢喜者，前世见人欢喜故。"因此，我们对人说话，都要和颜悦色，善言慰喻，说诚实话、质直语、调解语、柔和语，使他对三宝起恭敬之心，方依教奉行。

● **利行**

《普贤行愿品》说："于诸病苦，为作良医；于失道者，示其正路；于暗夜中，为作光明；于贫穷者，令得伏藏。"我们修菩萨行的人，于身口意三业，做事、说话，存心动念，要以有利于众生为出发点，助人为乐，与人为善，人们自然欢喜受教。

● **同事**

《观音普门品》说："应以长者身得度者，即现长者身而为说法；应以居士身得度者，即现居士身而为说法；应以宰官身得度者，即现宰官身而为说法……"观音菩萨普门示现，随类化身，同止同作，同学同修，既然志同道合，便易成就菩提。

以上四摄法，都是菩萨有利于众生的方便。"善知方便度众生，巧把尘劳作佛事。"即是此意。

四摄

"四摄"中的"摄"字有导引、摄受之义。"四摄"即布施、爱语、利行、同事，是菩萨摄受众生时所应坚持的四种方便。

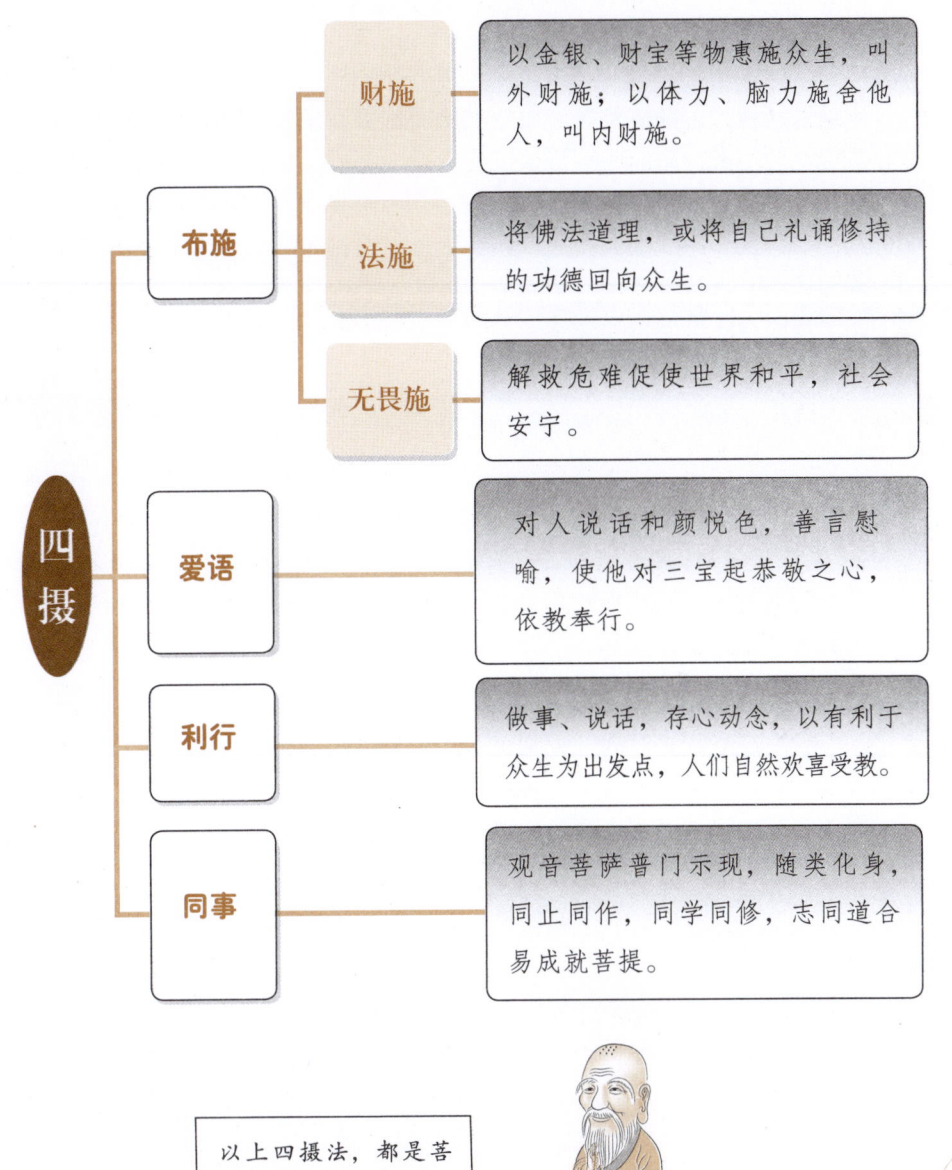

四摄
- 布施
  - 财施：以金银、财宝等物惠施众生，叫外财施；以体力、脑力施舍他人，叫内财施。
  - 法施：将佛法道理，或将自己礼诵修持的功德回向众生。
  - 无畏施：解救危难促使世界和平，社会安宁。
- 爱语：对人说话和颜悦色，善言慰喻，使他对三宝起恭敬之心，依教奉行。
- 利行：做事、说话，存心动念，以有利于众生为出发点，人们自然欢喜受教。
- 同事：观音菩萨普门示现，随类化身，同止同作，同学同修，志同道合易成就菩提。

以上四摄法，都是菩萨有利于众生的方便。"善知方便度众生，巧把尘劳作佛事。"

八宗
中国佛教的八大宗派

中国佛教，又称汉传佛教，主要有八大宗派，分别为唯识宗、三论宗、天台宗、华严宗、禅宗、净土宗、律宗和密宗。

在公元元年前后的一段时间，佛教开始从印度经西域传入中原。初期主要是翻译佛经。随着佛教在中原的不断传播和发展，佛教徒和佛教学者的数量也空前增长，隋唐时期形成汉传佛教的鼎盛时期，各大宗派均已成立，发展颇具规模。但是，由于佛教发展过程中本身所产生的各种问题，以及"三武一宗"灭佛造成的四次法难，大量佛经典籍被毁，诸多宗派势力被严重削弱，无法重现昔日辉煌，只有禅宗和净土宗因为不立文字，没有受到太大影响，反而在法难后更加繁荣。下面对中国佛教的八大宗派来做具体介绍。

● **唯识宗**

又称法相宗。汉传佛教唯识宗是印度瑜伽行派在中原的传承。玄奘从印度回国后，翻译了瑜伽学系的《瑜伽师地论》《百法明门论》《摄大乘论》《辨中边论》《唯识二十论》《唯识三十颂》《分别瑜伽论》等各论，以及《成唯识论》，在此基础上创立了此宗。主要理论包括"三性说"（遍计所执性、依他起性、圆成实性），五重观法，因明学说。唯识因明之学对后世影响很大。

● **三论宗**

隋代吉藏创立。因依龙树的《中论》《十二门论》和提婆的《百论》等三论立宗，故名。该宗是印度中观派在中原的传承，主要理论是缘起性空，即认为世间万有诸法，都是从很多因缘和合而生，是很多因素和条件结合而成的，这叫缘起，没有事物是独立不变的实体，这叫无自性，也就是性空。其他如真俗二谛、八不中道等思想主要来自印度中观派。

● **天台宗**

天台宗是中国佛教最早创立的一个宗派，因创始人智𫖮常住浙江天台山而得名。其教义主要依据《妙法莲华经》，故也称法华宗。该宗的主要思想是实相和止观，以实相阐明理论，用止观指导实修。提出的理论包括：十如是、一念三千、一心三观等。该宗集合南北各家义学和禅观之说，理论体系完备，对日后成立的各宗派具有积极的影响。9世纪初，此宗传到日本，13世纪由日本天台本宗分出日莲宗。

八宗（1）

中国佛教，又称汉传佛教，主要有八大宗派，分别为唯识宗、三论宗、天台宗、华严宗、禅宗、净土宗、律宗和密宗。

唯识宗

"唯识宗"是依唯识论，明万法唯识之理，故名唯识宗，又由于此宗乃究竟明万法性相之宗，故又名法相宗，此宗以万法唯识法门为主。

唯识宗			
剖析一切事物（法）的相对真实（相）和绝对真实，强调不许有心外独立之境。	创始人	玄奘	
		玄奘游学印度17年，回国后译出瑜伽学系的"一本十支"各论，并翻译了《成唯识论》，奠定了法相宗的理论基础。	其弟子神昉、嘉尚、普光、窥基等对该宗典籍做了注疏。	窥基后，慧沼、智周传承两代，自智周弟子如理后，逐渐衰微。
	经典	主要奉古印度大乘佛学瑜伽一系学说。	其所依经典，以《瑜伽师地论》为本，以《百法明门论》《五蕴论》等十论为支，所谓"一本十支"。《成唯识论》为其代表作。
	判教	判释迦一代教法为有、空、中道三时。		
		为破异生实我之执，初时我空之说。	为破除诸法实有之执，第二时法空之说。	为破除执着有空，破初有执；第三时识外境空之说。
	理论	三性说	遍计所执性、依他起性、圆成实性。
		五重观法	五重唯识观
			遣虚存实识、舍滥留纯识、摄末归本识、隐劣显胜识、遣相证性识。
		因明学说	印度古典逻辑中关于推理论证的学说。
			原为瑜伽行派所创，陈那有更大发展，玄奘西行回国时，在曲女城创造了因明光辉典范，对后世影响很大。

名词解释

判教
是对各种佛经进行总结、分类，判定其类别、先后及地位，又称"教相判释""教判"。佛教传入中原后，各佛教宗派多用判教的方法总结印度佛学，确立本宗所奉为最圆满的佛法。如三论宗分二藏三法轮，天台宗分五时八教等。

八宗（2）

三论宗

三论宗 依龙树的《中论》《十二门论》和提婆的《百论》等三论立宗，故名。	创始人	龙树菩萨	鸠摩罗什	吉藏
		本宗鼻祖	翻译《中论》《百论》《十二门论》及《大智度论》	专弘此三论，并造疏解释，一时大江南北，学者景从。
	经典	以《大品》《法华经》《华严经》《涅槃经》为宗依，《中论》《百论》《十二门论》《大智度论》是此宗的根本论典。			
	判教	随机施教，因病授药，立有二藏三轮以判一代佛教。			
		声闻藏、菩萨藏，也就是小乘藏和大乘藏。		根本法轮、技末法轮、摄末归本法轮。	
	理论	诸法性空的中道实相论为此宗的中心理论为了阐明这种理论，此宗更立有真俗二谛和八不中道等义。	真俗二谛	真谛，究竟真空、妙有不二，绝待圆融之理。俗谛，世间学问、凡夫思想，无一不是俗谛的显示。	
			八不中道	此宗依《中论》卷首"不生亦不灭，不常亦不断，不一亦不异，不来亦不出"八不偈之意，显发中道实相。令众生离此八偏，以悟入空有不二的中道。	
			二谛之中	依二谛八不建立三种中道：世谛中道，真谛中道，二谛合明中道。	
			迷悟成佛义	有佛有众生，一切众生皆能成佛，关键在于迷悟。	

天台宗

天台宗 中国佛教最早创立的一个宗派，因创始人常住天台山而得名。其教义主要依据《妙法莲华经》，故也称法华宗。	创始人	慧文	慧思	智颛
		该宗称出自龙树，实则启蒙于北齐慧文，确立"一心三观"理论。	慧思又阐发"诸法实相"，兼重定慧，为天台宗止观双修的起源。	智颛再发挥，终于形成以"一念三千"和"三谛圆融"为中心思想的独立学派。
	经典	《妙法莲华经》《大智度论》《大般涅槃经》《大般若经》以及智颛的天台三大部《法华玄义》《法华文句》和《摩诃止观》是该宗的根本典籍。			
	判教	智颛判佛一代说法为五时八教。			
	理论	此宗的主要思想是实相和止观，以实相阐明理论，用止观指导实修。			

● 华严宗

该宗因以《华严经》为根本典籍，故名。又因实际创始人法藏号贤首，也称贤首宗，该宗以发挥"法界缘起"的思想为宗旨，又称法界宗。主要教理为法界缘起说，认为宇宙万法、有为无为、色心缘起时，互相依持，相即相入，圆融无碍，如因陀罗网，重重无尽，并提出四法界、六相、十玄等法门。

● 禅宗

该宗主张修习禅定，故名禅宗，又称佛心宗。创始人为菩提达摩，下传慧可、僧璨、道信，至五祖弘忍下分为南宗慧能、北宗神秀。该宗主张心性本净，佛性本有，见性成佛，提出了二入四行的理论。二入指理入和行入，四行指报怨行、随缘行、无所求行与称法行。主要经典包括《楞伽经》《金刚经》《六祖坛经》。随着禅宗的传播和发展，其内部又分成"五家七宗"：沩仰宗、临济宗、曹洞宗、云门宗、法眼宗，临济宗后来又形成黄龙派、杨岐派两派。禅宗在中国佛教各宗派中流传时间最长，至今仍延绵不绝，并先后传入朝鲜和日本。

● 净土宗

该宗专修往生阿弥陀佛净土法门，故名净土宗。因其始祖慧远曾在庐山建立莲社，提倡往生净土，故又称莲宗。该宗主要思想是以修行者的念佛行业为内因，以弥陀的愿力为外缘，内外结合，往生极乐世界。主要经典包括《无量寿经》《观无量寿经》《阿弥陀经》和世亲的《往生论》，称"三经一论"。该宗由于修行方法简便易行，所以广泛流行于中原，汉传佛教的其他宗派往往也兼修净土法门。8世纪，该法门传入日本，形成日本的净土真宗。

● 律宗

该宗因着重研习及传持戒律而得名，也称四分律宗、南山律宗或南山宗。律宗主要理论为戒法、戒体、戒行、戒相四科。唐代鉴真将律宗传入日本。近代弘一大师大倡律宗。

● 密宗

与其他宗派（显宗）不同，密宗仅限于具有一定资质的学僧修习，由师徒密传，故称密宗。一般认为汉地的密宗是在唐朝开元年间由善无畏、金刚智、不空（史称开元三大士）来华后正式确立的。密教有曼荼罗思想，分成胎藏界和金刚界两部。

华严宗

华严宗	创始人	法藏
因以《华严经》为根本典籍，故名。也称贤首宗、法界宗。		该宗推戴杜顺为初祖，而实际创始人为法藏。
	经典	以《华严经》为所依。
	判教	将释迦一代的教法判为"五教十宗"。
	理论	以一心三观、四法界、十玄门、六相圆融等法门来阐明法界缘起的宗旨。

禅宗

禅宗	创始人	菩提达摩
该宗主张修习禅定，故名禅宗，又称佛心宗。		创始人为菩提达摩，下传慧可、僧璨、道信，至五祖弘忍下分为南宗慧能、北宗神秀。
	经典	所依经典先是《楞伽经》，后为《金刚经》。《六祖坛经》是其代表作。
	判教	禅宗没有系统的判教理论，却标榜自己"不立文字""教外别传"，强调"传心"，这样与诸宗划清界限。
	理论	该宗主张心性本净，佛性本有，见性成佛，提出了二入四行的理论。二入指理入和行入，四行指报怨行、随缘行、无所求行与称法行。

虽然禅宗讲"不立文字""教外别传"，但并非主张彻底废弃经典。很多禅师对《维摩经》《法华经》等十分熟悉，他们解释这是为了"借教悟宗"，而不是一味读经，迷信和执着于文字。

八宗（3）

净土宗

净土宗 因专修往生阿弥陀佛净土法门，故名。又称莲宗。	创始人	慧远	善导
		始祖慧远曾在庐山建立莲社，提倡往生净土，故名。	实际创立者为唐代善导。
	经典	《无量寿经》《观无量寿经》《阿弥陀经》和《往生论》为该宗所依经典。善导所著《观无量寿经疏》《往生礼赞》《观念法门》《法事赞》《般舟赞》等，为该宗主要代表作。		
	判教	此宗之教判有三种：一、难行、易行二道；二、圣道、净土二门；三、声闻、菩萨二藏渐、顿二教。		
	理论	该宗教义简单，主要宗旨是以修行者的念佛行业为内因，以弥陀的愿力为外缘，内外相应，往生极乐净土。		

律宗

律宗 因着重研习及传持戒律而得名。也称四分律宗、南山律宗或南山宗。	创始人	道宣　实际创始人为唐代道宣。依据五部律中的《四分律》建宗。
	经典	以《十诵律》《四分律》《摩诃僧祇律》《五分律》和《毗尼母论》《摩得勒伽论》《善见律毗婆沙》《萨婆多论》《明了论》为基本经典，通称四律五论。
	判教	将释迦一代教法判为化、制两教。化教为佛教化众生令生定慧的教法，即经论之所诠；制教为佛教诫众生而对其行为加以制御的教法，即律教之所诠。
	理论	律宗的教理分成戒法、戒体、戒行、戒相四科。戒法是佛所判定的戒律；戒行是戒律的实践；戒相是戒的表现或规定，即五戒、十戒、二百五十戒等。该宗的主要学说是戒体论。

密宗

密宗 因该宗依理事观行，修习三密瑜伽（相应）而获得悉地（成就），故名。	创始人	善无畏	金刚智	不空
		唐开元年间由印度密宗高僧善无畏、金刚智、不空（史称开元三大士）来华后正式确立。			
	经典	以《大日经》《金刚顶经》为经藏，以《苏婆呼经》为律藏，以《释摩诃衍论》为论藏。			
	判教	所判教相，分横向和纵向，横向就一代时的判教，分为显密二教。大小乘三藏十二部经所说四谛、十二因缘、六度、万行法门是显教；陀罗尼、印契念诵、灌顶、仪轨是密教。就纵向说，则依背暗向明次续生之次第而立十住心之阶段。			
	理论	以"法身佛"大日如来宣说教法。修"三密妙行"而圆满成就，现生就可成佛。有曼荼罗思想，分胎藏界、金刚界两部。特别重视各种咒语念诵、坛场供养，乃至密印、皈依等种种仪轨的修行。			

附录一

1 藏文版《心经》与玄奘版《心经》咒语的差异

藏文《心经》译本和玄奘《心经》译本在描述咒语的方面有所不同，藏文本中并无"是大神咒"这一句。对咒语的解释有如下说明。

一、般若波罗蜜多是"大明咒"：因彻底了解般若波罗蜜多的意义，就可以消除贪、嗔、痴三毒。

二、般若波罗蜜多是"无上咒"：因般若波罗蜜多能协助众生超越生死轮回，以及独觉乘自觉涅槃的彼岸，获得解脱。

三、般若波罗蜜多是"无等等咒"：佛陀的觉悟状态是无法与之等同的，但如果能深刻了解般若波罗蜜多，就能达到与佛陀无等的境界。

● 心经咒语，成佛旅程的准备

"揭谛揭谛，波罗揭谛，波罗僧揭谛，菩提萨婆诃"这句咒语的密义，其实就是前往彼岸成佛旅程的筹划和准备工作。这句咒语对应成佛的五个阶段。

第一阶段"揭谛"是鼓励前往累积资粮的道路，如同旅行者行前必须准备足够的盘缠。

第二阶段"揭谛"是鼓励准备前去甚深观见空性的道路，这是心灵层面的鼓励，也是行前建设性的心理准备。

第三阶段"波罗揭谛"是走在观见真理的道路上，在一种直接的、没有任何媒介之下的领悟空性（直观），这时正式踏上了旅程。

第四阶段"波罗僧揭谛"是说明进入甚深禅定的路径，在此路上通过不停修行，达到甚深熟悉空性的状态，如此进入深度的旅程。

第五阶段"菩提萨婆诃"是鼓励坚定地将自己安住在觉悟之地，进入最后的涅槃境界（final nirvana），也就是说即使到达旅行的目的地，仍需努力让自己的心安住不退转，才能获得最后的究竟涅槃。

藏文《心经》咒语的三个层次

藏文《心经》译本和玄奘《心经》译本中描述咒语的方面有所不同，藏文本中并无"是大神咒"这一句。对咒语的解释有如下三个层次。

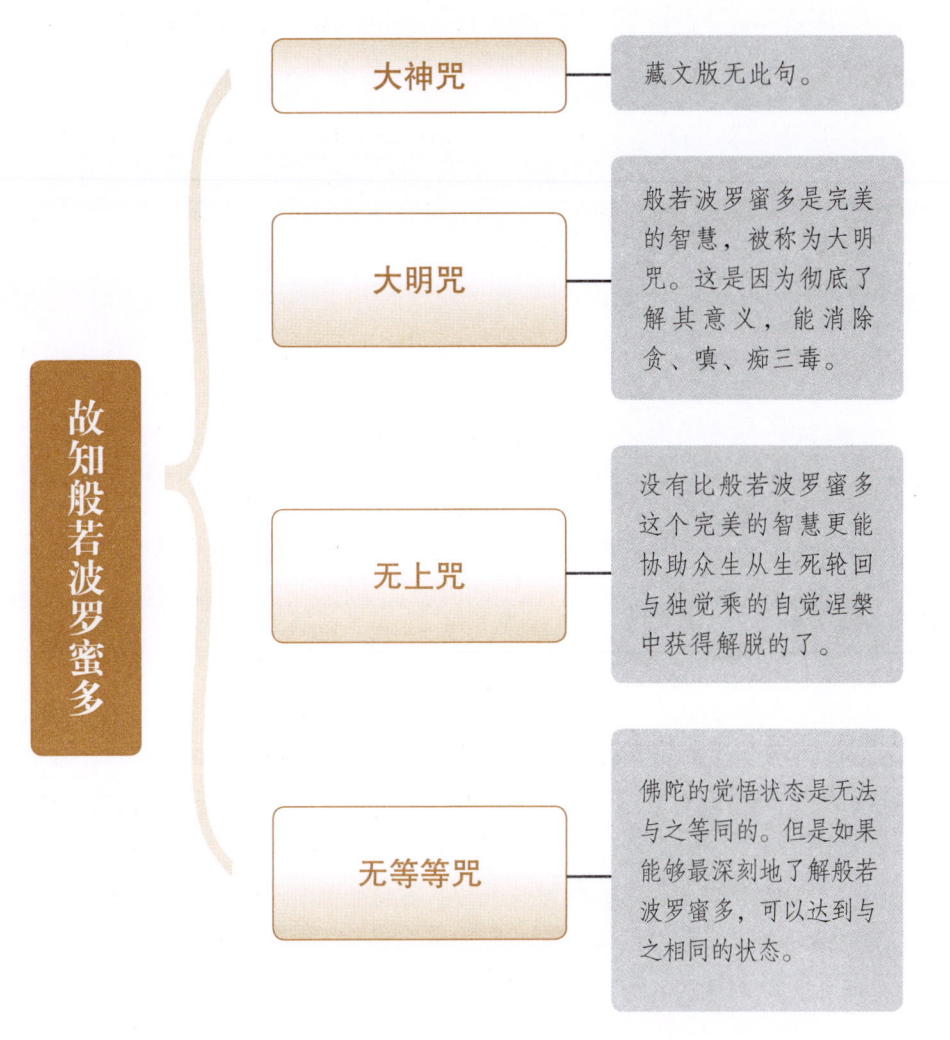

故知般若波罗蜜多

- **大神咒** —— 藏文版无此句。

- **大明咒** —— 般若波罗蜜多是完美的智慧，被称为大明咒。这是因为彻底了解其意义，能消除贪、嗔、痴三毒。

- **无上咒** —— 没有比般若波罗蜜多这个完美的智慧更能协助众生从生死轮回与独觉乘的自觉涅槃中获得解脱的了。

- **无等等咒** —— 佛陀的觉悟状态是无法与之等同的。但是如果能够最深刻地了解般若波罗蜜多，可以达到与之相同的状态。

附录一

1 藏文版《心经》与玄奘版《心经》咒语的差异

263

附录一

1

● 咒语和经文的呼应关系

藏文《心经》咒语的密义可概括为成佛旅程的五个阶段,可完整地呼应《心经》经文。

第一阶段

即第一句"揭谛":累积资粮(accumulation),鼓励累积资源。

第二阶段

即第二句"揭谛":心的准备(preparation),鼓励观照空性的心理准备。这个阶段的修行可对应于经文:"色不异空,空不异色;色即是空,空即是色,受想行识亦复如是。"

第三阶段

即第三句"波罗揭谛":直观(seeing),以直观的方式领悟空性,对应经文:"是诸法空相,不生不灭,不垢不净,不增不减,是故空中无色,无受想行识,无眼耳鼻舌身意,无色声香味触法,无眼界,乃至无意识界。"

第四阶段

即第四句"波罗僧揭谛":禅定(meditation),通过不停地禅修达到熟悉甚深空性的状态,对应:"无无明,亦无无明尽,乃至无老死,亦无老死尽,无苦集灭道,无智亦无得。"

第五阶段

即第五句"菩提萨婆诃":无学(no more learning),鼓励将自己住放在觉悟之地,进入(最后)的涅槃境界,对应经文:"以无所得故,菩提萨埵,依般若波罗蜜多故,心无挂碍无挂碍故,无有恐怖,远离颠倒梦想。究竟涅槃,三世诸佛,依般若波罗蜜多故,得阿耨多罗三藐三菩提。"

藏文《心经》咒语——成佛旅程的五个阶段

藏文《心经》咒语的密义可概括为一个修行者成佛旅程的五个阶段。

旅行记录	咒语	藏文对此咒语的解释
① 准备盘缠	揭谛！去吧！	鼓励前往，累积资源。
② 心的准备	揭谛！去吧！	鼓励前去甚深观见空性之路的心理准备。
③ 直观	波罗揭谛！向彼岸去吧！	走在观见真理的道路上，以直观的方式领悟空性。
④ 禅定	波罗僧揭谛！一起向彼岸去吧！	走在禅定的道路上，通过不停修行达到甚深熟悉空性的状态。
⑤ 安住	菩提萨婆诃 迅速到达彼岸	坚定地将自己安住在觉悟之地，进入最后的涅槃境界。

附录一

1 藏文版《心经》与玄奘版《心经》咒语的差异

附录一

2 《心经》密教化的证据

不少人认为《心经》是密教的经典，其中最重要的有两个论点：第一是般若思想的说法者的演变过程，第二是《心经》经文最后增添了咒语，两者均让《心经》密教化。

对《心经》和般若思想全面而仔细地进行比较，就不难发现一个有趣的演变：600 卷《大般若经》中，作为般若思想代言人（说法者）的角色，曾经历次更换，他们分别是须菩提、舍利弗、文殊菩萨、释迦牟尼佛，最后是观自在菩萨。

● 第一，《小品般若》的说法者：须菩提

《小品般若》是般若经中较早出现的经，其中以解空第一的须菩提为空性的说法者，他代表原始的禅学派思想，以破坏与分析"空"的思想为中心，但是未能积极开显般若的真空。由于须菩提的空不够完善，接着才会发展出以舍利弗为说法者的《大品般若》。须菩提属声闻乘众，以其为中心的空性思想仍含有小乘色彩。

● 第二，《大品般若》的说法者之一：舍利弗

《大品般若》的说法者之一是智慧第一的舍利弗，他代表后来兴起的智慧派。这是因为须菩提的"空"不究竟、不具体，至多只能分析破坏诸法的现象，实质上无法达到认识诸法本体的真空，所以才会改由舍利弗来宣说般若思想。舍利弗的"空"跟须菩提的"空"有何差异呢？舍利弗的"空"是相对的智慧，偏于真伪善恶、长短大小的比较，能达到判断相对的因果律。由于他和须菩提同属声闻乘众，所以舍利弗的空性思想仍含有小乘色彩。

● 第三，《大品般若》的说法者之二：文殊菩萨

《大品般若》的另一位说法者是智慧化身的文殊菩萨，与须菩提、舍利弗不同的是，他并不是历史上真实存在过的人物。他以绝对平等智宣说本体空观的般若，这种智慧是直观现前，也就是宇宙本体如实相的显现。

文殊菩萨之所以成为说法者，是因为舍利弗的"空"仍然不够究竟。舍利弗所代表的是有差别的相对智慧，属于分析物理界或现象界的事物的智慧，不是超经验界或本体界的智慧。因此，无论是须菩提或是舍利弗，都没

《大般若经》说法者的演变

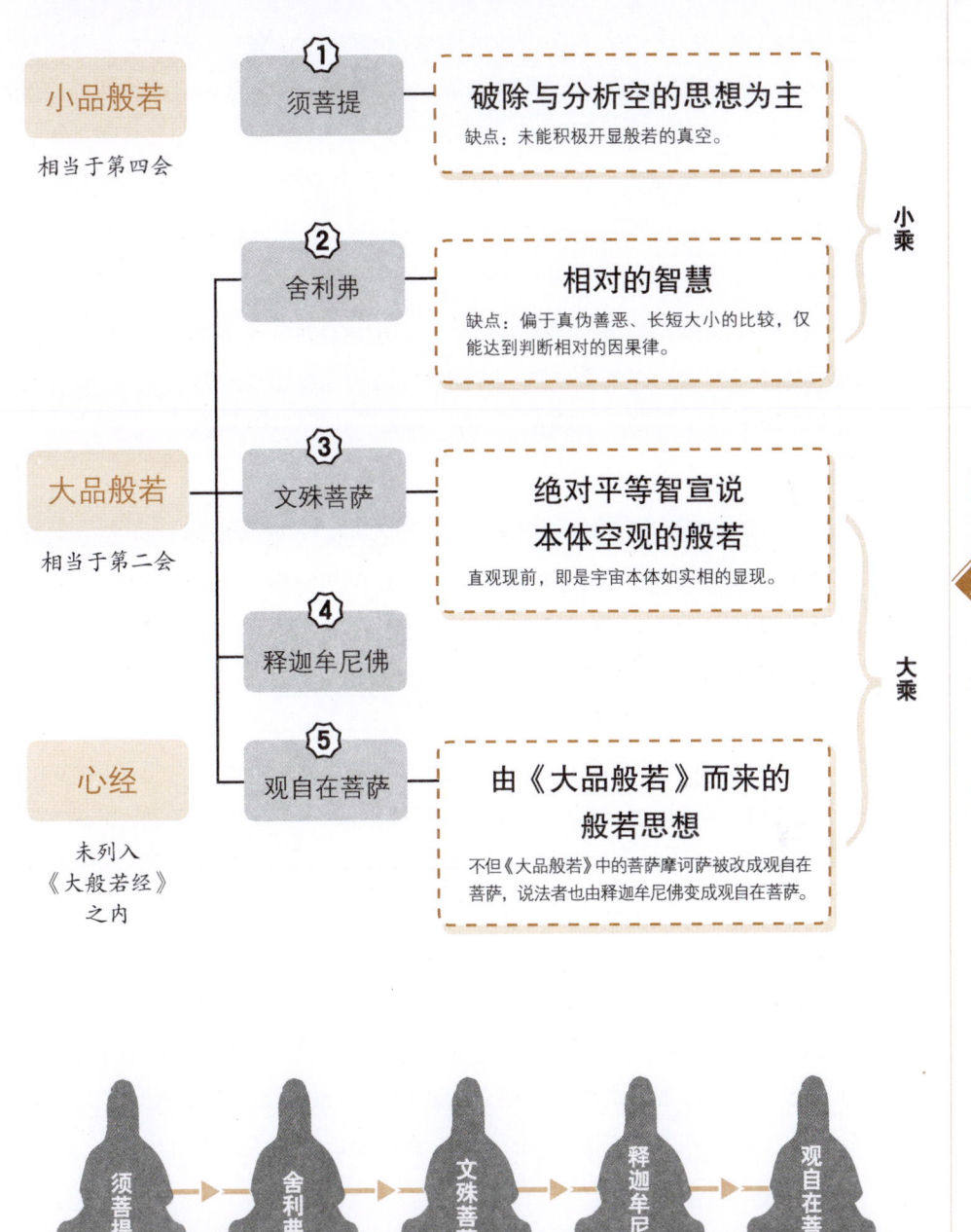

小品般若
相当于第四会

① 须菩提 —— **破除与分析空的思想为主**
缺点：未能积极开显般若的真空。

② 舍利弗 —— **相对的智慧**
缺点：偏于真伪善恶、长短大小的比较，仅能达到判断相对的因果律。

以上为小乘

大品般若
相当于第二会

③ 文殊菩萨 —— **绝对平等智宣说本体空观的般若**
直观现前，即是宇宙本体如实相的显现。

④ 释迦牟尼佛

心经
未列入《大般若经》之内

⑤ 观自在菩萨 —— **由《大品般若》而来的般若思想**
不但《大品般若》中的菩萨摩诃萨被改成观自在菩萨，说法者也由释迦牟尼佛变成观自在菩萨。

以上为大乘

须菩提 ▶ 舍利弗 ▶ 文殊菩萨 ▶ 释迦牟尼佛 ▶ 观自在菩萨

有足够的条件来说明广大无边甚深的般若思想，于是《大品般若》持续发展改为以文殊菩萨的绝对平等性智说法，通过直观的智慧来超越舍利弗差别相对的智慧。由《小品般若》到《大品般若》讲说空性的说法主由须菩提、舍利弗一直到文殊菩萨，其变化与发展说明了小乘般若前进到大乘般若的不同阶段。

● 第四，《大品般若》的说法者之三：释迦牟尼佛

释迦牟尼佛是佛教的创始者，这位历史上伟大的智者证悟了生命的真相，成就了正觉。在他真实的一生之中，到处说法，组织僧团，直至圆寂为止，自然《大品般若》的说法者一定有他，而且是重要人物。

● 第五，《心经》的说法者：观自在菩萨

《心经》内容出于《大品般若》，这时正值大乘转型期，也就是密教即将兴盛的般若思想，般若思想的说法者改由当时备受崇拜的观自在菩萨来担任。观自在菩萨在当时的印度是神迹灵验的大菩萨，被佛教各宗派所崇拜，其中对其最为尊崇的是大乘密教。在这个时期，许多经典也时常以观自在菩萨为说法者，并不仅仅止于《心经》。例如在《大品般若》的经典中，"菩萨摩诃萨"的地方被改成"观自在菩萨"，但内容思想与原经相同。此外，也有有关将说法者由"释迦牟尼佛"改成"观自在菩萨"的情形。

除此之外，另一个更重要的改变是《心经》的流通分增添了密教胎藏界持明院般若菩萨的咒语，这在有关般若思想的经典中是非常罕见的。观自在菩萨地位的提升与咒语增添这两项特质，不能不让人深信《心经》是般若思想的密教化。《心经》除去此咒语真言，完全为经的体裁。即"三世诸佛，依般若波罗蜜多故，得阿耨多罗三藐三菩提"，完全是结束经文的文句。但为了把《心经》当作密教的经典，所以把般若密教化，附上密咒真言，同时奉请观自在菩萨为其说法，《心经》才成为现在的样子。

《心经》密教化的三个证据

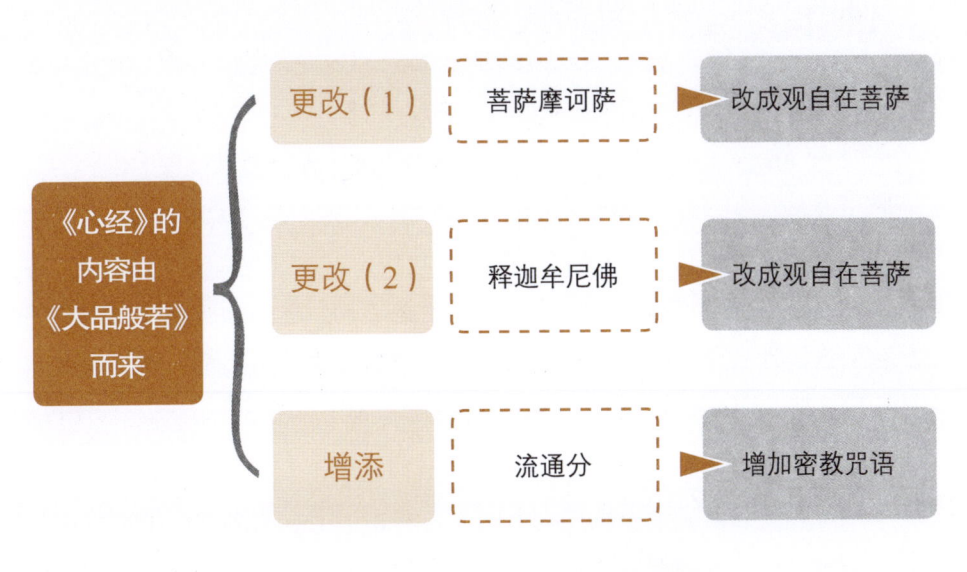

《心经》的内容由《大品般若》而来
- 更改（1）：菩萨摩诃萨 → 改成观自在菩萨
- 更改（2）：释迦牟尼佛 → 改成观自在菩萨
- 增添：流通分 → 增加密教咒语

揭谛揭谛，波罗揭谛，波罗僧揭谛，菩提萨婆诃。

在《心经》流通分增添了密教胎藏界持明院般若菩萨的咒语，这在有关般若思想的经典中是非常罕见的。

附录一

2 《心经》密教化的证据

附录一

3　不同根器运用三科的修行方法

《心经》里曾完整说明三科，即五蕴、十二处、十八界。三科又称为"三门"，用来描述一切法，目的是破除凡夫"实我之执"的迷妄。

五蕴、十二处、十八界，旧译为五阴、十二入、十八界，不同的人要如何运用这三门来进行修行，在成书时间比《心经》更早的《大毗婆沙论》第七卷里有详细的说明：凡夫随着根器的不同，迷妄的心也不同，有迷心重的人、迷色重的人，亦有迷心、迷色两种皆重者，于是有了三门来一一因应这些不同根器的人。

- **迷心重的人**

可通过分析五蕴来破迷心重的人，适用于上根器者。因为五蕴中只有色蕴为色法，其他受、想、行、识等四蕴是心法，所以五蕴适用于迷心偏重者。

- **迷色重的人**

可通过分析十二处来破迷色重的人，适用于中根器者。因为五根、五境等十处，是色法。只有意根、法境二处是心法，所以十二处适用于迷色偏重者。

- **迷心、迷色两者均重的人**

可通过分析十八界来破心色皆重的人，适用于下根器者。因为五根、五境等十界，是色法；意根与法境及六识等八界，是心法，所以十八界用来破心色皆重者。

此外，还有一部典籍《秘藏记钞》，它的第九卷，则是从密教观点来讨论三门，与《大毗婆沙论》第七卷的说法相近，只不过是再搭配大乘密教里胎藏界佛部、莲华部与金刚部等三部的概念。为迷于心法者说五蕴，表金刚部的智。为迷于色法者说十二处，表莲华部的理（密教色属于法理）。为色心双迷者说十八界，表莲华部、金刚部不二的佛部。

关于三科的不同说法

《大毗婆沙论》说法

有关《大毗婆沙论》第七卷解释三科的内容如下。

适用对象	方法	根器类别
迷心重者	分析五蕴	上根器者
迷色重者	分析十二处	中根器者
迷心、迷色均重者	分析十八界	下根器者

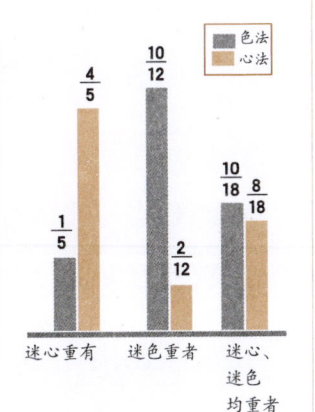

图例：色法、心法

迷心重者：$\frac{1}{5}$、$\frac{4}{5}$
迷色重者：$\frac{10}{12}$、$\frac{2}{12}$
迷心、迷色均重者：$\frac{10}{18}$、$\frac{8}{18}$

小和尚：大毗婆沙是什么意思呢？

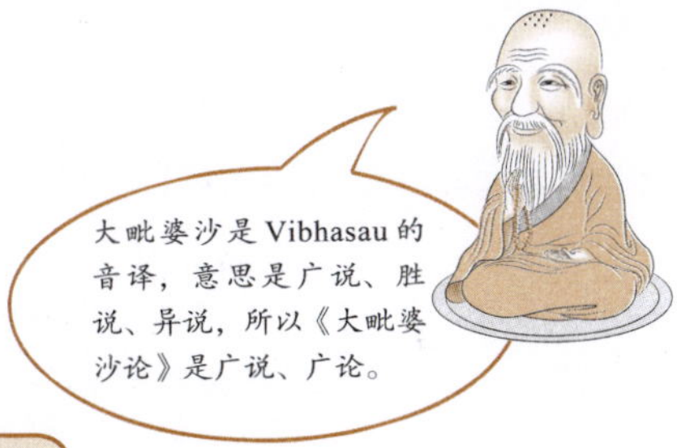

老者：大毗婆沙是 Vibhasau 的音译，意思是广说、胜说、异说，所以《大毗婆沙论》是广说、广论。

密教《秘藏记钞》说法

密教对三科的解释法，搭配胎藏界内佛部、莲华部与金刚部等三部。在《秘藏记钞》第九卷中解释三科的内容为：

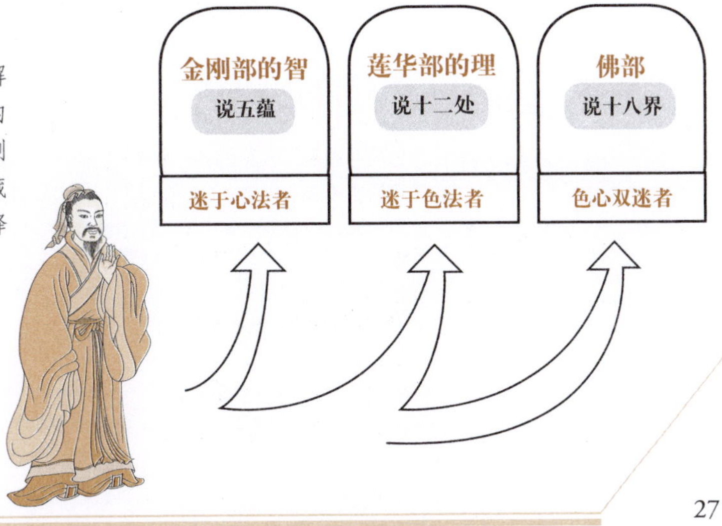

- 金刚部的智 —— 说五蕴 —— 迷于心法者
- 莲华部的理 —— 说十二处 —— 迷于色法者
- 佛部 —— 说十八界 —— 色心双迷者

附录一 3 不同根器运用三科的修行方法

271

附录一

鸠摩罗什《大品般若经》与玄奘《心经》比较分析表

> 《心经》可能出自鸠摩罗什的《大品般若经》或玄奘的《大般若经》，如果对《大品般若》与《大般若经》的经文进行详细比对，就可以找出《心经》经文原型的出处。

比较的重点	公元5世纪鸠摩罗什的《大品般若经》
主文般若思想	《大品般若经》习应品第三之一 舍利弗，色不异空，空不异色，色即是空，空即是色，受想行识亦如是。舍利弗，是诸法空相，不生不灭，不垢不净，不增不减，<u>是空法非过去，非未来，非现在</u>，是故空中无色无受想行识，无眼耳鼻舌身意，无色声香味触法，无眼界乃至无意识界。亦无无明，亦无无明尽，乃至亦无老死，亦无老死尽。无苦集灭道。亦无智亦无得。 《大品般若经》劝持品第三十四 复次憍尸迦，若有善男子善女人若诸天子天女，闻是般若波罗蜜经耳，是功德故渐当得阿耨多罗三藐三菩提。何以故？憍尸迦，过去诸佛及弟子皆学是般若波罗蜜，得阿耨多罗三藐三菩提入无余涅槃。憍尸迦，未来世诸佛今现在十方诸佛及弟子，皆学是般若波罗蜜得阿耨多罗三藐三菩提入无余涅槃。何以故？憍尸迦，是般若波罗蜜摄一切善法，若声闻法若辟支佛法，若菩萨法若佛法。
流通礼赞文	《大品般若经》劝持品第三十四 释提桓因白佛言：世尊，般若波罗蜜是大明咒、无上明咒、无等等明咒，何以故？世尊，是般若波罗蜜能除一切不善，能与一切善法。佛语释提桓因言：如是如是。憍尸迦般若波罗蜜是大明咒、无上明咒、无等等明咒，何以故？憍尸迦，过去诸佛因是明咒，故得阿耨多罗三藐三菩提。未来世诸佛今现在十方诸佛，亦因是明咒得阿耨多罗三藐三菩提。
流通咒语护持	《陀罗尼集经》般若大心陀罗尼第十六 咒曰 跢姪他（一）揭帝揭帝（二）波罗揭帝（三）波罗僧揭帝（四）菩提（五）莎诃（六）

> 在玄奘译本中没找到这句话！

公元7世纪玄奘的《心经》	比较结果
舍利子，色不异空，空不异色，色即是空，空即是色，受想行识亦复如是。舍利子，是诸法空相，不生不灭，不垢不净，不增不减。是故空中无色，无受想行识，无眼耳鼻舌身意，无色声香味触法无眼界乃至无意识界无无明，亦无无明尽，乃至无老死，亦无老死尽，无苦集灭道，无智亦无得。	相似度：95% 《大品般若》习应品第三之一说法者是佛陀，听法者是舍利弗。除此之外，内容与《心经》玄奘译版的正宗分极为相近。两者的差异只在习应品多出"是空法非过去，非未来，非现在"，其他部分一字不差。因此，玄奘可能是参考了公元5世纪鸠摩罗什所译的《大品般若》。
以无所得故，菩提萨埵依般若波罗蜜多故，心无挂碍，无挂碍故，无有恐怖，远离颠倒梦想，究竟涅槃。三世诸佛，依般若波罗蜜多故，得阿耨多罗三藐三菩提。	相似度：80% 《心经》的"究竟涅槃"在《劝持品》是"无余涅槃"。 "三世诸佛"是过去佛、未来佛、现在佛。
故知般若波罗蜜多，是大神咒，是大明咒，是无上咒，是无等等咒，能除一切苦，真实不虚。	这里的对话者是佛陀与帝释天（或称憍尸迦、释提桓因）。
故说般若波罗蜜多咒，即说咒曰：揭谛揭谛，波罗揭谛，波罗僧揭谛，菩提萨婆诃。	鸠摩罗什译出《大品般若经》并未提及咒语真言的念诵，而是放在《陀罗尼集经》，此经共十二卷，说明诸佛菩萨诸天的印咒。

附录一 ④ 鸠摩罗什《大品般若经》与玄奘《心经》比较分析表

273

附录二

1. 摩诃般若波罗蜜大明咒经
姚秦天竺三藏鸠摩罗什译（402—412）

观世音菩萨。行深般若波罗蜜时。照见五阴空。度一切苦厄。舍利弗。色空故无恼坏相。受空故无受相。想空故无知相。行空故无作相。识空故无觉相。何以故。舍利弗。非色异空。非空异色。色即是空。空即是色。受想行识亦如是。舍利弗。是诸法空相。不生不灭。不垢不净。不增不减。是空法。非过去非未来非现在。是故空中。无色无受想行识。无眼耳鼻舌身意。无色声香味触法。无眼界乃至无意识界。无无明亦无无明尽。乃至无老死无老死尽。无苦集灭道。无智亦无得。以无所得故。菩萨依般若波罗蜜故。心无挂碍。无挂碍故无有恐怖。离一切颠倒梦想苦恼。究竟涅槃。三世诸佛依般若波罗蜜故。得阿耨多罗三藐三菩提。

故知般若波罗蜜是大明咒。无上明咒。无等等明咒。能除一切苦。真实不虚。故说般若波罗蜜咒。即说咒曰：

竭帝竭帝　波罗竭帝　波罗僧竭帝　菩提莎呵　摩诃般若波罗蜜大明咒经。

2. 般若波罗蜜多心经
唐三藏法师玄奘译（649）

观自在菩萨。行深般若波罗蜜多时。照见五蕴皆空。度一切苦厄。舍利子。色不异空。空不异色。色即是空。空即是色。受想行识。亦复如是。舍利子。是诸法空相。不生不灭。不垢不净。不增不减。是故空中无色。无受想行识。无眼耳鼻舌身意。无色声香味触法。无眼界。乃至无意识界。无无明。亦无无明尽。乃至无老死。亦无老死尽。无苦集灭道。无智亦无得。以无所得故。菩提萨埵。依般若波罗蜜多故。心无挂碍。无挂碍故。无有恐怖。远离颠倒梦想。究竟涅槃。三世诸佛。依般若波罗蜜多故。得阿耨多罗三藐三菩提。故知般若波罗蜜多。是大神咒。是大明咒。是无上咒。是无等等咒。能除一切苦。真实不虚。故说般若波罗蜜多咒。即说咒曰：

揭谛揭谛　波罗揭谛　波罗僧揭谛　菩提萨婆诃　般若波罗蜜多心经。

3. 普遍智藏般若波罗蜜多心经
唐罽宾国三藏沙门法月译（739）

如是我闻。一时佛在王舍大城灵鹫山中。与大比丘众满百千人。菩萨摩诃萨七万七千人俱。其名曰观世音菩萨。文殊师利菩萨。弥勒菩萨等。以为上首。皆得三昧总持。住不思议解脱。

尔时观自在菩萨摩诃萨在彼敷坐。于其众中即从座起。诣世尊所。面向合掌曲躬恭敬。瞻仰尊颜而白佛言。世尊。我欲于此会中。说诸菩萨普遍智藏般若波罗蜜多心。唯愿世尊听我所说。为诸菩萨宣秘法要。尔时世尊以妙梵音。告观自在菩萨摩诃萨言。善哉善哉具大悲者。听汝所说。与诸众生作大光明。于是观自在菩萨摩诃萨蒙佛听许。佛所护念。入于慧光三昧正受。入此定已。以三昧力行深般若波罗蜜多时。照见五蕴自性皆空。彼了知五蕴自性皆空。从彼三昧安详而起。即告慧命舍利弗言。善男子。菩萨有般若波罗蜜多心。名普遍智藏。汝今谛听善思念之。吾当为汝分别解说。作是语已。慧命舍利弗白观自在菩萨摩诃萨言。唯大净者。愿为说之。今正是时。

于斯告舍利弗。诸菩萨摩诃萨应如是学。色性是空空性是色。色不异空空不异色。色即是空空即是色。受想行识亦复如是。识性是空空性是识。识不异空空不异识。识即是空空即是识。舍利子。是诸法空相。不生不灭不垢不净不增不减。是故空中无色。无受想行识。无眼耳鼻舌身意。无色声香味触法。无眼界乃至无意识界。无无明亦无无明尽。乃至无老死亦无老死尽。无苦集灭道。无智亦无得。以无所得故。菩提萨埵。依般若波罗蜜多故心无挂碍。无挂碍故无有恐怖。远离颠倒梦想。究竟涅槃。

三世诸佛依般若波罗蜜多故。得阿耨多罗三藐三菩提。故知般若波罗蜜多是大神咒。是大明咒。是无上咒。是无等等咒。能除一切苦真实不虚。故说般若波罗蜜多咒。即说咒曰：

揭谛揭谛　波罗揭谛　波罗僧揭谛　菩提莎婆诃

佛说是经已。诸比丘及菩萨众。一切世间天人阿修罗乾闼婆等。闻佛所说皆大欢喜。信受奉行。普遍智藏般若波罗蜜多心经。

4. 般若波罗蜜多心经
唐罽宾国三藏般若共利言等译（790）

如是我闻。一时佛在王舍城耆阇崛山中。与大比丘众及菩萨众俱。时佛世尊即入三昧。名广大甚深。

尔时众中有菩萨摩诃萨。名观自在。行深般若波罗蜜多时。照见五蕴皆空。离诸苦厄。即时舍利弗承佛威力。合掌恭敬白观自在菩萨摩诃萨言。善男子。若有欲学甚深般若波罗蜜多行者。云何修行。如是问已。

尔时观自在菩萨摩诃萨告具寿舍利弗言。舍利子。若善男子善女人行甚深般若波罗蜜多行时。应观五蕴性空。舍利子。色不异空空不异色。色即是空空即是色。受想行识亦复如是。舍利子。是诸法空相。不生不灭不垢不净不增不减。是故空中无色。无受想行识。无眼耳鼻舌身意。无色声香味触法。无眼界乃至无意识界。无无明亦无无明尽。乃至无老死亦无老死尽。无苦集灭道。无智亦无得。以无所得故。菩提萨埵依般若波罗蜜多故心无挂碍。无挂碍故无有恐怖。远离颠倒梦想。究竟涅槃。

三世诸佛依般若波罗蜜多故。得阿耨多罗三藐三菩提。故知般若波罗蜜多是大神咒。是大明咒。是无上咒。是无等等咒。能除一切苦。真实不虚。故说般若波罗蜜多咒。即说咒曰：

蘖谛蘖谛　波罗蘖谛　波罗僧蘖谛　菩提娑婆诃

如是舍利弗。诸菩萨摩诃萨于甚深般若波罗蜜多行。应如是行。如是说已。

即时世尊从广大甚深三摩地起。赞观自在菩萨摩诃萨言。善哉善哉。善男子。如是如是。如汝所说。甚深般若波罗蜜多行。应如是行。如是行时一切如来皆悉随喜。

尔时世尊说是语已。具寿舍利弗大喜充遍。观自在菩萨摩诃萨亦大欢喜。时彼众会天人阿修罗乾闼婆等。闻佛所说皆大欢喜。信受奉行般若波罗蜜多心经。

5. 般若波罗蜜多心经（敦煌石室本）
唐国大德三藏法师沙门法成译（敦煌石室本，856）

如是我闻。一时薄伽梵住王舍城鹫峰山中。与大苾刍众。及诸菩萨摩诃萨俱。尔时世尊等入甚深明了三摩地法之异门。复于尔时。观自在菩萨摩诃萨。行深般若波罗蜜多时。观察照见五蕴体性。悉皆是空。时具寿舍利子。承佛威力。白圣者观自在菩萨摩诃萨曰。若善男子。欲修行甚深般若波罗蜜多者。复当云何修学。作是语已。
观自在菩萨摩诃萨答具寿舍利子言。若善男子及善女人。欲修行甚深般若波罗蜜多者。彼应如是观察。五蕴体性皆空。色即是空。空即是色。色不异空。空不异色。如是受想行识。亦复皆空。
是故舍利子。一切法空性。无相无生无灭。无垢离垢。无减无增。舍利子。是故尔时空性之中。无色。无受。无想。无行。亦无有识。无眼。无耳。无鼻。无舌。无身。无意。无色。无声。无香。无味。无触。无法。无眼界。乃至无意识界。无无明。亦无无明尽。乃至无老死。亦无老死尽。无苦集灭道。无智无得。亦不不得。是故舍利子。以无所得故。诸菩萨众。依止般若波罗蜜多。心无障碍。无有恐怖。超过颠倒。究竟涅槃。三世一切诸佛。亦皆依般若波罗蜜多故。证得无上正等菩提。舍利子。是故当知般若波罗蜜多大密咒者。是大明咒。是无上咒。是无等等咒。能除一切诸苦之咒。真实无倒。故知般若波罗蜜多。是秘密咒。即说般若波罗蜜多咒曰：
峨帝峨帝。波啰峨帝。波啰僧峨帝。菩提莎诃。
舍利子。菩萨摩诃萨。应如是修学甚深般若波罗蜜多。尔时世尊从彼定起。告圣者观自在菩萨摩诃萨曰。善哉善哉。善男子。如是如是。如汝所说。彼当如是修学般若波罗蜜多。一切如来。亦当随喜。时薄伽梵说是语已。具寿舍利子。圣者观自在菩萨摩诃萨。一切世间天人阿苏罗乾闼婆等。闻佛所说。皆大欢喜。信受奉行般若波罗蜜多心经。

6. 般若波罗蜜多心经
唐上都大兴善寺三藏沙门智慧轮奉诏译（约860）

如是我闻。一时薄诚梵。住王舍城鹫峰山中。与大苾刍众。及大菩萨众俱。尔时世尊。入三摩地。名广大甚深照见。
时众中有一菩萨摩诃萨。名观世音自在。行甚深般若波罗蜜多行时。照见五蕴自性皆空。即时具寿舍利子。承佛威神。合掌恭敬。白观世音自在菩萨摩诃萨言。圣者。若有欲学甚深般若波罗蜜多行。云何修行。
如是问已。尔时观世音自在菩萨摩诃萨。告具寿舍利子言。舍利子。若有善男子。善女人。行甚深般若波罗蜜多行时。应照见五蕴自性皆空。离诸苦厄。舍利子。色空。空性即色。色不异空。空不异色。是色即空。是空即色。受想行识。亦复如是。舍利子。是诸法性相空。不生不灭。不垢不净。不减不增。是故空中。无色。无受想行识。无眼耳鼻舌身意。无色声香

味触法。无眼界。乃至无意识界。无无明。亦无无明尽。乃至无老死尽。无苦集灭道。无智证无得。以无所得故。菩提萨埵。依般若波罗蜜多住。心无挂碍。无挂碍故。无有恐怖。远离颠倒梦想。究竟寂然。
三世诸佛。依般若波罗蜜多故。得阿耨多罗。三藐三菩提。现成正觉。故知般若波罗蜜多。是大真言。是大明真言。是无上真言。是无等等真言。能除一切苦。真实不虚。故说般若波罗蜜多真言。即说真言
唵诚帝诚帝。播啰诚帝。播啰冒他娑缚贺。
如是舍利子。诸菩萨摩诃萨。于甚深般若波罗蜜多行。应如是学。尔时世尊。从三摩地安详而起。赞观世音自在菩萨摩诃萨言。善哉善哉。善男子。如是如是。如汝所说。甚深般若波罗蜜多行。应如是行。如是行时。一切如来。悉皆随喜。尔时世尊如是说已。具寿舍利子。观世音自在菩萨及彼众会一切世间天人阿苏罗嚩驮嚩等。闻佛所说。皆大欢喜。信受奉行般若波罗蜜多心经。

7. 佛说圣佛母般若波罗蜜多经
宋西天译经三藏朝奉大夫试光禄卿传法大师赐紫臣施护奉诏译（980）

如是我闻。一时世尊。在王舍城鹫峰山中。与大苾刍众千二百五十人俱。并诸菩萨摩诃萨众。而共围绕。尔时世尊。即入甚深光明宣说正法三摩地。
时观自在菩萨摩诃萨在佛会中。而此菩萨摩诃萨。已能修行甚深般若波罗蜜多。观见五蕴自性皆空。尔时尊者舍利子。承佛威神。前白观自在菩萨摩诃萨言。若善男子善女人。于此甚深般若波罗蜜多法门。乐欲修学者。当云何学。
时观自在菩萨摩诃萨。告尊者舍利子言。汝今谛听为汝宣说。若善男子善女人。乐欲修学此甚深般若波罗蜜多法门者。当观五蕴自性皆空。何名五蕴自性空耶。所谓即色是空即空是色。色无异于空。空无异于色。受想行识亦复如是。
舍利子。此一切法如是空相。无所生。无所灭。无垢染。无清净。无增长。无损减。舍利子。是故空中无色。无受想行识。无眼耳鼻舌身意。无色声香味触法。无眼界。无眼识界。乃至无意界。无意识界。无无明。无无明尽。乃至无老死。亦无老死尽。无苦集灭道。无智。无所得。亦无无得。
舍利子。由是无得故。菩萨摩诃萨。依般若波罗蜜多相应行故。心无所著。亦无挂碍。以无著无碍故。无有恐怖。远离一切颠倒妄想。究竟圆寂。所有三世诸佛。依此般若波罗蜜多故。得阿耨多罗三藐三菩提。是故应知。般若波罗蜜多。是广大明。是无上明。是无等等明。而能息除一切苦恼。是即真实无虚妄法。诸修学者。当如是学。我今宣说般若波罗蜜多大明曰：
怛儞他唵诚帝诚帝 播啰诚帝 播啰僧诚帝 冒提莎贺。
舍利子。诸菩萨摩诃萨。若能诵是般若波罗蜜多明句。是即修学甚深般若波罗蜜多尔时世尊。从三摩地安详而起。赞观自在菩萨摩诃萨言。善哉善哉。善男子。如汝所说。如是如是。般若波罗蜜多。当如是学。是即真实最上究竟。一切如来亦皆随喜。佛说此经已。观自在菩萨摩诃萨。并诸苾刍。乃至世间天人阿修罗乾闼婆等。一切大众。闻佛所说皆大欢喜。信受奉行佛说圣佛母般若波罗蜜多经。

275

图书在版编目（CIP）数据

图说心经 /（唐）玄奘法师原译；施青石编著． ——兰州：甘肃人民美术出版社，2017.11
　　ISBN 978-7-5527-0514-0

Ⅰ．①图… Ⅱ．①玄… ②施… Ⅲ．①《心经》－图解 Ⅳ．① B942.1-64

中国版本图书馆 CIP 数据核字（2017）第 220761 号

图说心经

（唐）玄奘法师 / 原译
施青石 / 编著

出 版 人 / 王永生
责任编辑 / 赵静
装帧设计 / 紫图图书 ZITO®

出版发行 / 甘肃人民美术出版社
地　　址 / 兰州市城关区读者大道 568 号
邮　　编 / 730030
电　　话 / 0931-8773121（编辑部）
　　　　　 0931-8773269（发行部）
E-mail / gsart@126.com
网　　址 / http://www.gansuart.com
印　　刷 / 北京艺堂印刷有限公司
开　　本 / 787 毫米 ×1092 毫米　1/16
印　　张 / 19
字　　数 / 290 千
版　　次 / 2017 年 11 月第 1 版
印　　次 / 2017 年 11 月第 1 次印刷
印　　数 / 1 ~ 15 000 册
书　　号 / ISBN 978-7-5527-0514-0
定　　价 / 69.90 元

如发现印装质量问题，影响阅读，请与印刷厂联系调换。